金融危機後の世界経済の課題

中條誠一・小森谷徳純 編著

中央大学経済研究所
研究叢書 60

中 央 大 学 出 版 部

は し が き

　2007年のパリバ・ショックによって予兆が現れ，翌年のリーマン・ショックによって，世界を震撼させた世界金融危機。その衝撃が世界経済を覆う中で，2009年秋にはギリシャの財政問題が表面化し，翌年春にはユーロ危機へと突入することとなった。近年，ようやく危機が鎮静化し，世界経済は落ち着きを取り戻しつつあるが，依然として不透明感が漂い，多くの課題を抱えたままである。

　1971年のニクソン・ショック，さらには1973年の変動相場制への移行以来，国際通貨体制は大きく転換した。基軸通貨・ドルは金の縛りから解き放たれ，ノン・システムでありながら，事実上は「変動相場制下のドル本位制」にあるといってよい。こうした中で，実物経済面では，アメリカ経済の地位が相対的に低下し，多極化が趨勢的な流れになってきている。かつて，世界のGDPの約4割，金保有の約6割を占め，「小人の国のガリバー」ともいうべき存在であったアメリカは，今日ではGDPで約2.5割に後退し，2013年には世界貿易1位の座を中国に明け渡している。

　実物経済面で，アメリカ経済が相対的に退潮傾向にある中でも，本来は対称的システムであるといわれていた変動相場制下にありながら，通貨面ではアメリカは基軸通貨国の地位を保持し続けている。このことと，1980年代後半から世界規模で加速化した資本取引の自由化が，今日の世界経済を「グローバル金融資本主義」と呼ばれる不安定なものにしている。主に，基軸通貨国・アメリカが長期にわたり経常収支の赤字を続ける反面，中国を始めとする新興国，さらには産油国などが黒字を計上し，世界規模でグローバル・インバランス問題が懸念されてきた。このことによって，恒常的に国際流動性が世界に供給され続けてきただけでなく，資本取引の自由化によって，際限なくそれが膨らむことさえありうる。

明確な実証は難しいが，財・サービスの貿易の決済に必要な国際流動性をはるかに上回るものがうごめいているのが今日の世界経済といってよい。そうした過剰な資金は，「金が金を生む」取引，すなわち金融・資本取引に向かうことにならざるを得ない。心理的要因によって，大量かつ瞬時になされる金融・資本取引は，時として経済的合理性を欠き，世界経済を混乱に陥れることになりかねない。金融資本が肥大化したうえ，デリバティブなどにより取引が水膨れしうる不安定な世界経済では，いつ，どこで通貨・金融危機が発生し，ひいては実物経済が混乱しても不思議ではない。

　事実，IMFによれば，1970年から2007年までに，世界では124回もの通貨・金融危機が起きたという。アメリカ発の世界金融危機，さらにはユーロ圏の財政・金融危機も，そうした土壌の中で発生したことはいうまでもない。すなわち，世界金融危機は世界的な金余りの中で，異常な投機行動がアメリカの住宅市場とそれに関連した証券市場を舞台に展開され，そこにあった瑕疵によって破綻したことで発生した。ユーロ圏の財政・金融危機は，ユーロ誕生後，加盟国の政府財政あるいは金融市場へ多くの資金が流入したが，それらが経済力の強化に有効に活用されず，財政破綻，不動産バブルの発生と崩壊を招いたことから生じた。これに対して，前者の場合は世界不況にまで発展したため，世界的規模での財政出動にまで至ったが，基本的には流動性を確保するための金融支援が講じられ，危機の鎮静化，危機からの脱出が図られたといえる。

　しかし，世界経済はこれらの金融危機を完全に克服したわけではない。その経験から教訓を得ると同時に，多くの課題を抱えたといえる。例えば，そのひとつとして「グローバル金融資本主義」といわれる世界において，国際金融市場が危機を引き起こすことなく本来の機能を発揮できるような体制作りが重要になっている。金融資本の効率的配分は経済発展にとって不可欠であるが，市場の失敗による暴走だけは避けるべく一定の規制や監督体制をいかに整備するか，および危機が発生した時の金融支援システムをどのように構築するかが問われている。

　次に，世界規模で金融資本の影響力が強まっているといっても，世界経済の

安定化のベースとなるのはやはり実物経済面である。健全な世界経済の発展こそが，不合理な金融資本の投機アタックに対する最大の抑止力になりうるからである。その実物経済面でもグローバル化はますます進展しつつあり，国際貿易体制，地域的な市場統合のあり方，そしてそれらの下でのグローバル企業の戦略への関心が高まっている。また財貿易のみならず，サービス貿易や国際的な労働移動などについても活発な議論が交わされている。さらには，新興国の台頭によって多極化が進展しつつある中で，世界経済の持続的発展を可能にするためには，今後は世界のどこが成長センターとなり，どのような成長戦略を遂行すべきなのかも重要な課題といえる。

また，不安定な金融システム，多極化する実物経済という中で，事実上，ドル1極基軸通貨体制という現在の国際通貨体制のあり方も検討を要する課題であるといえる。実物経済面で，アメリカの相対的な地位が後退しても，基軸通貨の交代は「慣性」が作用する中では難しい。ましてや，多極化時代では実物経済面でアメリカに代わる「小人の国のガリバー」は登場しえないこと，金融面でもドル以外に多様で，かつ厚みのある金融資産が存在しえないことなどから現行のシステムの持続を予想する見解が多い。しかし，安定性という意味で，現在のドル1極基軸通貨体制への信認が薄いことも事実である。ユーロの問題も含めて，国際通貨体制の変革を模索することは避けて通れない。

金融危機の只中にあった2011年にスタートした中央大学経済研究所の国際経済研究部会は，2つの危機の原因や対応について，議論を重ねたことはいうまでもない。しかし，危機が鎮静化する中でも，依然として世界経済，さらにはその中で日本経済が抱える課題を究明する研究活動を行ってきた。上記のような世界経済が抱える全ての課題を網羅することは不可能であるが，参加メンバーの研究領域に関して，解明すべき課題を分析し，その成果を世に問うべく本書を刊行することにした。

本書は，3部からなるが，第1部は総論編ということで，世界経済全般に関わる課題を論じた論文を収録した。

まず第1章（栗林論文）は，グローバル化の統合過程と国際統合ルールを再

整理している。そこでは，グローバル化の本質は地球規模での市場統合であり，各国の市場ルールが異なっているために生じてくる取引費用について，国家間での調整を促すものであるという視点に立っている。ややもすると，グローバル化は新しい現象として扱われがちであるが，この章では19世紀後半からの古典的グローバル化から始めて，戦間期，ブレトンウッズ体制期，そして現代のグローバル化へと議論を展開している。国際通貨制度，経済統合，グローバル政治における3つのトリレンマに注目しながら，それぞれの時期において国家間の調整，ガバナンスがどのように行われてきたのかが述べられている。

また，この章は1994年以降のグローバル化を，国家主権と民主政治の2つの目標を重視しながら超グローバル化に向かうという，まさしくグローバル政治におけるトリレンマに直面している状況としている。また現在グローバル化に対する批判が多く生じてくる原因を，民主主義の原則がグローバル・ガバナンスに関する場面にまで及んでいないとみなされていること，生産者サイドに比べて消費者サイドの意見がグローバル化のプロセスに反映されていないこと，そしてグローバル化の市場統合に内在する諸問題としていることは非常に重要な指摘である。

第2章（土屋論文）は，世界経済の多極化が予想される中で，成長のエンジンとして期待される新興国の成長戦略について論じたものである。「21世紀はアジアの世紀」という声も聞かれるし，BRICSへの期待も依然として存在する。しかし，存在感が増しつつある新興国が今後とも「外資導入による輸出主導型成長戦略」を採用し続けることは，グローバル・インバランス問題や通商摩擦の激化，ドルへの信認低下などを招きかねず，難しくなってきている。

そうした中で，改めて伝統的な開発理論に基づいて，新興国はどのような経済成長戦略を取るべきかを考察している。当然のことながら，外需から内需への転換を図ることが想起されるが，内需のひとつひとつを丁寧に検討したうえで，個人消費の重要性とその喚起を図るために何が必要かを示している。

第3章（大矢野論文）は，国際的にも国内的にも関心が高く，かつ重要な問

題である経済格差（所得格差）について理論的考察を行っている。まず議論の基礎にあるのは，生産要素の移動に制限が存在することにより経済的格差が発生するという理論的な主張であり，経済的格差を是正するための政策として，移動手段などの物理的要因の改善，男女差別などの社会的・制度的な要因の改善，そして労働者間の教育格差や経験の格差を解消するための教育制度や職業訓練制度の充実・改善といった，生産要素の移動可能性を高める政策を提言している。

上記は近代的な市場経済原理の追及が所得格差を縮小するという主張であるが，一方でこの章では市場経済原理が望ましい結果に繋がらない状況についても触れられている。そこでは，ケインズ的な有効需要が不足している場合には，たとえ労働が部門間を自由に移動可能であっても所得格差が発生しうること，そして労働余剰経済においては労働者は生産活動における貢献の少なさからその所得が過少となり，それが有効需要の不足を招き，経済の縮小傾向，経済発展の失敗へと繋がっていくことが指摘されている。

第2部は，実物経済編ということで，世界経済が抱える実物経済面の課題を取り上げることにした。

高い経済成長を達成してきたアジア諸国は，生産だけでなく所得の上昇にともなう消費の増加によっても，世界経済に重要な役割を果たしている。今後もその役割を果たし続けることができるかどうかを，輸出主導型経済の持続可能性という面から議論したのが第4章（田部井論文）である。

輸出主導型の経済成長モデルには，中長期的に為替レートの増価および（あるいは）物価水準の上昇という成長の阻害要因が必ず伴うことを示し，輸出主導型経済と見なされるアジア諸国にもそれが当てはまることを指摘している。第2章とも深く関連しているが，ここでは長期的な経済成長を実現し，今後も世界経済を牽引していくためには，通常の経済成長論が重視する人的資本と技術進歩といった実物的側面が鍵であることが示唆されている。

アジア諸国の輸出主導型経済成長の実現には，比較優位により説明される国際分業に加え，先進国からの直接投資，そしてフラグメンテーションによる工

程間分業が大きな役割を果たしてきた。第5章（益村論文）はわが国経済と世界経済との関係を貿易の面から考察しているが，世界金融危機後の2009年から東日本大震災後の2012年にかけて，わが国と東南アジア諸国（特にタイ）との結びつきが一層強くなっていることを示している。

アジア諸国と日本との結びつきがさらに強まっている事実は，アジア諸国の持続的な成長という点のみならず，日本企業によるフラグメンテーションの発展という点でも肯定的に捉えることができる。実際に，日本の製造業の労働生産性は上昇していることが示されている。しかし，正規の職員・従業員の減少および非正規雇用の増加，サービス業における生産性の低迷といった問題も同時に指摘されている。

企業のフラグメンテーションにより先進国と新興国や途上国との結びつきは強いものであるが，活発な地域貿易協定の締結推進によりその結びつきはさらに強まると思われる。例えば，2002年の日本・シンガポール新時代経済連携協定を皮切りとして，ASEAN諸国との間に多くの経済連携協定を発効しているが，第5章でも見たように経済的な結びつきは一層力強さを増してきている。また地域貿易協定では財貿易に限らず，サービス貿易や労働移動などについても徐々に関心が高まっている。第6章（矢野論文）はGATSの第4モードである「自然人の移動」に関連して，途上国から先進国への一時的な労働移動（いわゆる出稼ぎ）が，所得格差と経済効率に与える影響を分析している。

この章ではJ. スティグリッツの主張を念頭において，自然人の移動，特に未熟練労働者の流動性を促進させることが世界の経済効率の向上にもっとも役立つという主張を理論的に検証している。しかし，これは先進国による途上国からの労働者受入れを即支持するものではない。分析においても先進国の経済効率が必ずしも高まるとは理論的には言えず，当然既に欧州などが抱えている労働移動の受入国特有の社会的諸問題も存在する。わが国のアジア諸国からの労働者受入れ拡大については，今後の慎重かつ緻密にして十分な分析，議論を期待する。

第7章（小森谷論文）は，多国籍企業による移転価格の利用について分析し

ている。現在，世界の貿易の一定割合は企業内貿易であり，その比率は企業のフラグメンテーションの拡大とともに増加してきた。企業内取引における財・サービスの価格がいわゆる移転価格であるが，この移転価格は国家間の税率の差を活用する国際的な租税回避目的だけでなく，他の目的でも利用される。その1つが戦略的目的での移転価格の利用である。この章では寡占状況下の企業間競争において，戦略的目的で移転価格が用いられるケースでは，租税回避目的と戦略的目的との間に最適な移転価格を巡って，常にトレードオフが存在することを示している。

　もちろん，各国政府は企業に自由な移転価格の利用を認めているわけではなく，OECDガイドラインを踏まえて，各国毎にそれぞれ移転価格税制を定めている。しかしそのような状況でも，多国籍企業は可能な範囲内で最大限に移転価格を活用しており，企業がどのような行動をとりうるのかを正確に理解しておくことは，社会的に最適な移転価格税制を今後考えていく上でも重要である。

　グローバル化が進展する中では，日本の農業も転換を迫られている。とりわけ，農業はTPP交渉などでネックになっており，その再生は日本経済のグローバル化を大きく左右するとさえいえる。こうした認識に基づいて，第8章（岸論文）はグローバル化に向けた日本の農業の再生について論じている。具体的には，その鍵を投資に求め，農業者の投資意欲を高める手段を考察，提案している。

　TPP参加をめぐって苦悩する農業ではあるが，グローバル化また高齢化が進展する中で，国際競争力の強化，経済効率の改善が喫緊の課題になっている。ところが，農協の低い預貸率が示すように，農業投資は低迷している。農業投資の活性化は，資本生産性と資本利潤率の増加，また投資意欲の向上にかかるが，担い手不足が顕在化しつつある今日，労働力を補う資本の効率は押さえられがちになるので，投資意欲が重視されることになるとしている。

　そこで，地産地消および地域発のグローバル化を目指すコミュニティ型農業と，さらに大規模な産業型農業の多様性を念頭に置きながら，農協改革を提案

している。すなわち，地域に密着した事業を行うための自立，そして農業者，市民グループ，法人企業との連携，さらに市民参加型農業ファンドの仲介者としての農協の役割に期待がかかるという。

最後の第3部は，国際金融編ということで，世界経済が抱える金融面の課題を取り上げることにした。

第9章（坂本論文）は，ともすればドルへの信認が低下し，ドル1極基軸通貨体制への疑問が絶えない中で，単なる「慣性」だけではないドルの強さの根拠を示したものである。2008年来の世界金融危機が，アメリカ発で，米金融機関が大きな打撃を受け，株式市場も混迷に陥入り，100年に一度の危機として1930年代に擬せられたが，ドル機能の強さが世界経済を支えたという点に着目している。

分析の視点として，第1にパックス・ブリタニカとパックス・アメリカーナの国際システムを比較し，まず現在のアメリカの総体的国力の優位は維持されており，30年代のイギリスとは異なるとしたうえで，基軸通貨は国際システムの中核として，国際金融・貿易・投資を規制する利便性，階層性を持つことがドルの優位の原因とする。第2に，金から離脱したドル本位制が，金融・財政政策の自由度を高めたが，金融工学の発展，グローバリゼーションの中で，定着・浸透し，大規模取引などが基軸通貨としてのドルの優位を高めたとする。最後に，人民元の今後を論じるが，国際システムでのドル本位制の優位は続くと見ている。

第10章（田中論文）は，ユーロ危機も，グローバル金融資本主義がヨーロッパを舞台に引き起こした危機との基本的認識に立って，その対応策を論じたものである。特に，危機を引き起こした複合的な諸要因を分析し，それら諸要因に対応させる形で実施されているユーロ制度改革の位置づけを行うことを主眼にしている。

ESM（欧州安定機構）に集約された財政支援措置，マクロ経済の様々な不均衡を是正する諸改革，銀行同盟などを検討する。これら制度改革は，ユーロ流通と金融政策をECBに委譲しただけで，他の金融制度・政策関連の権限をユ

ーロ圏諸国が保有した「ユーロ1.0」制度を改革し，ユーロ圏およびEUに多くの権限を委譲した点では画期的で「ユーロ2.0」へと転換したといえる。しかし，金融危機への対応能力の点では未知数の制度もあり，次の金融危機の試練を受けて完成へ向かうという意味で，なお未完成のユーロ制度と位置づけることができる。

　1999年導入され，2002年その使用が一般化したユーロは，合意的統合過程によって成立した完全通貨同盟という史上初の通貨の現象であった。導入に際して，多数の論者によってEMUの設計ミスが指摘されていたが，残念ながら2009-12年のユーロ危機は大方の考察通りの展開となった。

　そうした中で，第11章（金論文）では，昨今のユーロ危機が欧州連合およびECBの共通政策というより，独仏2国の主導によって克服されているという点に注目している。EUの統合過程における意思決定は，特に危機時において域内加盟国が中心・周辺に分離する中で，実質的に独仏両国によって行われた。危機期間中，独仏両国は欧州全体会議の1週間ほど前に2国間会議を開催し，①統合の促進，②危機管理，③連合の形成，サブグループの設置，④アジェンダ設定と共同提案，⑤代理による妥協など，様々な分野において中心的役割を果たし，欧州政策を形成していたことが分析されている。

　別の角度から見れば，統合の主軸である独仏体制の意義と機能を通じて，欧州統合体制の可能性と問題点を把握し，それによってEU統合の持続可能性が推測できるという。そういう点から，独仏の間で，特に東西統一以降，両国の関係を阻害する要因が台頭し，政治・経済的乖離が拡大している点を欧州統合発展における否定的側面として懸念している。

　第9章の議論のように，危機が多発する中で，むしろ基軸通貨・ドルの優位は高まっている。しかし，グローバル金融資本主義と称される今日の世界経済の不安定性を軽減するには，ドルに対抗できる基軸通貨が登場することが不可欠であるとの主張もある。その期待を受けて登場したにもかかわらず，ユーロが局地的な基軸通貨にとどまる中，パワーシフト著しいアジアの通貨圏への関心は高まりつつある。そこで，超長期的に見て，共通通貨による通貨統合より

可能性の高い人民元圏の誕生に向けて，中国はいかなる人民元の国際化戦略を遂行しようとしているのかを論じたのが，第 12 章（中條論文）である。

　中国は，過剰にドルに依存することによるリスクを強く認識し，人民元の国際化に踏み切ったが，長期的には実物面での経済力の向上を背景に，人民元をアジアの中心的通貨にすることを目指している。しかし，そのためには前近代的で脆弱な金融市場を強化・育成し，資本取引の自由化を図る中で，その一環として推進せざるを得ない。それは，金融政策の自立性を維持するための金融システムの改革，為替政策の弾力化という政策の組合せの中で，資本取引の自由化の一環として体系的・総合的に考察され，段階的に進められることになるとの見解が示されている。

　中央大学経済研究所の国際経済研究部会は幅広い研究領域を有しており，参加メンバーの研究課題も多岐にわたる。そこで，貿易や投資などの実物面での研究は他の研究部会・研究会や経済学部教員・院生有志による水曜研究会とも時には協力しながら，一方国際通貨，国際金融情勢など金融面での研究は，国際金融研究会という分科会を設けて，活発に討論してきた。その全体的な討論，調整の場として，年 1 回合宿研究会を開催し，最終的に本書のタイトルを共通テーマとして，研究成果を世に問うことができたことは望外の喜びである。本書が，多少なりともこの分野の研究に寄与しうる文献として，活用されることを期待したい。

　最後に，中央大学・国際経済研究部会の開催・運営，および本書の出版をサポートしてくださった中央大学経済研究所事務室の三輪多紀さんと宮岡朋子さんに，この場を借りて，深甚なる謝意を表したい。

2014 年 8 月

編著者　中　條　誠　一

小森谷　徳　純

目 次

はしがき

第1部　総論編

第1章　グローバリゼーションと統合ルール……栗林　世… 3
はじめに………………………………………………………… 3
1. グローバル化の統合過程……………………………………… 4
2. グローバル化過程の再整理…………………………………… 8
3. 現行のグローバル化と問題点………………………………… 10
おわりに………………………………………………………… 21

第2章　新興国の成長パターンの望ましい変化
　　　　　──貿易依存型から内需主導型へ──………土屋六郎… 27
はじめに──問題の所在……………………………………… 27
1. 労働力依存型途上国の発展を支える輸出…………………… 28
2. 内需主導型への転換…………………………………………… 29
3. 格差の拡大を阻止できるか…………………………………… 31

第3章　経済格差と経済発展………………………大矢野栄次… 33
はじめに………………………………………………………… 33
1. 所得格差発生の原因…………………………………………… 35
2. 最適な資源配分と公正な所得分配…………………………… 42
3. ケインズの有効需要と所得格差……………………………… 49
おわりに──経済的格差是正のための経済政策…………… 54

第2部　実物経済編

第4章　アジア経済の現状と成長の可能性 ……………田部井信芳… 61
　はじめに………………………………………………………………… 61
　1. アジアの経済成長 ………………………………………………… 62
　2. 今後のアジア経済 ………………………………………………… 65
　3. 輸出主導型経済のメカニズム …………………………………… 65
　4. 経済モデルによる分析 …………………………………………… 67
　5. 政策効果…………………………………………………………… 70
　6. 輸出主導型経済の持続可能性 …………………………………… 73
　7. アジア諸国への応用 ……………………………………………… 75
　おわりに………………………………………………………………… 80

第5章　産業の再配置とアジア経済 ……………………益村眞知子… 83
　はじめに………………………………………………………………… 83
　1. 貿易構造の変化 …………………………………………………… 84
　2. 産業集積と直接投資——タイを中心に—— …………………… 95
　3. 日本の産業構造の変化と労働市場の変容……………………… 99
　おわりに………………………………………………………………… 109

第6章　労働力の国際流動性と経済効率
　　　——J. Stiglitz による分析をもとにして——……矢野生子… 111
　はじめに………………………………………………………………… 111
　1. 労働力の流動性における未熟練労働者と熟練労働者 ………… 114
　2. 労働力の流動性による経済効率の比較………………………… 122
　おわりに………………………………………………………………… 129

第7章　移転価格に関する2つのインセンティブと
　　　　トレードオフ，そして2つの移転価格………小森谷徳純… 133
　はじめに……………………………………………………………… 133
　1.　2つのインセンティブ………………………………………… 134
　2.　インセンティブ間のトレードオフ…………………………… 141
　3.　2つの移転価格………………………………………………… 144
　おわりに……………………………………………………………… 150

第8章　グローバル経済下の日本農業再生
　　　　――鍵を握る農業投資――……………………………岸　　真清… 153
　はじめに……………………………………………………………… 153
　1.　農業部門の成長可能性………………………………………… 154
　2.　コミュニティ型農業と産業型農業…………………………… 162
　3.　農業協同組合に掛かる期待…………………………………… 167
　おわりに……………………………………………………………… 171

第3部　国際金融編

第9章　世界金融危機とドル本位制
　　　　――国際システムの視点から――……………………坂本正弘… 177
　はじめに……………………………………………………………… 177
　1.　国際システムと基軸通貨……………………………………… 178
　2.　ドル本位制の定着・浸透……………………………………… 184
　3.　ドルが支えた積極的金融・財政政策………………………… 193
　4.　人民元の可能性………………………………………………… 197
　おわりに……………………………………………………………… 202

第10章　ユーロ危機と制度改革
　　　　──ユーロ 2.0 への発展── ……………田中　素香… 207
　は じ め に …………………………………………………………… 207
　1. ユーロ危機の 3 つの波と危機対策──概　要── ………………… 208
　2. ユーロ危機の諸要因 ……………………………………………… 214
　3. 危機対策と制度改革 ……………………………………………… 222
　4. 危機対策・制度改革の意義と問題点 …………………………… 235

第11章　ユーロ危機と独仏体制 ……………………金　　俊　昊… 241
　は じ め に──統合と危機 …………………………………………… 241
　1. 通貨統合と条件的不整合性 ……………………………………… 242
　2. ユーロ危機と独仏体制の対応 …………………………………… 245
　3. 独仏体制の問題点 ………………………………………………… 259
　お わ り に──二人三脚ゲームの行方 ……………………………… 271

第12章　中国における人民元の国際化戦略 …………中條　誠一… 277
　は じ め に …………………………………………………………… 277
　1. 人民元の国際化の経緯と現状 …………………………………… 278
　2. 人民元の国際化における特色 …………………………………… 294
　3. 中国はどのように人民元を国際化するのか …………………… 303
　お わ り に …………………………………………………………… 312

第 1 部

総論編

第 1 章

グローバリゼーションと統合ルール

はじめに

21世紀に入り，金融面でのグローバリゼーション（globalization：以下グローバル化）が進むにつれてグローバル化に対する懐疑的な動きが強まっているように思われる。世界貿易機構（World Trade Organization：WTO）が進めているドーハ・ラウンドでの交渉も行き詰り，それに代わり巨大地域経済統合（以下，メガFTA）とも呼ばれるような地域貿易協定（Regional Trade Agreements：RTAs）の締結交渉が広がっている[1]。特に日本経済との関連では，環太平洋経済連携協定（Trans-Pacific Partnership Agreements：TPP）が重要な課題となっている。栗林（2012）では，包括的なサーベイではないが，グローバル化論争を整理することによりグローバル化を定義し，日本経済のグローバル化についてみた。本章では，グローバル化の本質は地球規模での（市場）統合にあるとの視座から，統合過程と国際統合ルールについて再整理し，最後に日本経済が当面しているグローバル化について考えてみたい。

第1節では，グローバル化の定義から統合過程と統合ルールについて何が重要なポイントなのかを整理する。そのときに，これまでに考えられている開放

---

[1] メガFTAについてはジェトロ（2013）など参照。

経済が直面するトリレンマの視点を重視する。第2節では,そうした視点からグローバル化の歴史的進展を再整理する。第3節では,現行のグローバル化の統合ルールと問題点について整理する。最後に,今後のグローバル化について考えると共に,TPPにも簡単に触れておきたい。

1. グローバル化の統合過程

1-1 グローバル市場の統合過程

栗林（2012）ではグローバル化を,「世界的規模で,経済,政治,文化の分野（多次元性）で,相互依存関係の強化や深化が進み,統合されていく社会的過程を意味するもの」,と定義した。グローバル化が高度に深化した状態をここではRodrik（2014，2011）[2]に倣い「超グローバル化」と呼ぶことにする。たとえば,経済面で地域的に超グローバル化の状態に近い例としては,欧州連合（European Union：EU）があげられる。またグローバル化は多次元的であり,各分野において論じられているが,ここでは,主として経済面のグローバル化（経済統合）の視座から論じることとする。

現実の国際経済では,国民国家が意思決定単位であるので,経済のグローバル化としての市場統合の過程は,国家間の国境がもたらす取引費用という観点から整理できる。そこで先ずグローバル市場と国内市場を対比することによって,グローバル市場の統合の問題点を考えてみたい。

一国の市場が有効かつ効率的に機能するための基本的ポイントを整理する。市場は公共財とみなせるので,市場を統治するための諸制度を基本的には国家（政府）が整備しなければならない。現在のような貨幣経済においては,政府は,取引の媒体としての貨幣制度及び金融制度を整備しなければならない。市場で取引が行われるための平和と安全,法体系などの制度,市場統治機構,所有権の保護などの整備も必須である。また,契約の法的強制力,市場参加者の

---

[2] 翻訳書を参考にしたものに関しては,カッコ内の数値の前者は翻訳書,後者は原書の出版年を表す。

参入・退出の自由，独占禁止法，物流のための運輸・情報通信などのインフラ整備も必須である。歴史的には，物流や情報の流れを円滑かつ安価にするための運輸・通信技術の技術革新が国内市場の拡大と統合を促進してきた。

市場が国境を越えて拡大し，市場統合が進んでいくときには，さらに，国境に伴う取引費用が発生する。最も重要なのは，取引媒体となる各国通貨の取引市場である外国為替取引市場である。各種市場によって取引費用は異なるが，共通するのは，各国の国内制度（以下市場ルール）の相違に基づく取引費用である。通常国際経済で問題となる市場は大別すると，財市場，サービス市場，通貨市場，金融市場，資本市場，労働市場である。さらに，自然人（以下単に人）の移動に対するルールの相違がある。グローバル経済市場では共通言語も重要となる。

国際経済においてグローバル化を促進してきたのは，国内市場の場合と同様，運輸・通信技術の技術革新であることには意見の一致がみられる。ICT技術革新が現代の急速なグローバル化を促進したといっても過言ではない。技術革新が各国の市場ルールの相違に伴う取引費用を顕在化し，市場統合にまつわる国家間の調整を促しているのがグローバル化の本質といえよう。たとえば，グローバル化が最も進んでいる貿易をとってみよう。20世紀に入り戦間期には，関税や非関税障壁により取引費用を高くして国内市場が保護され，グローバル化は妨げられていた。しかし，第二次世界大戦後は，ブレトンウッズ体制下で，資本移動を規制し，関税および貿易に関する一般協定（General Agreement on Tariffs and Trade：GATT）に基づき財の貿易の自由化が進められてきた。現在では，WTOの下でさらにサービス市場，直接投資，公共部門にも拡大され，経済統合が深化・拡大の方向に向かっている。しかし，グローバル化は現在それ自体に内在する難しい課題に直面している。James（2002, 2001）は，19世紀のグローバル化の崩壊と20世紀初頭の戦間期の国民国家中心の動向を分析し，グローバル経済が自壊する経路として，システム自身が内包する欠陥による自己破壊とグローバル化に対する社会的・政治的反動を挙げている。それは，国民国家が意思決定単位とする世界経済において，グローバル経済（世界的開放

経済）に移行するときに抱える困難な選択問題である。歴史的には，19世紀のように国内における制度や機関（関税制度，中央銀行など）が国際経済社会の運営にあたっていた時代から，20世紀におけるように国際的レベルでの機関の設立で対処する方式へと移行してきた。そこには，グローバル・ガバナンスに関して，重要なディレンマが存在する。

1-2 各種のトリレンマ

第1は，国際通貨制度が持つトリレンマである[3]。各国の経済調整政策の独立性，通貨の安定性，自由な資本取引（開放的資本勘定）という3つの目標を同時に満たす国際通貨制度は存在しない，ということである（図1-1参照）。19世紀の古典的グローバル化では，金本位制がとられていた。各国の通貨は金に釘付けされており，中央銀行は独自に国内目標を追求することはできなかった。各国の経済調整政策は大きく制限されていた。第二次大戦後のブレトンウッズ体制では，金為替本位制である固定為替相場制（以下，固定制）がとられ，資本移動が制限されていた。現代のグローバル化では，主要国では変動為替相場制（以下，変動制）がとられ，為替レートの安定性目標が犠牲にされている。

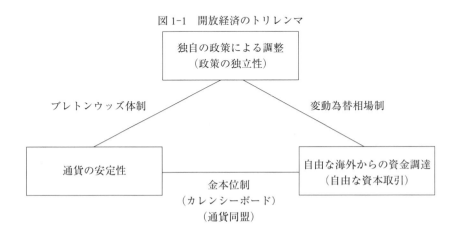

図1-1 開放経済のトリレンマ

---

3) Krugman（1998）など参照。

なお，地域経済統合である EU の 12ヵ国は通貨同盟を結んでいる。

第 2 は，経済統合のトリレンマ（Integration trilemma）である[4]。超グローバル化，適切な公共管理政策，国家主権の 3 つの目標は同時に達成不可能というものである。経済統合が高度に深化したとき，それをグローバルに公共管理するためには，各国は国家主権を放棄ないし縮小させていかなければならないことを意味する。これは，次の第 3 のトリレンマとほぼ同じものといえる。

第 3 は，グローバル経済の政治的トリレンマである[5]。超グローバル化，国民国家（国家主権），民主政治（民主主義）の 3 つの目標は同時に達成不可能であり，どれか 1 つの目標を犠牲にしなければならない，というものである（図1-2 参照）。国民国家としての国家主権を保持し，民主政治を行うときには，グローバル化の深化をある程度にとどめざるをえない。もし超グローバル化の下で民主政治を保持するのであれば，国家主権を放棄することが求められる。超グローバル化の下で国家主権を堅持すれば，民主政治をあきらめなければならない。

これらの開放経済におけるトリレンマは，グローバル化のメリットとデメリ

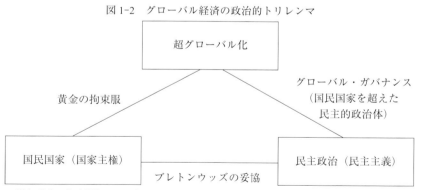

図 1-2　グローバル経済の政治的トリレンマ

（注）黄金の拘束服とは，政府によって提供されるサービスは国際市場の円滑化を促進するものに限られることを意味する（トム・フリードマン）。

4）　Summers（1999）参照。
5）　Rodrik（2014, 2011）参照。

ットを勘案し，各国はグローバル化の過程を独自の国益に照らして国際的に調整していくことの必要性を示している。特に，グローバル化は分配の公正について欠けている点が問題となる。現在の世界においては，安全保障，社会保障制度は国民国家の意思決定に委ねられているので，国家主権と民主政治の目標を放棄することは考え難いといえよう。経済に効率性を追求し，グローバル化の深化を促進し易いが，政治は公正を重視するとき，地域的になる傾向がある。この点が今後のグローバル化過程における国際統合ルール作りの鍵といえる。

2. グローバル化過程の再整理

経済的グローバル化の歴史的区分に関しては，栗林（2012）で整理したものを若干補完し，ここでは次のように4期間に区分する：古典的グローバル化（1870-1914年），戦間期（1914-50年），ブレトンウッズ体制期（1950-73），現代のグローバル化①（1973-94年），および現代のグローバル化②（1994年以降）。経済市場統合のポイントとなる，通貨，市場のガバナンス，および国家主権の在り方の視点から，各区分の特徴を前節との関連で整理する。各区分の国際通貨制度は，基本的には，図1-1の開放経済の三角形の各辺に対応している。

古典的グローバル化では，国際通貨制度は，金本位制（図1-1の金本位制の辺）がとられていた。世界的マネーサプライの新規供給は，特定財「金」の生産量に依存し，金に拘束されていた。市場ガバナンスのための特別な国際機関はほとんどなく，各国の国内機関が国際社会の運営にあたっていた。各国の中央銀行は独自の国内目標を追求することを放棄し，自国通貨の金平価を維持することを主目標としていた。その意味で，中央銀行は政治的に独立していた。また，財政政策も通貨変動の許容範囲内に限定され，小さな政府が志向された。図1-2の政治的三角形でいえば，黄金の拘束服の辺に相当する。グローバル・ガバナンスに相当するのは，強国が覇権を握る帝国主義的運営であった。この時代のグローバル化の進展は，最も活発であったともいわれている。特に，人の移動（移民）に関してはそうであった。しかし，グローバル・ガバナ

ンスが強国に有利であり，第一次世界大戦以後の戦間期においては，関税，資本取引規制，移民法，その他の非関税障壁がグローバル化の終焉（保護主義）をもたらした[6]。

戦間期には，古典的グローバル化に対する反動や1930年代の世界恐慌のために，各国は独自の補償政策をとる保護主義に走った。この期間には国際連盟，国際決済銀行（Bank for International Settlements：BIS），国際労働機構（International Labour Organization：ILO）などの国際機関が設立されたが，国家レベルを超えたルール作りや調整は成功しなかった。

第二次世界大戦後のブレトンウッズ体制期は，図1-1と図1-2のブレトンウッズ体制とブレトンウッズの妥協にそれぞれ対応している。国際通貨制度は，金為替本位制の固定制が取られ，資本移動が制限された。国際調整機関としては，国際通貨基金（International Monetary Fund：IMF），世界銀行（World Bank：WB），GATT，国際連合諸機関が設立され，政策調整とグローバル・ガバナンスのルール作りが進められた。GATTの下で貿易の自由化が促進され，グローバル化が進むと共に，経済協力開発機構（Organization for Economic Cooperation and Development：OECD）などを中心にブレトンウッズ体制下では規制されていた資本取引の自由化が進められていった。欧州諸国や日本の経済復興と共に資本の自由化が進展すると，国際通貨市場における投機のために固定制を保持することが困難となり，ブレトンウッズ体制は崩壊し，国際通貨制度は変動制へと移行した。図1-2に則していえば，ブレトンウッズの妥協で放棄されていた超グローバル化目標が世界経済運営の中で強く意識され，促進されてきたことを意味する。

現代のグローバル化①（以下，グローバル化①）では，国際通貨制度は2度にわたる石油ショックを経て，変動制が定着していく過程で，貿易のさらなる自由化（東京・ラウンド，ウルグアイ・ラウンド）が進められると同時に，投資と金融の自由化が進められた[7]。変動制下でもしばしば通貨危機が発生すると同時

---

6) James（2002, 2001）やRodrik（2014, 2011）を参照。

に，世界的マネーサプライは基軸通貨である米ドルの動向に左右されている状況となっている。図1-1が示唆するように，各国の為替レート安定目標は放棄された。そして為替変動が各国間の政策調整を強いることとなった。グローバル・ガバナンスの視点からは，1975年に主要7ヵ国第1次首脳会談（G7）が開催され，世界経済と為替レートの安定化の協議や政策調整が開始された。またこの期間には，中国経済の市場経済への移行，旧ソ連の崩壊と東欧諸国やロシアの市場経済化など市場経済が世界経済全体に及んだ。

現代のグローバル化②（以下，グローバル化②）では，金融のグローバル化が急速に深化・拡大した。日本経済では，1998年に日本版金融ビッグバンが開始された。この期間の前半には，メキシコ通貨危機（1994年），アジア金融・経済危機（1997年），ロシア危機（1998年），アルゼンチン経済危機（2001年）が発生し，発展途上国における短期資本移動の不安定性が問題視された。それと同時に，IMFの危機対応が批判され，"ワシントン・コンセンサス"[8]に対する批判が高まった。2000年代末に，米国のサブプライムローンに端を発した金融危機は，1930年代の世界恐慌にも匹敵する世界経済危機をもたらし，世界経済に大きな影響を及ぼすと共に，金融グローバル化に対する批判やグローバル化全体に対する懐疑論を強めている。また，1995年にGATTはWTOに改組され，財貿易の自由化のみでなく，サービス貿易の自由化，直接投資の自由化，その他非関税分野のルール作りなど多分野でのグローバル化が押し進められている。しかし，WTOでのドーハ・ラウンドは暗礁に乗り上げた状況にあり，メガFTAなどのRTAsが急速に進行している。

3. 現行のグローバル化と問題点

グローバル化②は，国民国家の国家主権と民主政治（民主主義）の2つの目

7） ちなみに，日本経済では，資本の自由化，日米経済協議が進められた期間であった。日本の金融自由化は1994年にはほぼ完了している（栗林（2012）参照）。

8） ワシントン・コンセンサスに関しては，Williamson（2004）およびBirdsall and Fukuyama（2012）を参照。

標を重視しながら，第3の目標である超グローバル化に向かっており，グローバル経済の政治的トリレンマに直面している状況，と理解できる。現実の世界においては，国民国家でも内部で民族対立が激化している国も多いが，安全保障，社会保障面では国家主権が確立し，国家が意思決定単位となっている。そして世界は，経済発展段階により，先進工業国（先進国），新興工業国（新興国），その他の発展途上国，とさまざまな国家から構成されており，それぞれの国家目標が追求されている。一方，民主政治に関しては，基本的に自由と民主主義に立脚している国と権威主義国家とがある。ここでは各国とも民主主義に基本的価値をおいているものとして論を進める[9]。グローバル化②では，経済統合の過程として，前述したように，各種の国際機関が設立され，統合ルールが調整・作成されてきた。しかし，WTOのドーハ・ラウンドにみられるように，統合市場が拡大し，参加国が多くなるにつれて，統合過程が長期化し，困難になっている。

　グローバル化に対する一貫した理論が存在するわけでもなく，グローバル化のイデオロギーに関しても意見の一致がみられているわけでもない。しかし，グローバル化②は，一般に新自由主義的グローバル化とみなされている。そしてグローバル化批判の多くは，民主主義の原則が多国間ルールやグローバル・ガバナンスの側面にまではほとんど及んでいない，とみなされていることから行われているといってもよいであろう[10]。またFTAなどの交渉段階において産業界など生産者サイドの意見が強く反映され，消費者サイドの意見は反映されていない，と人々が感じていることも影響しているといえよう。さらに，グローバル化に対する批判は，グローバル化の市場統合に内在する問題点にも起因している。それは，経済効率を高めるが，公正な分配という視点からは格差を拡大している点である。そこでここでは，主要な市場ごとにグローバル化②での統合過程で起きている問題点を整理する。

---

9) 現在の世界における民主主義にまつわる問題に関しては，The Economist（2014）など，またグローバル化の民主化に関しては，Held他（2006, 1999）を参照。
10) George（2002, 2001），Held et al（2007, 2005）など参照。

3-1　外国為替市場と金融市場

　グローバル化②の特徴の1つは，外国為替制度は，各国が独自に自国通貨制度を自由に選択できることである。そして，IMF が各国の為替レート間の調査・調整（exchange rate surveillance）を行っている。現時点では，ほとんどの先進国が変動制を採用しているが，発展途上国では固定制や管理変動制をとっている国もある[11]。ただし EU では，通貨同盟が結成されており，1999 年当初は 11ヵ国が参加していたが，2013 年末には 18ヵ国が統一通貨ユーロを採用している。前述したように，グローバル化②の初期（1994-2001 年）には，発展途上国や市場経済への移行国で通貨危機が発生・伝播し，世界経済に大きな影響を与えた。それは，資本自由化に伴う短期資本の投機的動向が引き金となっており，特に，発展途上国がどのような外国為替制度を採用し，どのように投機リスクを管理するかが課題となっている。外国為替市場のグローバル・ガバナンスのリスク管理の方法としては，短期資本規制やトービン税などが検討されている。また，IMF では通貨危機の早期警報システム作りが課題となっている，といえよう。

　一方，変動制では，為替レートは変動するが，各国は独自の目標を達成するための金融政策を行うことができる。現実に為替レートがどの程度変動しているのかを 2001 年以降について主要な国をみると，表 1-1 のようになっている。対 SDR レートでみると，主要先進国では 2012 年までの 11 年間に，米ドルは年平均約 1.4％，英ポンドは約 2.0％減価しているが他の国の通貨はほとんど増価している。オーストラリアドルは年平均約 4.1％，円は約 2.7％，カナダドルは約 2.7％増価している。比較的変動係数が小さいのは，米ドル，ユーロ，スウェーデンクローナ，ノルウェークローネであり，大きいのはオーストラリアドル，および円である。新興国で増価しているのは，タイバーツ（年平均 2.1％），中国元（同約 1.6％），フィリピンペソ（同約 1.2％），マレーシアリン

---

[11]　IMF（2006）によれば，先進国 6ヵ国（ユーロ圏を 1 国として），新興国 19ヵ国，その他発展途上国 5ヵ国の計 30ヵ国（世界 GDP の 90％以上をカバー）のうち，2005 年で 41％が変動制，38％が管理変動制，21％が固定制（peg）を選択している。

ギット（同約 0.9％），ブラジルレアール（同約 4.8％）であり，他の国の通貨は減価している。減価率が高いのは，アルゼンチンペソ（同約 5.5％），トルコ新リラ（同約 3.1％），インドルピー（同約 2.3％）である。変動幅は先進国とそれほど変わらないが，アルゼンチンペソとブラジルレアールの変動幅が大きい。

表1-1　為替レートの変動率

	先進国					
	Euro Area Euro	Australian dollar	Canadian dollar	Hong Kong dollar	Japanese yen	Korean won
年平均変化率	−1.30	−4.10	−2.66	1.33	−2.76	0.81
平均値	1.1805	1.9129	1.7569	11.585	153.26	1660.3
変動係数	8.2	17.3	11.7	6.4	13.3	10.1
変動幅	29.9	51.5	35.2	21.8	39.7	34.4
	Norwegian krone	Pound sterling	Singapore dollar	Swedish krona	Swiss franc	US dollar
年平均変化率	−1.37	1.98	−2.24	−1.40	−3.22	1.37
平均値	9.531	0.8923	2.2493	11.0239	1.720	1.4908
変動係数	8.7	10.8	9.2	9.3	12.4	6.5
変動幅	29.1	32.5	29.2	30.9	40.7	21.7
	アジア新興国					
	Chinese yuan	Indian rupee	Indonesian rupiah	Malaysian ringgit	Philippine peso	Thai baht
年平均変化率	−1.62	2.32	1.43	−0.85	−1.18	−2.14
平均値	11.034	69.775	14081	5.2051	72.173	54.003
変動係数	9.1	10.6	8.8	7.2	10.1	8.8
変動幅	28.9	33.9	33.5	23.1	33.4	26.3
	その他新興国					
	Turkish new lira	Russian ruble	Saudi Arabian riyal	South African rand	Argentine peso	Brazilian real
年平均変化率	3.14	1.67	1.37	0.67	5.48	−4.82
平均値	2.2343	43.6005	5.5892	11.4648	5.3329	3.4081
変動係数	14.9	8.5	6.5	17.7	20.0	21.1
変動幅	48.5	26.5	21.7	56.7	60.4	64.7

（注）1．標本期間は 2001-12 年である。ただし，Argentine peso と Brazilian real は 2002-12 年とした。
　　　2．単位は，為替レートは SDR1 単位当たり各国通貨単位，その他は％である。
　　　3．変動係数＝標準偏差／平均値（％），変動幅＝（最大値−最小値）／平均値（％）。
　　　4．国別発展段階は IMF 統計に基づいている。
（出所）原データは IFS Yearbook 2013 による。

なおサウジアラビアリヤールと香港ドルは米ドルにペッグされていることがわかる。基軸通貨である米ドルおよび米ドルにペッグされている通貨を除くと、変動係数が最少なのはマレーシアリンギットの7.2%であり、最大はトルコ新リラの14.9%である。

多くの先進国の中央銀行は、インフレ目標政策を採用し、多くは2%の物価目標を達成するための金融政策を実行している。超グローバル化といってもよい状況にある金融市場では、それが他国に迅速に影響を与える。基軸通貨国である米国の金融政策が他国、特に発展途上国に大きな影響を与えることが問題となっている。また、変動制とグローバル・マネーサプライの在り方のルール作りがこれからの大きな課題となろう。

グローバル化②の特徴は、急速に深化・拡大した金融グローバル化である。金融の証券化と新たに開発されたリスク管理手法は、新しい複雑な金融商品を生み出し、リスクのブラックボックス化をもたらした。その結果、米国のプライム・ローンに端を発した金融危機は、全世界に伝播し、世界的大不況をもたらした。BISを中心とした金融のグローバル・ガバナンスの在り方、すなわちグローバル金融市場に参加する金融機関のルール作りと監視などが課題となっている。

3-2 WTO体制と財・サービス等の市場統合

ブレトンウッズ体制下では、GATTにおいて多角的貿易交渉（ラウンド）により、財の貿易自由化による市場統合が進められてきた。資本の自由化が進みブレトンウッズ体制が崩壊してグローバル化①に入ると、ラウンドが重ねられ、財の貿易自由化が進み、財のみならずサービス、知的財産権、直接投資へと市場統合の交渉が進められ、GATTは1995年にWTOへと発展的に改組・強化された。現在は、WTO体制下でグローバル化②が進んでいる。1960年代まではGATT加盟国がそれほど多くなかったので、比較的早期にラウンドが妥結した。しかし、ブレトンウッズ体制が崩壊し、グローバル化①に入ると、加盟国が増大し、ラウンドの終結に長期間を要するようになったが、東京・ラ

ウンド (1973-79 年) とウルグアイ・ラウンド (1986-94 年) とが妥結された。WTO 体制下[12]では, 2001 年からドーハ・ラウンドが開始された。しかし, 10 年以上経過した現在でも妥結の見通しは立っていない。それに代わり現在では, 2 国間あるいは複数国間の FTA などの RTAs が進んでいる。

WTO は, 国境に伴う取引費用を軽減し貿易を促進するための国際ルールを設定する国際機関である。そのために国際的協定により国家主権を制約することになる（図 1-2 のグローバル・ガバナンス参照）。GATT に比較し, サービスや知的財産権, 直接投資など新分野が加えられ, 非関税障壁も対象に組み入れられている。さらに, 紛争手続きの改革によりガバナンス力も強化されている。WTO 設立協定（世界貿易機構を設立するマラケシュ協定）の構成は付図 (24 ページ) のようになっている。

そこでまず, GATT・WTO における多角的貿易交渉の基本原則およびそれらに対する例外についてみておきたい。これらは現行のグローバル化の基本ルールを提示しているといってよい。ただし, 例外が多く, GATT・WTO の難しさを表している。

基本原則は, (1) 最恵国待遇 (GATT 第 1 条), (2) 内国民待遇 (GATT 第 3 条), (3) 数量制限禁止 (GATT 第 11 条), (4) 関税引き下げの原則 (GATT 第 2 条譲許表) の 4 つである。その他の基本原則としては, 相互主義の原則 (GATT 第 28 条 2 項) と透明性の原則 (GATT 第 10 条, GATS 第 3 条) がある[13]。

最恵国待遇は, 相手国間での差別を禁止するものであり（相手国間の無差別原則）, 例外は①特恵関税, ②発展途上国に対する措置 (GATT 第 18 条：経済開発に対する政府の援助), ③関税同盟および自由貿易地域 (GATT 第 24 条 5 項) である。

内国民待遇は, 輸入品と国内産品の差別を禁止するものであり（輸入品と国内産品の無差別原則）, 主要な例外事項は①政府購入に際する国内産品の優先

---

[12] WTO 加盟国の数は 2013 年 3 月現在, 159ヵ国となっている (WTO ホームページ)。

[13] ここでの GATT は正確には付図での GATT1994 を意味している。

（GATT 第3条8項(a)），②国内生産者に対する補助金（GATT 第3条8項(b)）などである。

　数量制限禁止は，必要な国内産業の保護は関税のみで行うべきであるとしている。主要な例外は，①農林水産品の輸入制限であるが，ウルグアイ・ラウンド以降はすべて関税化されている。②食料等の不足防止のための輸出制限，③国際収支擁護のための輸入制限（GATT 第12条），④緊急措置に基づく輸入制限（セーフガード条項），⑤報復措置としての輸入制限（GATT 第23条），⑥義務免除（waiver）に基づく輸入制限（GATT 第25条5項），⑦一般的例外（GATT 第20条），安全保障のための例外（GATT 第25条5項）である。

　GATT・WTOでは，関税引き下げの原則に関しては，相互主義に基づいて数年ごとに多角的貿易交渉が行われている。前述したように，現在では2001年よりドーハ・ラウンドが継続中であるが，交渉は難航している。2013年12月の第9回バリ閣僚会議では，引き続き2014年の作業プログラムを準備し，ドーハ・ラウンドを進めることが決定されるに留まった[14]。ドーハ・ラウンドは，正式には「ドーハ開発アジェンダ（Doha Development Agenda：DDA）」と呼ばれているように，発展途上国の開発に寄与することを謳っている。交渉が難航している理由としては，交渉参加国が多いこと，先進国サイドに発展途上国寄りの画期的措置を取るのが難しくリーダー不足であること，2000年代末の世界的大不況などがあげられている。

　このような多角的貿易交渉が難航しているのに対して，WTO 体制に移行したグローバル化②では RTAs が増大している。WTO に通報され現在発効している RTAs の実態は，表1-2〜1-4 のようになっている。表1-2 と表1-4 は WTO への通報に基づいているため，同一の RTA でも財とサービスが別々に交渉・締結され，別個に通報されているときには，それぞれ別のものとして数えられている。これに対して表1-3 は，それらを同一の RTA として数えた実

14）　WTO/Ministerial conference-Ninth WTO Ministerial Conference-Briefing notes および Bali Ministerial Declaration（WTO ホームページ http://wto.org）を参照。

際の RTAs の数である。表 1-3 によれば，2013 年末には 248 の RTAs が締結され発効していることになる。表 1-2 は，自由貿易協定（Free Trade Agreement：FTA），関税同盟（Customs Union：CU），および授権条項（Enabling Clause）の 3 種類別の数である。RTAs の多くは FTA であり，WTO の加盟国のうちモンゴルを除くすべての国が何らかの RTAs に加盟している。表 1-4 によれば，2000 年に入ってから RTAs が急増している。各国は，個別にそれぞれの国と FTA などを締結しているので，多くの RTAs が存在する。たとえば，WTO のデータベースによれば，米国は北米自由貿易協定（NAFTA）の他に，12ヵ国と 2 国間 FTA を締結している。日本は，ASEAN の他に，10ヵ国と 2 国間 FTA を締結している。このようにそれぞれの国が独自に 2 国間 FTA などの締結競争をしている観がある。これは，前述した WTO の無差別原則に矛盾している。このように RTAs が近年増大しているのは，RTAs が貿易創出効果とともに貿易転換効果を持ち，後者がそれに対抗するために他国との FTA 交渉に向かわせていることを物語っている（ドミノ倒し）といえよう。

WTO が RTAs を容認しているのは，GATT 第 24 条 4～10 項の財に関する FTA と CU，発展途上国のための授権条項，および GATS 第 5 条によるサービスに関する地域統合協定（Regional Integration Agreements：RIAs）である[15]。基本的に，関税などに関して現行税率より引き下げることなど障害を引き下げることにより，より域内貿易の自由化を増進すること，域外国に対して現状より悪化させないこと，そして多国間貿易システムを補完し，脅かさないことが条件となっている。いわゆる保護主義に向かうことを禁じている。WTO は現状評価として，現行 RTAs はこれまでの多角的貿易交渉で得られたものよりも交渉がより進んでいること，そしてサービス，知的財産権，環境基準，投資，競争政策などが課題とされ，WTO でのその他の分野での進展に貢献していること，をあげている[16]。いずれにしても，"スパゲッティ・ボール"現象が生

---

15) Regional Trade Agreements-The WTO's Rules（WTO ホームページ）参照。
16) Understanding the WTO-Regionalism: friends or rivals?（WTO ホームページ）参照。

表1-2 WTOで発効している地域貿易協定（RTAs）数

	加盟	新RTAs	合計
GATT第24条（FTA）	1	205	206
GATT第24条（CU）	7	10	17
授権条項	2	35	37
GATS第5条	4	113	117
合計	14	363	377

（注）1. 2014年4月15日現在。
　　　2. 財，サービス，財・サービスによる通報に基づいている。実際のRTAsの数ではない。
（出所）WTOホームページ（2014年4月15日現在）による。

表1-3 実際のRTAsの数

財	135
サービス	1
財・サービス	112
合計	248

（注）表1-2参照。
（出所）表1-2と同様。

表1-4 発効RTAsの推移

年	件数	年	件数
−1970	4	2001	8
1971-80	10	2002	12
1981-90	9	2003	11
1991	3	2004	10
1992	3	2005	16
1993	12	2006	19
1994	8	2007	12
1995	7	2008	17
1996	6	2009	23
1997	7	2010	15
1998	6	2011	11
1999	5	2012	16
2000	11	2013	12

（注）表1-2参照。全件数は271である。
（出所）WTOのRTA data baseより作成。

じ，グローバル化を複雑なものとしていることは否めない。最近では，ジェトロ（2013）が指摘しているように，TPP，東アジア地域包括経済連携（EAFTA），日EU・EPA/FTA，米国とEUとの包括的貿易投資パートナーシップの4つの巨大な地域をカバーするメガFTAの交渉が進んでいる。こうしたメガFTAがどのように今後のグローバル化の深化（WTO体制の強化か，弱体化か）に繋がっていくのかが問題となる。

　こうしたFTAの動向に先鞭をつけたのがNAFTAであり，発効してから20年経過している。このNAFTAを3ヵ国はどのように評価しているかを簡潔に

みておきたい。Hills（2014）は，多くの成果を評価している：①先進国と発展途上国との最初の包括的自由貿易協定であり，市場開放を拡大・深化させ，相互の貿易を増進させた。②各国間の投資（cross-border investment）を上昇させた。③各国間の旅行者，ビジネス，学生などの人的交流が高まった。④3ヵ国とも他国で生まれた人口の割合が相互に増加しており，特に若者がそうである。⑤メキシコからの米国への移民も増加している。Wilson（2014）は，カナダの立場から以下の点を指摘している：①貿易の自由化と拡大という視点からは成功であった。貿易はいずれの国とも増加した。②3ヵ国の経済統合の深化という点では，期待したほどではなかった。9・11以降，国境障壁が強化されてしまった。③さらなる経済統合を深化させるためには，トップのリーダーシップが必要である。Castañeda（2014）は，メキシコの立場から，メキシコでのNAFTAに対する賛否両論とも結果として誇張され過ぎていたとして，次のように評価している：①貿易だけをみれば成功であった。②しかし，経済成長，雇用創出，生産性向上，賃金上昇，人口流出抑制面をみれば，はっきりした結論は得られない。NAFTAはメキシコの期待に応えていない。他の南米諸国の方が一人当たりGDPの高い成長率を達成している。メキシコへのFDIもそれほど増加していない。③北米経済統合へ向けてのステップは弱まっているが，NAFTAを強化することが必要であろう。

　3ヵ国は共通して，NAFTAが貿易を促進したことを高く評価しているが，経済成長や経済統合の深化という点では，米国が最も高く評価し，カナダ，メキシコの順で評価が低くなっているといえよう。それぞれの国がNAFTAに何を期待していたかが反映されているものと思われる。

3-3　生産システムのグローバル化：直接投資と労働市場

　GATT・WTOでの貿易自由化は，財市場の統合を深化させてきた。しかし，経済統合を促進させているもう1つの重要な要因は，生産システムのグローバル化である。そこで，生産要素市場についてみておきたい。グローバル化を推進し，経済的相互依存関係を深化させる大きな要因の1つは，生産要素として

の直接投資である。多国籍企業[17]は，生産拠点となる工場や事業所を他国に建設あるいは買収することにより，その生産活動をグローバル化している。特に発展途上国は，その開発戦略を輸入代替産業育成から輸出産業育成へと転換しており，海外直接投資（Foreign Direct Investment：FDI）を受け入れ，積極的に企業誘致を行うようになっている。先進国間でも，自国内での雇用創出のためのFDIを歓迎するようになっている。しかし，こうした直接投資に対しては，これまで各国は多くの投資受け入れ前と受け入れ後の両時点で規制を設けており，投資ルールに関してはWTOの基本原則に基づくような多角的国際ルールが合意される方向にはない。かつて，1990年代後半にOECDは多国間投資協定の締結を試みたが，参加国の合意に達しなかった。WTOでは付図に示されているようにTRIMS（Trade-Related Investment Measures）協定を設けている。これは，投資受け入れ国（ホスト国）が投資企業に課すローカルコンテンツなどの成果義務（進出企業の生産への規制）を制約するにとどまっており，投資自由化協定ではない。WTOでの投資自由化協定には，自国の裁量権の制約を嫌う発展途上国などが反対している。ホスト国は，FDIによる特定産業の育成という産業政策を放棄することなどを嫌っている。NAFTAでは投資自由化措置を規定しているが，今後のRTAsにおいてどのような投資ルールが規定されてくるか，そしてそれらが多角的国際ルールにどのように発展していくかが注目される。いずれにしても，これまでのグローバルな企業参入とサプライ・チェーンの拡大は，世界貿易の内容を産業間貿易から産業内貿易の比重を高める方向へと変えている。また現行の直接投資措置は，投資誘致競争を誘発している。典型的なのは法人税引き下げ競争などの「底辺への競争」である。そうしたことをなくすための企業誘致インセンティブへの国際的ルール作りが重要といえる。

　もう1つの生産要素である労働市場に関しては，EUのような地域経済統合

---

[17] 多国籍企業（Multi-national corporations：MNCs）と超国籍企業（Trans-national corporations：TNCs）を区別する場合もあるが，ここでは区別しない。UNCTAD（2000）およびUNCTAD（2002）など参照。

を除いて，グローバル化は進んでいない。労働者の自由な移動に関しては，国家主権による規制が最も強固で，国境障壁が高いところでもある。労働市場の在り方に関しては，労働条件の世界的な向上の視座から国際ルール（国際労働基準）作りと監視の役割を果たす国際的な制度的枠組みとしてILOが第一次世界大戦後の1919年に設立され，第二次世界大戦後は1946年に国際連合の専門機関となっている。しかし，多くの国，特に発展途上国や権威主義的国家において，労働者の基本的権利，児童労働，賃金，労働条件，労働環境などの点で多くの問題を抱えている。企業間の国際競争力強化の名のもとに，コスト引き下げ競争で「劣化競争」が起き易い市場でもある。グローバル・ガバナンスの一環として，各国がILO基準を順守するようILOの機能を強化することが望まれる。

おわりに

グローバル化②においては，金融資本主義とも呼ばれているように，金融市場は急速にグローバル統合が進み，ほぼ超グローバル化の状態に達しているといえよう。しかし，国際調整機関としてのBISやIMFにおけるグローバル・ガバナンス機能は充分には確立されておらず，グローバル金融システムの不安定性や揮発性は世界経済に大きな影響をもたらしている。特に国際通貨制度としての変動制は，40年の経験を経ているが，各国が自国の通貨制度をどのように選択し，短期資本の極端な投機的変動にどのように対処するか等のガバナンスのルール作りも，各国の政策の独立性との関連性で，どこまで国際機関にイニシアティブを与えられるかがポイントとなる。そのときに，各国政府・中央銀行および世界的NGOやNPOなどの市民団体が，国際機関の意思決定に民主的にどれだけ参画できるかが今後の課題となる。

金融市場に比較し，GATTで進められてきた財市場の貿易自由化は，農産品・繊維および繊維製品など特定製品を除き，深化してきているが，サービス市場や生産要素市場のグローバル化と国際ルール作りは，それぞれの市場の特性を反映してさまざまな段階にある。

中国経済の市場経済への移行と旧ソ連崩壊後のロシアや東欧諸国の市場経済への移行は，世界経済のグローバル化を 1990 年代に一段と深化させた。しかし，BRICS などの新興国，特に中国の急速な経済発展は，世界経済のグローバル・ガバナンスに変質をもたらしている。これまで G7 または G8 で行われてきた国際通貨・経済調整は，G20 に拡大され，調整や国際ルールの合意が難しくなっている[18]。さらに，発展途上国の WTO への加盟[19]は，WTO での多角的貿易交渉を行き詰まらせ，近年 RTAs を急増させ，世界経済は地域ブロック化の方向に向かっているように思われる[20]。また，WTO での多角的貿易交渉は一括受諾を原則としているため，一部の分野での合意や複数国間での合意形成の方向へ向かう傾向もみられる。RTAs は，安全保障問題やエネルギー資源確保問題とも密接に関連するので，難しい課題を抱えることをも意味する。現在進んでいる FTA などの RTAs は，貿易創出効果のみでなく貿易転換効果も有するので，「周辺化」への恐怖から各国を FTAs 締結競争に走らせているようにもみえる[21]。さらに，直接投資誘致インセンティブ競争では法人税率引き下げのような「底辺への競争」，労働市場などでは「劣化競争」などを促進させることも懸念されている。

　グローバル化の国際ルールにおいては，WTO の多国間主義，無差別主義，透明性という基本原則を堅持することが望ましい。しかし，図 1-2 の政治的トリレンマが示唆するように，国民国家と民主主義を基本目標とする限り，超グローバル化への過程をある程度のところでとどめざるをえないことになる。したがって，各国は，グローバル化の国際ルール作りとガバナンスにおいて，メ

---

18) Bremmer（2012, 2012）は，今日のようなリーダーとなる国または国家連合が存在しない世界秩序を G ゼロ（G-Zero）と呼んでいる。
19) WTO 発足後の新規加盟国数は，2013 年 3 月現在，31ヵ国である。ちなみに，中国は 2001 年 12 月，ロシアは 2012 年 8 月に加盟している。
20) グローバル化の行き詰まり状況に関しては，The Economist（2013）を参照。
21) 日本が 2000 年に入り通商政策を転換し，シンガポールとの EPA に続き，2005 年にメキシコとの EPA を締結したのも NAFTA が影響しているといわれている（滝川（2010）参照）。

リットとデメリットを勘案して相互依存関係を深化させていくことになろう。超グローバル化は目標ではなく，自国民の福祉の最大化と経済発展が目標であり，グローバル化は手段として国際ルール作り（国内ルールの国際化）をすることになる。各国は，自国の安全保障，社会保障制度，国民の生活の質，産業構造・構造転換等に基づく国益に鑑みて，グローバル化の国際ルール作りに参画する方向に進むことになろう。当然，各国の主権と民主主義は，二大目標である。その下で，国家主権をある程度譲歩し，グローバル化の深化をどこまで進めるかが今後の課題である。その意味で，自国の社会ビジョン，安全保障，社会保障，産業構造，経済社会制度，マクロ経済政策等の国民的合意を確立しておくことが必須であるといえよう。特に，政治体制が異なり，社会主義市場経済，国家資本主義（state capitalism）とも呼ばれている中国経済の発展は，国民国家と民主主義を基本目標とする国々との間でグローバル・ガバナンス上調整困難な問題が発生してくることも予想される。しかし，世界平和を確立するためには，経済的相互依存関係を深化させておくことが必要条件といえよう。

　最後に，これまでみてきたグローバル化の視点から，現在日本で最重要課題の1つとなっているTPPについて考えてみたい。TPPに関する内閣府と外務省の諸資料によれば，TPPは，アジア太平洋地域における高い水準の自由化を目標とする，財市場やサービス貿易のみでなく，非関税分野のルール作りのほか，新しい分野（環境，労働，「分野横断事項」等）を含む包括的協定である，とされている。TPP協定交渉で扱われている分野は，従来の日本のFTAで扱われている18分野に新しく3分野が追加され，21分野に及んでいる。また，TPP交渉参加国の参加目的にもそれぞれ相違がある。アジア諸国は特に米国市場への参入，輸出増，南米諸国は対アジアとオセアニアとの貿易，米国とオセアニア諸国はアジア太平洋自由貿易圏（FTAAP）への発展可能性を主要な目的にあげている。日本経済の中長期的発展との関連では，人口高齢化との関係で労働市場の開放をどのように進めていくのかについての国内制度整備と対外ルール作りを急ぐことが必要である。これは，1980年代からいわれていたが先送りされてきた課題である。さらに，国内へのFDIを誘引するルール作りも

重要である。ここでは，個別の分野ごとに言及することは避け，交渉の最終段階で焦点となっている農産品の関税率に関連する問題について簡単に触れておきたい。

これまでみてきたように，FTA などの RTAs の交渉は，2 国間あるいは複数国間のそれぞれの国内ルール間の調整問題である。したがって，基本的には自国内でのルールまたは制度に関してどのように国内合意ができているかが重要である。内閣府資料には TPP の影響試算は示されてはいるが，TPP でルールを相手国と調整したときの利得と損失を明確にし，利得を得るグループと損失を被るグループ間でどのような補償政策を行うのかを明確にすることである。たとえば，現在問題となっている特定農産品の関税引き下げに関しても，今後の日本農業のビジョンを提示し，食料安全保障，食品の安全性，環境問題との関連性，関税を引き下げて補助金で補償する等いくつかの代替的政策を国民に提示することが望ましいといえよう。また相手国からの要求に対しても，対応する基本原則を国民にも明示しておくことが望ましい。たとえば，これまで日本が取ってきた輸出自主規制に類する数量割当的なルールは排除することなどである。政府は意思決定の透明性を確保し，説明責任を果たすことが求められる。また，グローバル化の内在的欠陥を考慮して，経済効率だけでなく分配の公正にも配慮することが必要である。

付図　WTO 設立協定

付属書 1（ANNEX1）
 付属書 1A　物品の貿易に関する多角的協定
  (1) 1994 年の関税および貿易に関する一般協定（GATT1994）
  (2) 農業に関する協定
  (3) 衛生植物検疫措置の適用に関する協定（SPS 協定）
  (4) 繊維および繊維製品（衣類を含む）に関する協定（繊維協定）
  (5) 貿易の技術的障害に関する協定（TBT 協定）
  (6) 貿易に関する投資措置に関する協定（TRIMS 協定）
  (7) 1994 年の関税および貿易に関する一般協定第 6 条の実施に関する協定（AD 協定）
  (8) 1994 年の関税および貿易に関する一般協定第 7 条の実施に関する協定
  (9) 船積み前監査に関する協定
  (10) 原産地規則に関する協定（原産地規則協定）

（11）輸入許可手続きに関する協定
（12）補助金および相殺措置に関する協定（補助金協定）
（13）セーフガードに関する協定（SG 協定）
付属書 1B　サービスの貿易に関する一般協定（GATS）
付属書 1C　知的所有権の貿易関連の側面に関する協定（TRIPS 協定）
付属書 2（ANNEX2）紛争解決に係る規則および手続きに関する了解（DSU）
付属書 3（ANNEX3）貿易政策検討制度
付属書 4（ANNEX4）複数国貿易協定
（1）民間航空機貿易に関する協定
（2）政府調達に関する協定（政府調達協定）
（3）情報技術に関する協定（ITA）（2007 年に発効）
注）田村（2006）および滝川（2010）を参照した。

参 考 文 献

Birdsall, Nancy and Francis Fukuyama (2012): "The Post-Washington Consensus Development After the Crisis," *Foreign Affairs*, Volume 90 No. 2 (March/April) pp. 45-53.

Bremmer, Ian (2012): *Every Nation for Itself Winners and Losers in s G-Zero World*, Portfolio.（北沢　格訳『「G ゼロ」後の世界　主導国なき時代の勝者はだれか』日本経済新聞社，2012 年。）

Castañeda, Jorge G. (2014): "NAFTA's Mixed Record", *Foreign Affairs*, January/February 2004, pp. 134-141.

George, Susan (2001): *Remettre I'OMC à sa place*, Mille et une naits.（杉村昌昭訳『WTO 徹底批判』作品社，2002 年。）

Held, David & McGrew, Anthony, Goldblatt, David & Perraton, Jonathan (1999): *Global Transformation Politics, Economics and Culture*, Policy Press Ltd. Oxford.（古城利明他訳『グローバル・トランスフォーメーション　政治・経済・文化』中央大学出版部，2006 年。）

Held, David et al. (2005): *Debating Globalization*, Policy Press Cambridge.（猪口孝訳『論争グローバリゼーション　新自由主義対社会民主主義』岩波書店，2007 年。）

Hills, Carla A. (2014): "NSFTA's Economic Upsides", *Foreign Affairs*, January/February 2004, pp. 122-127.

International Monetary Fund (2006): *Treatment of Exchange Rate Issues in Bilateral Surveillance-Stocktaking*, Prepared by the Policy Development and Review Department.

James, Harold (2001): *The End of Globalization*, Harvard University Press.（高遠裕子訳『グローバリゼーションの終焉』日本経済新聞社，2002 年。）

Kose, M. Ayhan, Eswar S. Prasad, and Marco E. Terrones (2005): *Growth and Volatility in an Era of Globalization*, IMF Staff Papers Vol. 52, Special Issue.

Krugman, Paul R. (1998): *The Eternal Triangle*, (http://web.mit.edu/krugman/www/triangle.html).

Kuribayashi, Sei (2006): *Foreign Direct Investment and Economic Development in*

Southeast Asia. 経済学論纂（中央大学）第 46 巻第 1・2 合併号, 249-282 ページ。

Pelkmans, Jaques (2001): *European Integration*, Pearson Education Limited.（田中素香訳『EU 経済統合』文眞堂, 2004 年。）

Rodrik, Dani (2011): *The Globalization Paradox: Democracy and the Future of the World Economy*, New York, W. W. Norton.（柴山桂太・大川良文訳『グローバリゼーション・パラドックス』白水社, 2014 年。）

Summers, Lawrence H. (1999): *Reflections on Managing Global Integration*, Journal of Economic Perspectives, Vol. 13, No. 2, pp. 3-18.

The Economist (2013): *The Gated Globe*, October 12th 2013, special report.

The Economist (2014): *What's gone wrong with democracy?*, March 1st 2014, pp. 47-52.

UNCTAD (2000): *The Competitiveness Challenge: Transnational Corporations and Industrial Restructuring in Developing Countries*, United Nations.

UNCTAD (2002): *World Investment Report 2002*, United Nations.

Williamson, John (2004): *A Short History of the Washington Consensus*, Institute for International Economics.

Wilson, Michael (2014): "NAFTA's Unfinished Business", *Foreign Affairs*, January/February 2004, pp. 128-133.

岩田一政編（2003）『日本の通商政策と WTO』日本経済新聞社。

遠藤 乾（2013）「グローバル化 2・0」『中央公論』2013 年 3 月号, 72-82 ページ。

外務省 TPP 関連資料：「環太平洋パートナーシップ（TPP）協定（3 頁）」,「共同プレス声明　TPP 閣僚会合（仮訳）　於シンガポール　2014 年 2 月 22-25 日」,「TPP の輪郭（概要）」外務省経済連携課：平成 23 年 12 月,「TPP 協定交渉参加 9 カ国首脳会合（概要）」外務省経済連携課：平成 23 年 11 月 14 日,「交渉参加 9 カ国から見た TPP 交渉の意義」,「環太平洋パートナーシップ（TPP）協定交渉の現状」平成 23 年 10 月。

栗林 世（2012）「グローバリゼーションと日本経済」田中素香・林光洋編著『世界経済の新潮流』中央大学経済研究所研究叢書 56, 中央大学出版部, 13-49 ページ。

ジェトロ（2013）『世界貿易投資報告書』2013 年版。

高瀬保（2013）『WTO と FTA』東信堂。

滝川敏明（2010）『WTO 法』（第 2 版）三省堂。

田村次朗（2006）『WTO ガイドブック』弘文堂。

内閣府 TPP 関連資料：「TPP 協定交渉について」TPP 政府対策本部（平成 25 年 6 月），「日米協議の合意の概要」TPP 政府対策本部（平成 25 年 4 月 25 日）。

松下満雄（2004）『WTO の諸相』南窓社。

第 2 章

新興国の成長パターンの望ましい変化
——貿易依存型から内需主導型へ——

はじめに——問題の所在

21世紀に入ってからの途上国の経済発展は，まことにめざましい。それを代表するのがBRICsであるが，近年ではそれに続く途上国が群をなしている。

これら途上国を成長の源泉によって大別すると，労働力依存型と自然資源依存型に分けることができる。前者には中国，インドを筆頭にして，マレーシア，インドネシア，タイ，ベトナム，カンボチア，フィリピンなどの東南アジア諸国が続いている。かつて日本が歩んだ過程と同様に，これらの途上国は労働集約型工業化に着手し，安い賃金が国際競争力を支える源泉となって輸出を伸ばし，それが国内に波及効果を生んで高い成長をもたらしている。

本章では，これら労働力が豊富な新興国，なかでも中国，インドを念頭におき，今後も高い成長が可能かどうか理論的に検討してみたい。特に重点をおくのは，19世紀から20世紀にかけての日本のように，貿易依存型の発展が可能かどうか。今後の世界経済では国際競争が一段と激化することが予想される。成長の鍵は内需主導型への転換であるように思われるが，以下その問題点を探ってみたい。

1. 労働力依存型途上国の発展を支える輸出

現在東南アジア諸国のめざましい経済発展を支えているのは，豊富な労働力である。安い賃金は，労働集約型産業にとっては対外競争で絶対的に有利である[1]。日本が19世紀から20世紀にかけて，繊維など軽工業を軸にして工業化したのと同様な過程が展開されている。この工業化を需要面で牽引しているのは，いうまでもなく輸出である。低賃金に支えられたこれら諸国の軽工業品の価格競争力は，圧倒的に優位に立って輸出を伸ばし，工業化を促進させている。また輸出の増加は乗数効果や加速度作用をひき起こして消費支出や投資支出を増加させ，それが工業化をさらに促進させるという好循環を生んでいる。それではこのような輸出の伸張はいつまで続けられるであろうか。

その議論の前に，これら諸国の工業化の段階がどの辺りに位置するか概述しておこう。先発組の中国やインドは，軽工業化を拡大させながら，重化学工業化へ一歩踏み込んだところであろうか。後発組のマレーシア，インドネシア，タイなどは，労働集約型の軽工業化に着手したところである。そこで以下では先発組に焦点をおいて，貿易に依存してさらに成長を続けることが可能かどうか，限界があるとすればどのような問題があるかを検討したい。

輸出の拡充を持続させるためには，いうまでもなく国際競争に勝ち続けていくことが必要である。途上国の主力輸出品である軽工業品の武器は，安い賃金に支えられている価格競争力の優位にある。しかし，経済成長が進むにつれて，賃金水準はしだいに上昇する。これは輸出品価格に転化されて，価格競争力を低下させる。

それに拍車をかけるのは，後発途上国の追上げである。後発国の賃金水準は先発国のそれに比べると，まだ低水準であり，単純加工品の価格優位は後発国へ移行しつつある。

---

[1] 生産要素の賦存状態が国際分業の比較優位を決定すると説く「要素賦存比率の理論」は，「ヘクシャー・オリーンの定理」とも呼ばれ，貿易理論の定説となっている。その概要は土屋六郎（1972）『国際経済学概論』（春秋社）第4章でとりあげた。

それではより高度な工業品の輸出はどうか。中国やインドは徐々にそれらの商品の生産に取り組んではいるが，まだ緒に就いたばかりである。重化学工業品などのより高度な商品では，価格競争力もさりながら品質や性能などの非価格競争力が重視される。両国ともこの点では日米欧の先進国に比べて充分な競争力を持っているとはいいがたい。先進国との競争に対抗できるようになるには，かなりの努力と時間がかかるであろう。

　但し日本の経験に比べると有利になっている。高度化された工業では，必要な生産要素は労働力よりも資本や技術である。これらの生産要素を自国で蓄積したり開発するとすれば，かなりの年月がかかるが，今日の国際環境のもとでは，日本が歩んだ時代よりもはるかに有利である。なぜなら資本や技術などの生産要素の移動は自由化が進んでいるので，先進国から調達できる。今日，これらの途上国には先進国の企業が競って進出していることがそれを物語っている。

　ところでこれら新興国がたとえ貿易競争に勝ち続け，輸出の拡大ができたとしても，厄介な問題が派生する。それは重化学工業が資本，技術集約型であって労働集約型でないことに由来する。軽工業は豊富に存在する労働力の吸収率はすこぶる大きいが，重化学工業のそれは小さい。それをカバーするには輸出を今まで以上の速度で伸ばす必要があるが，それにはさまざまな貿易障壁があり，対外交渉によりそれを除去していかなければならない。現実の世界をみるに，貿易交渉で結果を出すには忍耐と時間がかかる。

　労働節約型の重化学工業では，地方や農村の労働力は十分に活用できない。余った労働力は潜在的失業の状態を呈し，それが進むと都市との間の格差が拡大して社会不安の要因となる。こうしてみると，新興国が外需＝輸出だけに依存するのには限界がある。選択肢を内需に拡げていく必要が生まれてくる。

2．内需主導型への転換

　マクロ経済学の処方に従って，一国の経済動向を左右する主要な支出項目を挙げれば，財政支出，企業の設備投資，個人消費支出である。以下順を追って

検討してみよう。

2-1　財政支出

　この支出はいうまでもなく各国政府が決定権をもち，政策的に利用される。鉄道・道路・港湾などの公共投資は，乗数効果が大きいので古くから活用されてきた。今後も途上各国にとって重要な政策手段となるであろう。ただし難点もある。それは予算によって縛られることである。公共サービスの多くは固定的になる傾向をもち，弾力的な成長戦略には使いにくい。また収入を超えた支出，すなわち赤字財政は継続しにくい。このような点からみると，経済全体の動向をにらみながら補助的な役割を担当するのが妥当であろう。

2-2　民間企業の設備投資

　規模でみると，国によって多少の差はあるが，この支出は財政支出とほぼ同じであり，各国経済の動向に重要な影響を与えている。だが，前者は政策的に決定できる自発的要因であるのに対し，設備投資は経済全体の動向に左右される誘発的な傾向が強い。たとえば，一国の景気が好転すると，民間企業の多くは設備投資を増加させる。そしてそれが景気上昇をさらに加速させる。しかし景気の見透しが悪くなると，設備投資は減少する。誘発的投資は，一国の経済を引っ張っていくような性格のものではない。

　但し全ての設備投資がそうであるとはいえない。自発的な投資もある。その筆頭にあがるのが，技術革新によってなされる投資である。この投資は，景気の動向にあまり左右されない。将来の需要を見込んで行われる。こうした投資が大規模かつ連続的に起こると，一国の経済全体を成長路線に乗せることが可能となる。しかし技術開発には巨額の費用と時間がかかる。これは途上国にとっては大きな負担である。現状では先進国から輸入するほうがはるかに経済的であろう。

2-3　個人消費支出

一国の総支出のなかで，最も大きな比重を占めるのは個人消費支出である。このことは先進国でも途上国でも変りない。この支出が自発的に増加すれば，経済成長を加速させることは明らかである。しかし消費支出は他の支出に比べて最も動きが鈍い。すなわちこの支出は所得に対する割合が固定的で，所得が増加しなければ増えない。

しかし消費生活のパターンが大きく変化すれば，消費支出が自発的に増加することもありうる。それが起これば最もパワーのある成長のエンジンとなろう。戦後の日本では，テレビ，冷蔵庫，クーラーなどの家電製品が「三種の神器」といわれて次々に人気商品となり，爆発的な需要を惹き起こして電機産業を飛躍的に発展させた。この傾向は，その後の自動車産業に引き継がれて日本経済の高度成長を実現した。問題は今日の途上国で果してこのような内需の変化が起こりうるかである。中国やインドでは，一部の富裕層に社会生活の洋風化が進み，個人消費支出の拡大現象がみられる。しかし膨大な人口を抱える両国にとってはほんの一部の現象にすぎない。どうすれば国全体にこのような現象が拡張していくかが問われる。

3．格差の拡大を阻止できるか

今日，格差の問題は途上国においても重要な課題となっている。格差にもいろいろあるが，緊急を要するのは地域間の格差であろう。その原因となっているのは産業間格差である。すなわち生産性の高い産業が立地している地域——たとえば都市——と，生産性の低い産業で占められている地域——たとえば農村——との間の格差が拡大している社会現象であり，それは経済問題にとどまらず，社会不安の原因ともなっている[2]。

地域間格差問題を解決するには，高生産性地域が拡大し，低生産性地域が縮

---

[2]　途上国の農村地域における失業は，ヌルクセによって偽装失業と呼ばれ，戦後早くからとりあげられてきた。Nurkse, R., (1953) Problems of Capital Formation in Underdeveloped Countries（土屋六郎訳（1955）『後進諸国の資本形成』巌松堂出版）

小すればよい。しかしこれは容易なことではない。新興国についてみると，現在のところ輸出をエンジンにして高生産性地域が拡大している。しかし中国，インドともに膨大な人口を抱えており，高生産性地域からとり残されている広大な低生産性地域があり，格差は縮小するどころか，かえって拡大しているようにみえる。その解決を輸出だけに頼るとすれば，今まで以上の高率で増加することが要請される。だが，前述のように近年では後発途上国と先進国に挟まれて苦戦を強いられている。輸出の減速をカバーするにはどうしても内需の奮起をうながさなければならない[3]。

　内需のうち比較的容易に使えるのは財政支出であるが，予算に縛られるので成長目的に充当できるのは限られている。また民間企業の設備投資は誘発的傾向が強く，経済全体を引っ張ってゆくエンジンになるには荷が重い。現実では，外資企業の設備投資のほうが活発である。内需拡大の本命を担うのは個人消費支出であろう。いったんこれが点火されて動きだすと，支出全体に占める大きさがものをいって経済全体が動きだす。だがこれは設備投資以上に誘発的である。ではどうすればこれに点火できるか。

　情報化が進んだ今日の世界では，高い消費生活への憧れは広く行き渡っている。所得が増えれば，当然消費支出は増える。そこで高所得層に次ぐ中間所得層の動向が重要な鍵を握っているようにみえる。この層の支出が自発的に上昇すると，消費財産業は活性化する。それはやがて生産財産業へも波及して全体の成長率を加速させ，格差の是正にも役立つ。輸出依存型の成長から内需主導型への転換図式は以上であるが，財政面・金融面からの支援があれば更に促進されるであろう。但し楽観は禁物である。最も注意すべきは政策当局の動向であろう。社会の急激な変動は好ましくないと判断して政策的にチェックするようなことがあれば，成長率は押さえられることはいうまでもない。その結果，格差も温存されて社会不安の種は残る。

---

[3] 戦後の世界経済の発展のなかで，途上国問題がどのようにとりあげられてきたかについては，土屋六郎（1986）『戦後世界経済史概説』（中央大学出版部）を参照されたい。

第 3 章

経済格差と経済発展

は じ め に

「経済的格差が発生する原因は，生産要素の移動についての制限の存在にある」と考えることができる。

本論文においては，この経済格差問題を国内経済における諸生産要素の移動についての制限問題として考える。生産要素の移動性についての障害がどのような経済的格差をそれぞれの経済主体間に生み出すのかということについて，労働力移動の問題と資本移動の問題を中心に考察する。そして，生産要素の移動可能性を高めることが経済主体間の経済的格差を是正するための政策であることについて考察を行う。

このような認識を背景として，生産要素が産業間を自由に移動可能であり，各経済主体の合理的行動を前提とした経済分析が新古典派経済学である。この場合に，市場均衡と経済主体の均衡が同時に達成されると考えることができるのである。しかし，実際の経済においては，それぞれの経済主体の習慣や惰性，あるいは，周囲の経済環境とその変化についての無理解からいわゆる合理的行動が実行できない経済主体が存在することも事実である。このような経済社会において，経済的格差を是正するための個々の経済主体の行動と経済政策のあり方について考察することが本論の目的である。

このような認識を背景として，それぞれの国・経済において，経済的格差が発生する原因とそれが解消される過程としての経済発展の過程について，経済理論モデルを構築して考察する[1]。ここで，「経済的格差が発生する原因は，生産要素の移動についての制限の存在にある」という考え方に基づいて国際経済について考えると，異なった国・経済間における生産要素の国際間の自由な移動は，国と国の間の経済的格差を是正するという考え方が導かれるであろう。すなわち，「国際間の資本移動の自由化」と「国際間の労働力移動の自由化」は国と国の間の経済格差を是正する有効な手段であるという結論が得られると考えられるのである。しかし，一国経済における経済発展の過程において国際的な「資本移動の自由化」や「労働力移動の自由化」を導入すると必ずしも予想される様な結論が得られることはないのである。本論においては，その一部について議論を行う。

第1節においては，2部門間において生産要素の移動性に障害がある場合の所得格差発生原因と社会的損失について，労働市場と資本市場において分析を行う。

第2節においては，労働と資本の2生産要素・2生産物モデルにおいて，資源の最適配分と生産要素間の公正な所得分配について分析し，生産要素の部門間移動において制約があるときの所得格差問題について考察する。その後，新古典派経済学モデルとフェイ＝ラニス型の労働余剰経済における経済発展モデルとの比較によって，所得格差の原因について考察する。

第3節においては，新古典派モデルの一般均衡体系において，制度的賃金率が一定の値で与えられる場合には，ケインズ経済学的な有効需要制約が発生し，有効需要が不足して，経済が縮小することによって所得格差が発生することを説明する。

---

[1] 東南アジア経済の開発モデルを考えるという意味であるが，同様の問題意識のもとで，日本の江戸期から明治維新までの農業地域と都市部との関係として歴史的に考察することは可能である。

1. 所得格差発生の原因

本節においては，生産要素の移動性の障害による経済的格差の発生メカニズムについて考える。

1-1 生産要素移動の諸障害

それぞれの経済において，生産要素の移動可能性の障害要因としては，①地理的障害，②社会的・宗教的問題による障害，③経済的な要因による障害，等が考えられるであろう。

最初に，①の地理的障害とは，経済活動の中心地などに位置する市場との間の距離の差によって発生する移動費用の存在とその費用格差や，農業やその他の産業の経済活動に適した地域であるか否かという意味での移動障害等の存在である。②の社会的・宗教的問題による障害とは，社会的費用や宗教的要素が原因となって生産要素が自由に移動できないことから発生する移動障害等である。最後に，③の経済的な要因による障害とは，移動するための費用が移動によって得られると期待される利益よりも大きい場合，（あるいは，移動するための費用よりも異動後の期待利益が少ない場合）とか，あるいはその期待利益を得るためのリスクが大きいために移動によって得られる期待利益が少ないことから発生する移動障害等である。

これらの各要因をそれぞれの経済と経済主体に即して考察することによって移動障害となっている原因を考察し，その問題を政策的に解消することによって経済的格差を是正することが可能となるのである。

1-1-1 労働力移動とその障害によって発生する経済的格差

図3-1は，横軸に経済全体の労働量をとり，縦軸にそれぞれの産業における労働生産性と実質賃金率をとったものである。議論の簡単化のために経済全体は2つの産業から成立していると考える。第1産業の労働生産性は，第2産業の労働生産性よりも相対的に高く描かれている。もし，労働資源の部門間の移

図 3-1 労働生産性格差と労働移動の制約

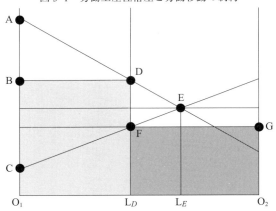

動が容易であり，L_Eにおいて労働資源が配分されており，2つの産業間において労働の価値限界生産性が点Eにおけるように等しくなるならば，この経済において労働者間の所得格差は発生していないことが説明されるのである。

この時，労働市場においては，2つの産業の労働の価値限界生産性が等しいことから，次の（1）式で表される関係が成立している[2]。

$$P_1 F_{L1}(L_1, K_1) = P_2 F_{L2}(L_2, K_2) \tag{1}$$

ここで，P_1は第1財産業の財の価格であり，F_{L1}は労働の限界生産性，L_1は労働投入量，K_1は資本投入量である。同様に，P_2は第2財の価格であり，F_{L2}は第2財産業の労働の価値限界生産性，L_2は労働投入量，K_2は資本投入量である。

1-1-2 移動障害がある場合

しかし，社会的・制度的な理由で地域間の労働移動，あるいは産業間の労働

---

2) ここで，それぞれの産業の生産量をX_1，X_2とすると，両産業の生産関数は，それぞれ $X_1 = F_1(L_1, K_1)$，$X_2 = F_2(L_2, K_2)$ と表されている。

移動が制限されており，L_Dにおいて労働資源の配分が決定されるとするならば，企業の利潤極大化行動を前提にする限り，第 1 産業の労働者の方が第 2 産業の労働者よりも労働の価値限界生産性が高く，それ故に実質賃金率も高くなることから両部門間の労働者間において DF の幅の所得格差が発生することが説明されるのである[3]。

この時，労働市場においては，2 つの産業の労働の価値限界生産性が等しくないことから，次の（2）式で表される関係が成立している。

$$P_1 F_{L1}(L_1, K_1) > P_2 F_{L2}(L_2, K_2) \tag{2}$$

すなわち，第 1 産業の労働の価値限界生産性は第 2 産業の労働の価値限界生産性よりも高いことが表される。労働者全体の所得分配分は両産業間において同一賃金の場合と比較したときに，第 1 産業の労働者がより優遇されているように見える分だけ，経済全体において労働分配がより多く受け取っている可能性を否定できない[4]。しかし，このことは労働者間の賃金格差がより大きいことが説明される。また，労働資源は効率的な配分が失敗していることを原因として経済全体の社会的損失が図 3-1 の三角形 DEF として存在することが説明される。これは，社会的効率性基準から考えると労働資源の配分に歪みが生じていることが説明されるのである。

1-1-3　資本の移動とその障害によって発生する経済的格差

図 3-2 は横軸に経済全体の資本量を取り，縦軸左側に都市部門の資本の価値限界生産性（資本の限界効率）を，右側に農村部門（農業や地方の伝統的産業）の資本の価値限界生産性（資本の限界効率）を取ったものである。議論の簡単化の

---

[3]　このような労働市場における労働移動性の制約とは，開発途上国経済においては，熟練労働者の数に限界があるなどの労働供給側の要因である場合が多いと考えられる。

[4]　この議論は「同一労働同一賃金」の考え方にとっても重要な示唆を与えるものである。

ために経済全体は都市部門と農村部門との2つの地域から成立していると考える。もし、資本がK_Eにおいて配分され、都市部と農村部において資本の価値限界生産性が点Eにおいて等しくなるならば、この経済において資本は最適に配分されており、地域間の資本配分を原因とした経済的格差は発生しないことが理解されるのである。

この時、資本市場においては、2つの産業の資本の限界生産性（限界効率）が等しいことから、次の（3）式で表される関係が成立している。

$$P_1 F_{K1}(L_1, K_1) = P_2 F_{K2}(L_2, K_2) \tag{3}$$

ここで、P_1は第1産業の生産物価格、P_2は第2産業の生産物価格、F_{K1}は第1産業の労働の価値限界生産性であり、F_{K2}は第2産業の資本の限界生産性（資本の限界効率）である。

1-1-4 資本移動における障害の存在と格差

しかし、社会的・制度的な理由で資本移動が地域間、産業間を移動することが制限されており、資本がK_Eにおいて配分されないならば、地域間の資本配分の非効率性を原因とした格差が発生することになるのである。

たとえば、資本がK_Hにおいて配分されている場合、農村部門においては、伝統的な金融としての高利の金貸しが存在している場合である。このような現象は、農村部門の金融市場が都市部門とは隔離されていること、すなわち、都市部門の金融システムが農村部門では通用しないことから発生する問題である。この場合、農村部門の伝統的な金融としての高利貸の高利率の存在を支えるものは、社会的・制度的な原因による資本の地域間移動の障害における不自由さにその原因があると説明されるのである。

この経済全体において金融市場が競争的であるならば、この場合の利子率は$K_E E$の高さで決まるはずである。しかし、都市部門への投資額を大きくして資本蓄積を進めるためには$K_H I$の幅で表される低金利の資本需要を満たすことが必要である。①より高利の資本を伝統的な部門から提供されることを阻止

して，②都市部門への低金利の資金需要に貢献する。③都市部の資金が低金利で貸すのを拒んでいるような理由で，農業部門における生産性向上のための投資資金の需要が満たされないならば，農業部門の投資は制限されるのである。しかし，この利子率格差は都市部門への資本供給を確保することによって，都市部門の利子率を低い水準に維持することによって工業化・産業化を守ることになるのである[5]。

このとき，資本市場においては，農村における資本の限界生産性（限界効率）が高く，都市部の資本の限界生産性（限界効率）が低いことから，次の（4）式で表される関係が成立している。

$$P_1 F_{K1}(L_1, K_1) < P_2 F_{K2}(L_2, K_2) \tag{4}$$

ここで，農村の高利貸資本の超過利益は四角形 HGCI である。しかし，金融市場の均衡状態を基準に考えると，農村の高利貸の超過利益は四角形 HGLK である。また，都市部の産業の利益は三角形 ABI であり，この資本の利益が

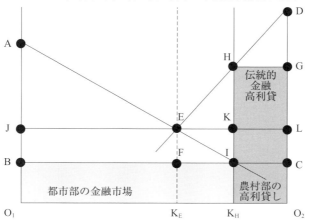

図3-2 産業部門の高金利金融は資本の不完全移動性が原因

---

[5] 長期的には農業部門の遅れから食料供給が制限されることになるので経済開発のための戦略としては不利である。

資本蓄積のための投資資金となるのである。このときの経済全体の社会的損失は本来資本の利益として得られるべき額である三角形 HEI である。

　工業化を進めるための都市部門における低金利状態が，農村部門における高利貸による高金利状態を生み出しているのである。

　この農村における伝統的金融の資本は農村部門における余剰農産物の分配の不平等によって生まれた資本であると考えられるために，必ずしも農業部門の生産性向上に貢献する投資資金ではないのである。

　農業技術が未発達の地域では，台風や冷夏，旱魃などの自然災害によって農産物の収穫量が定期的に激減することがある。このような場合，農民は日々の生活を維持するために借金をせざるを得ない状況となるのである。農業部門内において経済主体間（労働者間）に経済格差が発生する原因は，自然災害によって衰弱化した農民から土地を担保に高利貸を行い，返済不可能となれば，その土地を農民から収奪して，自営農民を小作人化するのである。自然災害は自営農民の小作化への過程として説明することができるのである[6]。返済不可能となった農民は，やがて土地を奪われ小作人となり，あるいは，その地方を追われて，別の地域へと逃亡するのである。

　農業部門においてこのような経済状態にあるとき，政府は労働移動を自由にすることによって伝統的金融の高金利状態を解消させることができるのである。

1-2　国際間の格差の問題

　ある国や経済の経済的貧困の原因は，その国・経済が他の国・経済から搾取されたり，収奪されたりしない限りにおいては，あるいは，一方的な貿易管理や為替取引の制限のような不公正貿易[7]が行われていない限りにおいては，そ

---

[6]　明治時代以降の青森県の津軽半島一帯では，地主は豊作によって米販売から潤い，凶作によって小作人から土地を得て大地主となったといわれている。

[7]　ここで，不公正貿易の定義については問題があると考えているが，本論においては，若干テーマからそれるので，別の機会に譲ることにする。

の国・経済自身の国内経済問題である。

ある国や経済の経済的貧困の原因は，資本と労働の国内における移動性が制限されている限りにおいては，国際貿易の結果ではなく，まして貿易相手国である外国の国・経済の責任でもないのである。

資本と労働の国際間移動が自由な経済関係における貧困の原因を外国からの投資や海外への労働移動の結果として説明することは可能である。

ある国・経済が貧困である原因は，その国・経済内における個々の経済主体間や地域間，あるいは，社会的・政治的な状況を背景とした経済主体間の格差がその主要な原因であると考えられる。

1-2-1　海外からの資本流入の影響

国内の資本移動が自由でないこのような経済に海外から資本が流入すると次のような問題が発生する。

（工業化のために海外から資本が流入するケース）

この経済の工業化・産業化計画を促進するために海外から資本が流入する場合について図 3-3 によって説明する。

図 3-3 の $O'_1 O_1$ は，海外からの資本流入量である。国内の金融市場が近代的

図 3-3　農業部門の高金利金融は資本の不完全移動性が原因

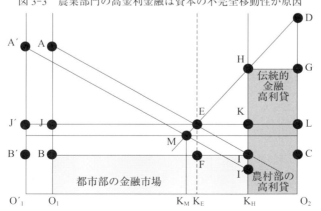

であり両部門間において競争的である場合には，国内の資本供給が増大した結果，国内の金利は資本流入以前の金利 K_EE から流入以後は K_MM に低下し，都市部の企業にとって有利な投資が可能となるのである。

しかし，国内経済において，都市部門と農村部門間の資本移動は制限されているために，農村部の制度的な金融としての高利貸が存在する場合には，農村部門の高金利状態には影響が与えられないままで，国内の都市部門の産業はより安い金利 K_HI で投資を行うことが可能となるのである。

2. 最適な資源配分と公正な所得分配

新古典派経済学モデルにおいて，労働や資本の部門間の移動は自由であるという前提が成立しているために，各生産要素市場における格差は発生しないのである。生産と分配の関係は，一次同次生産関数（規模に関して収穫一定）において，資本投入と労働投入との間の所得分配は，労働市場と資本市場において完全競争条件が成立していること，企業の利潤極大化行動を仮定することによって経済全体において資源配分の「パレート最適性」が実現され，効率的資源配分と同時に公平な所得分配の状態が実現されているとして説明される。この際にそれぞれの資本についても，それぞれの労働についても同質性が仮定されているために，効率的資源配分に対応した公平な所得分配が実現されている結果として，労働者間においては所得格差の問題は存在しないことが想定されているのである。

以上の議論について，工業や商業からなる都市部門と農業を中心とした地方経済の部門からなる経済を 2 部門モデルとして説明する。

2-1 2 部門モデル

いま，I を都市部門（工業部門・商業部門）を表す指標として，X_I を生産量，F^I を生産関数，L_I を労働雇用量，K_I を資本ストック存在量，T_I を技術水準とする。また，A を地方経済（伝統部門）や農業部門（食料供給部門）の指標として，X_A を生産量，F^A を生産関数，L_A を雇用量（偽装失業を含む），K_A を資本ストッ

ク，T_Aを技術水準とする。この2つの部門の生産関数は，次の（5）式と（6）式によって表される。

$$X_I = F^I(L_I, K_I, T_I)$$
$$F^I_{L_I}(L_I, K_I, T_I) > 0, \quad F^I_{K_I}(L_I, K_I, T_I) > 0, \quad F^I_{T_I}(L_I, K_I, T_I) > 0 \tag{5}$$

ここで，都市部門（工業部門・商業部門）における各生産要素の限界生産性と技術進歩の影響は正であると仮定している。

次に，農村部門における生産関数についても下記の（6）式のように同様の説明を行うことができる。

$$X_A = F^A(L_A, K_A, N, T_A) \tag{6}$$
$$F^A_{L_A}(L_A, K_A, N, T_A) \geqq 0, \quad F^A_{K_A}(L_A, K_A, N, T_A) > 0,$$
$$F^A_{N_A}(L_A, K_A, N, T_A) > 0, \quad F^A_{T_A}(L_A, K_A, N, T_A) > 0$$

ここで，農業部門（食料供給部門）における労働の限界生産性は，正の領域と過剰雇用の状態を反映して限界生産性がゼロの領域とがある。他の生産要素の限界生産性と技術進歩の影響は正であると仮定している。

《所得格差の意味》

両部門の生産関数においても，労働同質性を仮定することから，市場均衡賃金率で雇用された労働者間における所得格差は発生しないことが説明されるのである。もし，労働の同質性の仮定が成立しない場合には，生産要素（労働者）のそれぞれの能力格差に応じて労働の限界生産性が測られるために，異なった質の労働者間において所得格差が発生することになるのである。

この所得格差の原因とその解決策については，3節において議論する。

2-2　成熟経済の最適資源配分

新古典派経済学モデルにおける資本と労働の最適配分の状態は，土地（自然の代理変数）の質と量を一定所与として，（7）式で表されるように労働と資本

の 2 部門間の技術的限界代替率が等しく、要素市場（資本市場と労働市場）で決定される要素価格比率$\frac{w}{r}$とも等しい「パレート最適点」で説明される。ここで、wは実質賃金率、rは実質利子率である。

$$-\frac{dK_I}{dL_I} = -\frac{dK_A}{dL_A} = \frac{w}{r} \tag{7}$$

図 3-4 において、横軸に労働量、縦軸に資本量をとると、点 E において両部門の等産出量曲線が接していることから、「パレート最適性」が達成されており、資源の最適配分が実現していると説明される。このとき、k_I^Eは工業部門の最適資本労働比率、k_A^Eは農業部門の最適資本労働比率である。ここで、L_Iは工業労働者数、L_Aは農業労働者数、K_Iは工業の資本ストック量、K_Aは農業の資本ストック量である。

経済全体の労働量を L とすると、次の（8）式が成立する。

$$L = L_A + L_I \tag{8}$$

同様に、経済全体の資本ストック量を K とすると、次の（9）式が成立する。

図 3-4　2 部門間の生産要素の最適配分

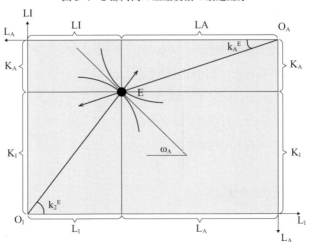

$$K = K_A + K_I \tag{9}$$

《労働市場の分析》

図3-4の関係を資本ストックの産業間の配分を所与として，労働資源の産業間の配分問題として考察するために次の図3-5を考える。いま，図3-5のように，縦軸に両産業の労働の物的限界生産性と実質賃金率wをとり，横軸に両産業の労働投入量（L_IとL_A）をとると，労働資源の配分についての最適点は，点Eの状態として表される。

ここで，$O_IB = O_AC = GE$ は労働市場の均衡状態を説明する均衡市場賃金率 w_E である。三角形ABEの面積は都市部の産業の資本所得の大きさを表しており，三角形DCEの面積は農業部門の地主の所得の大きさを表しており，同時に，都市部への食糧の供給量を表している。また，四角形$BEGO_I$の面積は都市部の産業の労働者所得であり，同時に食料としての農業生産物の需要量である。四角形$CEGO_A$の大きさは農村部門の労働者の所得であり，労働者の食糧としの農業生産物の需要量である。農業生産物の市場均衡条件から三角形

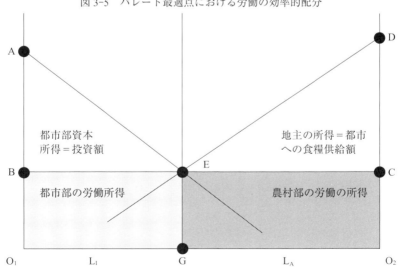

図3-5　パレート最適点における労働の効率的配分

DCE＝四角形 BEGO$_I$ である。

すなわち，図 3-5 の点 E は，図 3-4 のパレート最適点 E に対応した最適資源配分を表す点である。縦軸に労働の限界生産性と実質賃金率の大きさをとっており，横軸に経済全体の労働量をとっている。AE 線は都市部門の労働の限界生産性を示す曲線であり，DE 線は農村部門の労働の限界生産性を示す線である。均衡点 E において，均衡賃金率は O$_I$B＝GE＝O$_A$C の高さであり，O$_I$G の幅が都市部門の労働者の就業の大きさを示しており，O$_A$G の幅は農村部門の労働者の就業の大きさを示している。

経済状態がこの均衡点 E にあるということは，2 部門間の資本ストックの配分が所与の下で，食糧市場の需給均衡を前提とした労働資源の二部門間の配分問題が説明されるのである。すなわち，農村部門の地主からの食料供給額（三角形 CDE）＝都市部紋労働者の食料需要額（四角形 O$_I$BEG）である。

2-3　労働余剰経済における二部門モデルと所得格差

フェイ＝ラニスの経済発展の過程をボックス・ダイヤグラムで表したのが，次の図 3-6 である[8]。図 3-6 においては，縦軸に資本量をとり，横軸に労働投入量をとっている。

左下の点 O$_I$ を原点とした部分が，都市部門（工業部門）の資源配分であり，L$_I$ は都市部門の労働投入量，K$_I$ は都市部門の資本ストック量である。また，右上の点 O$_A$ を原点とした部分が農業部門の資源配分を示しており，L$_A$ が農業部門の労働投入量であり，K$_A$ が資本投入量を表している。

経済全体における労働量 L が一定であるとする。当初の都市部門の資源利用を表す原点は点 O$_I$ である。このとき，都市部門の技術は O$_I$C 線で表される。

---

[8] フェイ＝ラニス・モデル（Gustav Ranis and J. C. H. Fei）においては，この 2 部門モデルは，短期均衡分析としては，所与の資本ストック量と労働量のもとで，生産要素市場と農業生産物市場，工業生産物市場が一般均衡体系モデルとして説明されるところに特徴がある。また，長期均衡分析においては，農業の余剰生産物が都市部門への食糧供給となり，それによる地主の利益が都市の資本蓄積の原資となり，経済発展が自国内の技術進歩と資本蓄積によって実現されることを説明するのである。

図 3-6 二部門における生産要素の最適配分

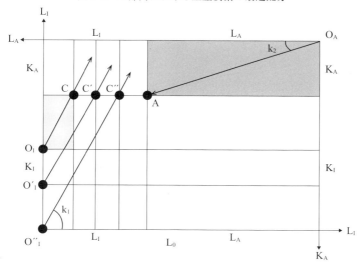

農業部門の最適技術は，$O_A A$ である。AC の部分は農業部門の過剰労働力を反映して，偽装失業の状態を説明している。この偽装失業の存在がルイス・モデル[9]において展開されたように工業部門への無限弾力的労働供給曲線の存在として説明されるのである。

都市部門において，資本の蓄積が進むに従って都市部門の資源利用を表す原点は次第に下方に延びて，点 O_I から点 O'_I，点 O''_I へと移動する。要素価格比率が一定所与のもとでは，都市部門の技術は $O_I C$ 線から $O'_I C'$ 線，$O''_I C''$ 線へと平行に移動するのである。この資本蓄積の効果として，労働市場においては，AC の幅から，偽装失業が減少し AC′ の幅となり，やがて余剰労働力の AC″ の幅へと減少するのである。このような資本蓄積の結果として，やがて余

---

9) ルイス・モデル (Lewis model) とは，余剰労働力を蓄えている伝統的な労働集約的な農業部門においては低生産性と低賃金の状態であるために，近代的な工業部門において資本蓄積が進むにつれて農業部門から工業部門に労働力が無限弾力的に供給され，工業部門に吸収されることによって工業化が成功し，やがて持続的な経済発展が実現されるという理論である。

剰労働力が解消して「商業化点」に到達することが期待されるのである。このようにして，フェイ=ラニスの2部門モデルにおける所得格差の原因は，過剰人口=過剰労働力の存在であり，偽装的失業の存在が原因であることが説明されるのである。

2-4　新古典派モデルと失業問題

　新古典派経済学モデルにおいて失業状態を説明するためには，労働者間の能力格差の存在を考慮してミスマッチを説明しなければならない。それぞれの能力やそれぞれの技能に応じた労働市場が存在すると仮定することによって，あらためて，細分化された労働市場についての市場均衡状態が説明されるのである。

　実際の経済においては，失業状態にある労働者にとって失業の原因は，職種のミスマッチの問題である。職種についてのミスマッチの問題は，社会的には労働者についての「市場と自分自身との間の情報不足」が主要な原因であると考えられるが，本人にとっては労働市場に問題があると考えるのである。このような仕事についての情報不足の原因は，情報費用の存在に1つの原因がある。この場合は情報費用を払うことによって最適な職種を選択することが可能であり，所得格差は無くなると考えることができるのである。また，自分自身についての情報不足が存在する場合には[10]，自分の技能や経験に対する過大評価の問題である。

　しかし，仕事を探す際に，得られた仕事から稼得される所得に対する期待値が情報費用にふさわしい額よりも低い場合には，労働者は情報費用を払ってまでも仕事に就こうとはしないのである。この場合は進んで失業状態を選択することになるのである。このような失業状態は，ケインズが定義する「自発的失業」として考察されるべきである。

　この情報費用よりも低い期待所得の原因は，獲得される所得から新しい職場

---

10)　自分自身についての誤解や自惚れがある場合である。

に移動するための費用を控除した期待所得が低いという意味である。すなわち，移動費用の存在である。ここでいう移動費用とは，現在の生活地域と新しい仕事の場がある地域との間の空間的に距離が離れている為に発生する費用である直接的[11]（短期的）な移動費用と生活圏の変化によって生じる文化的・社会的あるいは宗教的な機会費用としての長期的な移動費用の2つがある。

　さらに，もう1つの移動費用として，当該労働者が保有する技能と新しい仕事との間の職種間・部門間の移動費用の存在がある。この場合は，これまでの当該労働者自身の教育投資の結果としてのミスマッチの問題である。教育投資が不足して発生するミスマッチの場合は，追加的に教育投資を行うことによって解決することが可能である[12]と想定すると仕事間の移動のための費用に教育・研修のための投資費用を考慮しなければならないのである。このような原因によって発生する失業は，ケインズ経済学的には，「摩擦的失業」として定義されるであろう。このようにケインズ経済学的に考えるならば，所得格差の発生は資本主義経済の景気循環の過程として有効需要の変動とその結果としての雇用の不安定性によって発生する問題として説明することが可能となるのである。

3. ケインズの有効需要と所得格差

労働移動の自由に障害がなく労働者が部門間を自由に移動可能である場合に発生する所得格差の原因のひとつは，ケインズの「非自発的失業」（involuntary unemployment）と「摩擦的失業」（frictional unemployment）の存在に起因するものである。「非自発的失業」と「摩擦的失業」の状態の継続は，貧困の期間を延長させるために社会的に大きな不平等状態を起こし，社会不安の原因となるのである。

　ケインズ経済学が指摘する「非自発的失業」の原因は，実際の経済におい

---

11) 生活空間を移動させるための引っ越し費用などの直接的費用である。
12) ある程度の若年層であり，中・高齢層ではない場合に限る。

て，働く意思があるにもかかわらず有効需要の不足によって発生する労働需要の不足が原因である。それと同時に「摩擦的失業」の原因は，それぞれの経済主体の習慣や惰性，あるいは，周囲の経済環境とその変化についての無理解から，いわゆる合理的行動が実現できないために投資家が投資を控え，労働者が雇用の機会を見逃すことから発生すると考えることができるのである。このような経済主体が実際の社会には多々存在することから発生する有効需要の不足について考察することが重要である。

3-1　余剰労働力と偽装失業

この節においては，労働余剰経済における労働資源の配分問題について考える。ここで，$\overline{W}$ を労働者がこの社会経済において生存するために必要な最小限度の実質賃金率として定義される「制度的賃金率」とする。実質賃金率がこの値よりも低い場合は，労働者は生活を持続させることが不可能であり，やがて餓死する状態である。

余剰労働とは労働の限界生産性がゼロの状態であり，「偽装失業」が説明される部分であり，図 3-7 の $O_I H$ の範囲として説明される。また，HK_A の部分は労働の限界生産性が制度的賃金率 $\overline{W}$ よりも低い範囲であり，「余剰労働力」（過剰労働力）が存在する状態である。

いま点 G において資源配分の「パレート最適性」が実現しているならば，経済全体の労働者の賃金率 W は，制度的賃金率 $\overline{W}$ 以下の報酬となり，労働者全員が餓死する状態（$W < \overline{W}$）である。このとき経済全体の食糧供給量は三角形 DHO_A（= 四角形 $O_I BEO_A$）であるが，労働者が購入可能な食糧は四角形 $O_I IJO_A$ であり，労働者全体が生き残るためには，所得が大きく不足することが説明されるのである。全労働者が餓死しないためには，経済全体の食糧を十分に配分するための消極的なメカニズムとして，食糧生産部門の農業に余剰な労働者が擬装失業として寄生することになるのである[13]。

---

13) H 点は「食料不足点」と呼ばれる。

図 3-7 所与の資本ストックの下での労働の効率的配分

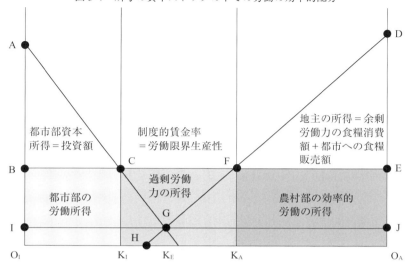

この状態は労働分配分が過小であるために発生する有効需要の不足である。このとき経済は偽装失業状態にあるのである。ここで，食糧供給量は三角形 DHO_A で表される。労働者の食料需要量が四角形 O_IIJO_A であり，農業部門に過小需要のために超過供給となるのである。ここで農業生産物需要が四角形 O_IBEO_A が供給量と等しい大きさとして表されるとき，農業生産物市場は均衡状態なのである。

3-2 資本蓄積の過程

経済発展とは食糧生産を行う農業部門における耕作可能な土地の面積の拡大や農業部門における技術進歩により，食糧生産量が増加することによって，農業以外の部門において労働を行う余裕が発生することであることがわかる。そして，食糧生産の増加とともに，工業部門が雇用を吸収して成長を行う過程として経済発展は説明されるのである。このような過程を経て余剰労働力が工業部門に吸収されることによって「食糧不足点」をクリヤーすることが可能となるのである。

図3-8 資本蓄積による労働資源配分の変化

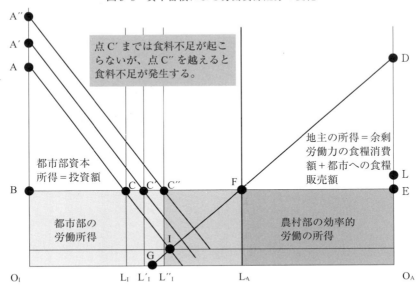

図3-8のAC線からA′C′線，A″C″線への上方シフトの様子は，都市部門（工業部門と産業部門）において資本蓄積が進み，労働の限界生産性が上昇することによって，都市部門の労働吸収力が増加していることを表している。このとき，都市部門の雇用量は，$O_I L_I$から，$O_I L'_I$，$O_I L''_I$へと増加しており，農業労働者の数は，$O_A L_I$から，$O_A L'_I$，$O_A L''_I$へと減少していることが説明されている。雇用量が点Gに対応するところが「食料不足点」である。

やがて農業部門における労働の限界生産性が上昇することによって，制度的賃金率と労働の限界生産性が等しくなる点に到達し，それによって，農業部門は「商業化点」に到達するのである。図3-8において点Fが「商業化点」である。

図3-8の説明を，農業部門についての労働限界生産性曲線（図3-9の上の部分）と都市部門についての労働限界生産性曲線（図3-9の下の部分）として同時に描いたのが図3-9である。

ここで，点Fは，それぞれ農業の商業化点を表しており，点C，点C′，点

第3章　経済格差と経済発展　53

図3-9　経済発展の経路

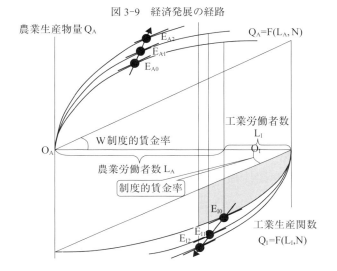

C''は工業部門の利潤極大化条件のもとでの雇用量と生産性の関係を表している。それぞれの部分に，一定の技術進歩率と資本蓄積があることを前提として，労働投入量と生産性との関係として描かれている。商業化点を維持しながら経済が発展する過程を説明している。

《労働移動とバッファー・セクター》

　農村から都市に移動する労働者は，より高い賃金率を求めて，都市周辺において仕事を見つけて住み着くのであるが，安定した雇用契約が得られていない状態である．一時的な雇用状態にある労働者は，農業の繁忙期には，農作業のために実家のある農村に一時的に戻り，農作業が終了するとまた都市周辺の産業において雇用される人々なのである。この事実は，有名なトダロー・モデルの分析力[14]の限界を説明するものである。

---

14)　トダロー・モデルは，タイ経済の実証的モデルとして有名である。「農村都市間期待賃金率格差」によって労働者が農村から都市部門に移動し，一時的な雇用としてのバッファー・セクターにおいて生活をする労働者の存在を説明するものである。「都市フォーマル部門」の賃金率に就業確率を乗じたものと農村の賃金率を比較考慮

また，経済状態の変化によって，農村の景気が良くなり農家所得が増加すれば，帰農する人々でもある[15]。農村部門から夢を抱いて都市部門における雇用機会獲得にチャレンジする労働者の多くは，都市においての「夢破れれば帰農する」ことが可能であるという想定が可能である今日のタイ経済について考察するためには，トダロー・モデルはその説明力に限界があると考えられるのである。すなわち，バッファー・セクターに居続けて高賃金の所得を得る機会を待つ労働者の存在を説明するには限界があるのである。

すなわち，トダロー・モデルは必ずしも説明力を持たないモデルである[16]。なぜならば，現実の問題としては，過去に農村を出た労働者の多くは，帰農どころか二度と農村には帰れない場合が多いからである。都市部において経済活動を行うバッファー・セクターとは，都市周辺に住み着いた小資本家とその小資本家に雇われる労働者が所属する伝統的な産業部門である。それ故に，トダロー・モデルが想定したバッファー・セクターとは異なった現実がタイのバンコク等にはあるのである。

一時的にも農家に戻らず，結果的に帰農しない人々とは，都市周辺で生まれた人々であり，帰農する縁と術を持たない人々である。彼らをバッファー・セクターの労働者であると考えるのは，彼のモデルの性質から考えて無理がある。彼らはおのずから生産性の低い都市周辺の部門で働く労働者なのであり，労働市場が制度的・慣習的にあるいは社会的に分断されている状態なのである。

おわりに——経済的格差是正のための経済政策

「経済的格差が発生する原因は，生産要素の移動についての制限の存在にあ

して，雇用の可能性が高い場合には，都市に移住して都市部門の雇用の機会を待つ人々がバッファー・セクターに留まる労働者であると説明されるのである。
15) 最近のタイ経済において，帰農の動きは実際に観察される現象である。
16) モデル発表当時のタイ経済についてバンコク市と地方都市との間の労働資源移動モデルとして説明力があったという意味ではない。

ることである」ということを前提に議論すると，経済的格差を是正するための経済政策の手段は，資本や労働のような生産要素の移動性についての障害を除去することであるという結論が得られる。

地域間の労働力移動の障害を除去する方法は，1つは，道路や鉄道などの移動手段などの改善という物理的要因を改善することである。2つ目は，男女差別や地域差別・宗教問題などの社会的・制度的な要因によって部門間の移動の困難さが存在する場合は制度的な改革が必要であること，そして3つ目は，部門間・産業間の労働の移動が困難である場合には，労働者の技能についての経験や適性についてのミスマッチが生じている場合であり，これらの障害を取り除くためには充分な教育投資と多額の経費が必要となることであろう。

しかし，今日の成熟した経済においては，要素移動を阻むものがそれぞれの労働者の教育水準や知識の範囲と質における格差の存在である。この場合には，教育格差や経験の格差が労働力移動の障害となっているのであり，教育制度の充実や改善，そして職業訓練制度などの充実や改善が必要なのである。開発途上国経済にとっては，このような問題を解決するためには巨大な費用と時間がかかる問題なのである。

また，資本移動が原因で所得格差が発生する場合には，金融制度の改善によって融資条件を緩和して，それぞれの経済主体の経済活動についてのリスクを抑え，貸し手のリスクをヘッジするための経済状況の改善などが政府の政策目標となるのである。しかしこのような金融制度の改善のためには，伝統的金融のようなローカルな金融システムが発生しないような労働政策や公的金融政策が同時に採用されなければならないのである。

それは，農業などの自然環境の変化に大きく依存する産業においては，定期的な凶作や冷害，水害等が農民の経済生活を困窮化させ，やがて個人間や地域間の経済的格差を生み出すような状態においては，政府の役割は自然災害が個々人に与える経済的問題に対して，彼らの生活の安定化のための施策を講じることによって，経済全体の安定と成長のための重要な経済的課題を事前に解決することが必要なのである[17]。

労働余剰経済においては，新古典派経済学が前提とするような資本市場と労働市場の完全性に基づいて企業が合理的行動を行うならば，閉鎖体系において，経済は一般均衡状態に到達することが説明される。

しかし，交易条件が所与のもとで海外からの輸入が容易であるとか，国内の伝統的な産業において制度的な最低賃金率が硬直的に機能している経済においては，生産要素市場と生産物市場の均衡状態においては，労働者の所得が過小となる傾向が存在するために，食料需要が過小となり，農業部門は急激に縮小することが説明されるのである。

すなわち，労働余剰経済においては，労働者の生産活動における貢献度が少ないために労働者が獲得する賃金率が低くなり，それ故に労働所得が過小となり，有効需要が過小となって不足するために経済は縮小傾向を示し，経済発展は失敗するのである。

労働過剰経済において，近代的な市場経済原理を採用してそれぞれの企業が合理的行動を実現させることは，経済全体の有効需要を低水準に保つ結果となり，この経済を破壊し，投資機会を減少させ，餓死者を生み出す結果となる可能性があるのである。

このような労働過剰経済においては，農業部門において制度的賃金率のもとで全員が生活できるという意味で，偽装失業状態で経済生活を営むことによって国民生活が持続可能な状態として機能するための有効なシステムなのである。そして，農業部門における余剰生産物の量だけが都市部門の産業化・工業化を支える資源となることが説明されるのである。

参 考 文 献

A. Luis『労働力の無制限の供給と経済発展』（Economic Development with Unlimited Supplies of Labor）1954.

---

17) 2011年の「3.11」以来の政府の対応において，最も欠けている復旧・復興政策が被災者個々人への経済的救済である。個々人への救済は彼ら個人だけの為ではなく，その地域全体の活力の救済の問題であり，日本経済全体の復興の足掛かりとなるのである。

G. Ranis and J. C. H. Fei, Development of Labour Surplus Economy: Theory and Policy, Richard Irwin, 1963, Yale Univ. Press, 1964.

John C. H. Fei, Gustav Ranis, "Development of the Labour surplus Economy: Theory and Policy", R. D. Irwin, 1964, p. 324.

H. Uzawa (1961) "On a Two-Sector Model of Economic Growth, I", Review of Economic Studies, Vol. 29, pp. 40-47.

H. Uzawa (1963) "On a Two-Sector Model of Economic Growth, II", Review of Economic Studies, Vol. 30, pp. 105-118.

J. M. Keynes, "General Theory of Employment, Interest and Money", The Macmillan Press LTD. 1973, pp. 4-20.

拙著,「援助の経済効果」, 産業経済研究(久留米大学産業経済研究会), 第42巻, 第1号, 2001年。

拙著,「フィリピン経済と海外出稼ぎ労働―国際間の労働移動と経済効果」, 久留米大学比較文化年報, 14輯, 1-25ページ, 2005年。

拙著,「論難自由貿易論―自由貿易論の限界と生産要素移動の矛盾」, 久留米大学比較文化年報, 第16輯, 1-17ページ, 2007年。

拙著,「貧困の悪循環と自由貿易-国際経済学の課題と展望」, 久留米大学比較文化年報, 第17輯, 1-18ページ, 2008年。

拙著,「貧富格差の原因と対策」, 久留米大学比較文化研究, 第40輯, 1-22ページ, 2008年。

拙著,「経済格差と経済開発」, 久留米大学社会経済研究所紀要, 第3輯, 87-101ページ, 2013年。

第 2 部

実物経済編

第 4 章

アジア経済の現状と成長の可能性

はじめに

　21世紀に入り,世界経済は大きく変化している。欧米を中心にした経済体制から,新興国も含めた経済体制に移行している。国際的な経済協力体制もG8からG20に移行しており,世界経済における新興国の役割はより重要になっている。

　新興国の多くが,アジア諸国であることも見逃してはならない。1980年代以降,多くのアジア諸国が高い経済成長を達成し,この流れは今も他のアジア諸国に波及している。ここで重要なことは,アジア諸国の経済成長はその多くが輸出主導型の成長モデルであるということである。外国から資本を受け入れ,生産拠点を誘致し,そこで生産したものを世界に輸出するのである。

　高い経済成長を達成したアジア諸国は,消費という側面においても,世界経済の中で重要性を増している。世界の工場として成長した中国は,今や様々な分野で世界最大の市場となり,世界の多くの企業が注目している。BRICSの一角を形成するインドにも注目が集まり,日本企業も積極的に進出している。さらに,最近はインドネシアやベトナムなどにも,生産と消費の両面において,多くの企業が期待を寄せている。

　このように,アジア地域は世界経済において重要性を増しつつあり,今後も

さらなる発展が期待されている。今日，アジアにおける経済統合やTPP（環太平洋パートナーシップ協定）に関する議論が盛んに行われているのは，このような理由による。アメリカなどアジア以外の国も，積極的にアジア経済圏に入り込もうとしている。

今後もアジア諸国は，高い経済成長を達成することができるだろうか。本当に，世界経済をリードするような存在になることができるだろうか。以下では，輸出主導型経済の持続可能性という観点から，アジア経済の現状と今後の可能性について考察する。このような観点からアジア諸国を分析する理由は，アジア諸国の多くが輸出主導型の成長モデルを用いているためであり，輸出主導型経済の持続可能性は今後のアジア経済を考える上で重要な要因である。

もし，輸出主導型の成長モデルに限界が生じるならば，アジア諸国は新たな成長モデルを見出すか，その限界を克服する継続的な比較優位産業を育成しなければならない。新たな成長モデルを見出すことも，継続的な比較優位産業を育成することも，決して容易なことではない。しかし，それを実現しなければ，今後も高い経済成長を達成することはできないだろう。

1．アジアの経済成長

戦後，アジア諸国の経済は大きく発展した。日本から始まり，韓国，台湾，香港，シンガポール，そしてタイ，マレーシア，中国へと経済発展はアジア全域に拡がっていった。経済発展の中心が東アジアであったため，当時「東アジアの奇跡」と言われ，世界銀行によってその成功に関する詳細な要因分析が行われた。

2000年以降もリーマン・ショックの一時期を除いて，アジア諸国は高い経済成長を達成した。BRICSの一角を形成する中国とインドは今後も成長が期待され，将来的には経済規模においてアメリカを追い越すとも言われている。リーマン・ショック以降，世界経済の低迷により以前ほどの勢いはないが，アジア諸国の経済は先進諸国に比べ堅調に推移している。近年では，インドネシアやベトナムなども注目されており，さらにこれらの国に続く新興国も出現し

ている。

　図 4-1 は，2000 年から 2012 年の間における，アジア諸国の実質 GDP 成長率を 3 つのグループに分けて示したものである。第 1 グループは韓国，台湾，香港，シンガポール，第 2 グループはタイ，マレーシア，中国，インド，第 3 グループはインドネシア，ベトナム，ミャンマー，バングラデシュであり，各グループは経済成長を成し遂げた時間的な順序を示している。

　第 1 グループは 2000 年以前から高い経済成長を達成していた国々であり，2000 年から 2012 年の実質 GDP 成長率はそれほど高くない。平均 4～5％程度であるが，先進国と比べれば高い方である。第 2 グループは 1990 年代半ば以降高い経済成長を達成した国々であり，中国とインドの成長率が高くなっている。タイとマレーシアは中国とインドより成長開始時期が若干早く，アジア通貨危機の影響を受けていることが成長率と関係していると考えられる。第 3 グループは近年特に成長著しい国々であり，世界経済が低迷する中でも，比較的堅調な成長率を維持している。

　アジアの経済発展については，その成長モデルに特徴がある。アジア諸国のすべてに当てはまるわけではないが，多くの国が輸出主導型の成長モデルを用いている。輸出主導型の成長モデルは経済成長の主要な要因が輸出であり，開放的な成長モデルである。外国資本を受け入れ，生産拠点を誘致し，輸出産業を育成する。低い賃金による，低い生産コストを利用し，輸出主導による経済成長を図るのである。

　途上国が輸出主導により経済成長を図ることには理由がある。新しい技術を学ぶ意欲のある良質で安価な労働が存在するのであれば，この成長モデルによる経済発展はそれほど難しいものではない。資本と技術を外国から導入し，これらを自国の労働と結びつければ，貿易における比較優位を得ることができる。アジア諸国における経済発展の要因の 1 つとして，この良質で安価な労働の存在が考えられる。

　生産の増加は所得の増加をもたらし，所得の増加は消費の増加を誘発する。結果的に，経済成長により所得の増加しているアジア諸国は，生産だけでなく

図 4-1　実質 GDP 成長率の推移

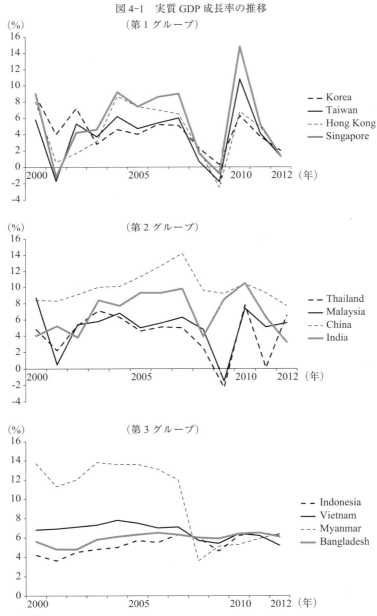

（資料）International Monetary Fund (2013) World Economic Outlook Database.

消費という側面からも世界経済にとって重要な役割を果たすことになる。そして，これが今日の世界経済におけるアジア諸国の位置づけであると言える。

2. 今後のアジア経済

今後もアジア諸国は高い経済成長を達成することができるだろうか。この問いに対する1つの答えは，アジア諸国の多くが輸出主導型という成長モデルを用いていることから考えることができる。輸出主導型の成長モデルは中長期的な結果として，為替レートと物価水準に対して，自国通貨高と物価水準上昇という影響を与える。自国通貨高は輸出減少，賃金と物価の上昇は金利上昇を通じて経済成長の制約要因となる。経済成長の初期には，自国通貨安と低賃金を通じて，貿易における国際競争力を高めてきたが，中長期的にはこの優位性は失われることになる。

この優位性が失われたときに，いかに経済の成長要因を生み出すことができるかということが，その後のアジア諸国の経済成長を左右することになる。言いかえるならば，輸出主導型の成長モデルに代わる，新しい成長モデルを見出さなければならない。アジア諸国のいくつかの国は，既に輸出主導型という成長モデルの限界に到達しているのではないかとも考えられる。

輸出主導型経済の持続可能性について，貨幣的側面から分析する手段として，為替レートと物価水準を統計的に調べる方法がある。為替レートは外国為替市場で決まり，物価水準は貨幣市場と密接に関係しているので，貨幣市場と外国為替市場を統合し，そのメカニズムについて検討する必要がある。以下では，為替レート，物価水準と金利について詳細な分析を行い，輸出主導型経済の持続可能性，さらには今後のアジア諸国の成長の可能性について考える。

3. 輸出主導型経済のメカニズム

輸出主導型経済は，輸出に重点を置くことにより経済成長を達成する成長モデルである。本論文では，輸出主導型経済を産出量の増加が輸出の増加によってもたらされ，貿易収支が黒字である経済と定義する。この経済では貿易収支

が黒字なので，外国為替市場において自国通貨買い，外国通貨売りが行われ，自国通貨は増価する。自国通貨増価が輸出を減少させ，輸出の減少が産出量の減少に結びつくのであれば，経済は縮小する方向に進む。結果的に，自国通貨高は輸出にマイナスの影響を与え，輸出主導による経済成長に一定の制約を与える。

このような制約を回避するために，外国為替市場に介入し，自国通貨高を回避することも考えられる。通貨当局が外国為替市場において，自国通貨売り，外国通貨買いを行うのである。これにより，自国通貨高は回避され，輸出へのマイナスの影響を緩和することができる。

しかし，外国為替市場への介入は，経済に別の影響を与える。外国為替市場において行った自国通貨売りが，国内のマネーサプライを増加させるのである。マネーサプライの増加は物価水準を上昇させるので，必要以上にマネーサプライが増加する場合，経済に悪い影響を与える可能性がある。もし，物価上昇を抑えるために金利を引き上げるならば，経済は緊縮の方向に進むことになる。

結局，通貨当局が外国為替市場に介入するかどうかに関係なく，輸出主導型経済は自国通貨高と物価上昇の選択に直面する。自国通貨高は輸出の減少を通じて経済に制約を与え，物価上昇は金利の上昇を通じて経済に制約を与える。

これは輸出主導型経済の限界を意味するのだろうか。成長モデルとしての輸出主導型経済は確かに有用である。途上国は価格競争力というメリットを生かして，輸出の増加により，産出量を増加させることができる。市場が世界全体であれば，規模の経済の利益を享受でき，生産性を上昇させ，より高い経済成長が可能となるからである。

自国通貨高と物価上昇の選択は，直ちに輸出主導型経済の限界を意味するものではない。経済成長率は低下するかもしれないが，穏やかな自国通貨高と穏やかな物価上昇という道も残されている。また，継続的な比較優位産業の育成は，輸出主導型経済の限界を克服する1つの手段となるからである。

4. 経済モデルによる分析

輸出主導型経済にとって重要な経済変数は，物価，金利と為替レートである。特に，物価と為替レートの水準は輸出主導型による経済成長の制約要因となる。このため，物価と為替レートの水準はどのように決まるのか，また物価，金利と為替レートはどのように関連しているのかについて検討しなければならない。物価と金利は貨幣市場の問題であり，為替レートは外国為替市場の問題なので，貨幣市場と外国為替市場の関係について詳しく考察する必要がある。

4-1 貨幣市場

貨幣需要は名目所得と金利の関数であると考え，次の式で表される。

$$M_D = F(\overset{+}{PY}, \overset{-}{i}) \tag{1}$$

ここで，M_D は名目貨幣需要，P は物価水準，Y は実質所得，i は金利である[1]。PY は名目所得なので，この式は貨幣需要が名目所得と金利の関数であることを示している。貨幣需要と名目所得の間にはプラスの関係があり，名目所得が増加すると貨幣需要は増加し，名目所得が減少すると貨幣需要は減少する。また，貨幣需要と金利の間にはマイナスの関係があり，金利が低下すると貨幣需要は増加し，金利が上昇すると貨幣需要は減少する。

この貨幣需要関数を次のように特定化する。

$$M_D = \frac{PY}{i} \tag{2}$$

マネーサプライを M_S とすると，貨幣需要と貨幣供給が一致する貨幣市場の均衡式は，

---

[1] 第4節および第5節の経済モデル分析では，産出量の代わりに実質所得を使用する。また，この経済モデル分析は田部井（2012）を加筆・修正したものである。

$$M_S = \frac{PY}{i} \tag{3}$$

である。この式を i について解くと,

$$i = \frac{PY}{M_S} \tag{4}$$

となる。(4) 式は貨幣市場の均衡を満たす金利水準を示しており，マネーサプライ，物価水準，実質所得と金利の関係について分析することができる。(4) 式から明らかなように，物価上昇と実質所得の増加は金利を上昇させ，マネーサプライの増加は金利を低下させる。

さらに，他の経済変数が一定であるなら，実質所得の増加や物価上昇は金利を上昇させる。これは高い経済成長率を達成し，物価上昇率が高い国ほど，金利が高くなる傾向にあることを意味している。

4-2　外国為替市場

外国為替市場では，外貨の需要と供給が等しくなるよう為替レートが決まる。外貨の需要と供給が純輸出によって決まるとすると，次の式が成り立つ。

$$E = E(\overline{NX}) \tag{5}$$

ここで，E は為替レート，NX は純輸出を表しており，この式は為替レートが純輸出の関数であることを示している。純輸出が増加すると，外国為替市場における外貨供給の増加または外貨需要の減少により，自国通貨は増価する。純輸出が減少すると，外国為替市場における外貨需要の増加または外貨供給の減少により，自国通貨は減価する[2]。

4-3　貨幣市場と外国為替市場の統合

経済成長モデルが輸出主導型であるなら，(4) 式を次のように表すことがで

---

2) このモデルでは，資本移動による影響を考慮していない。

きる．

$$i = \frac{P \cdot Y(NX)}{M_S} \quad (6)$$

　この式は，YがNXの関数であることを示しており，実質所得が純輸出に依存することを表している。これは輸出主導型経済において，Yに対するNXの割合が高く，実質所得の主要な変動要因が純輸出であると解釈できるために可能となる。(5) 式より，純輸出は為替レートに影響を与えるので，このモデルでは貨幣市場においても，為替レートが重要な役割を果たす。(5) および (6) 式より，純輸出の増加は物価水準の低下（金利が一定の場合）と自国通貨の増価をもたらす。

　図4-2は，貨幣市場と外国為替市場をグラフにしたものである。図の右方が貨幣市場，左方が外国為替市場を示している。外国為替市場のグラフにおける横軸は外貨の数量であり，外貨の供給曲線であるFS線は右上がり，外貨の需要曲線であるFD線は右下がりで示されている。縦軸は為替レートの水準を表しており，上方が自国通貨高，下方が自国通貨安を示している。貨幣市場のグラフにおける縦軸は為替レート，横軸は物価水準を表している。為替レートは貨幣市場と外国為替市場の両市場に共通する変数である。

　LL線は金利を一定とした場合における，貨幣市場を均衡させる物価水準と為替レートの組み合わせである。先に述べたように，本論文では輸出主導型経済を想定しているので，実質所得増加の主要な要因は輸出である。輸出は外国

図4-2　貨幣市場と外国為替市場

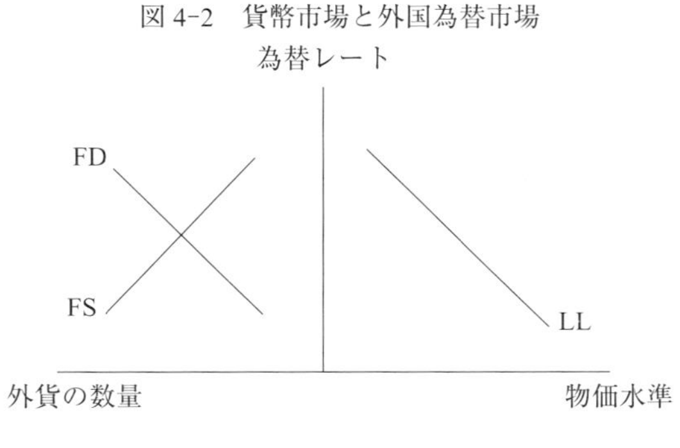

為替市場への外貨の供給を通じて，為替レートに影響を与える。よって，このモデルでは，実質所得の変化は輸出の変化を通じて，為替レートに影響を与える。(5) 式より，実質所得（純輸出）の増加は自国通貨を増価させ，実質所得（純輸出）の減少は自国通貨を減価させる。

また，実質所得と物価水準の関係は，金利およびマネーサプライを一定とすると，(4) 式より，実質所得が増加すれば，物価水準は低下しなければならない。実質所得が減少すれば，物価水準は上昇しなければならない。このため，実質所得が増加し，自国通貨が増価すれば，物価水準は低下する。実質所得が減少し，自国通貨が減価すれば，物価水準は上昇する。また，物価水準が上昇すれば，実質所得が減少し，自国通貨は減価する。物価水準が低下し，実質所得が増加すれば，自国通貨は増価する。

結局，金利を一定とした場合，貨幣市場を均衡させる物価水準と為替レートは LL 線のような関係にある。自国通貨高であれば物価水準は低く，自国通貨安であれば物価水準は高い。LL 線は金利を一定にする物価水準と為替レートの組み合わせを示している[3]。

外貨の需要曲線である FD 線が右下がりの理由は，自国通貨高による輸入の増加が外貨の需要を増加させるためである。外貨の供給曲線である FS 線が右上がりの理由は，自国通貨安による輸出の増加が外貨の供給を増加させるためである。

5. 政策効果

5-1　純輸出増加

純輸出の増加によって，実質所得は増加し，自国通貨は増価する。実質所得の増加は物価水準を低下させるので，純輸出の増加によって，自国通貨は増価し，物価水準は低下する。図 4-3 に示されているように，物価水準と為替レートの組み合わせは LL 線上を A 点から B 点に移動する。B 点は A 点より，自

---

[3]　LL 線は純輸出と為替レートの関係が線形であるなら，直線になる。

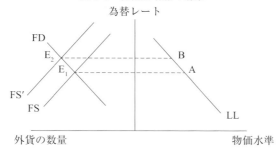

図4-3 純輸出増加の効果

国通貨高と低い物価水準に対応している。そして，外国為替市場では，純輸出の増加によって，外貨の供給曲線が左方にシフトし，均衡点は E_1 から E_2 に移動する。

5-2 金利の変化

金利の変化は，LL線をシフトさせる。図4-4に示されているように，金利が高くなるとLL線は原点に対して外側にシフトし，金利が低くなるとLL線は原点に対して内側にシフトする。これは，マネーサプライを所与とすると，実質所得（純輸出）が変化せず，為替レートが一定であれば，金利上昇は物価水準の上昇に対応するためである。図4-5では，A_1 から A_2 への移動で示されている。また，物価水準が一定であれば，金利上昇は為替レート増価に対応し，図4-6では A_1 から A_2 への移動で示されている。逆に，金利低下は物価水

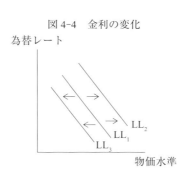

図4-4 金利の変化

図 4-5　金利上昇と物価水準の関係

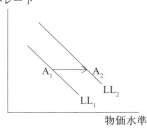

図 4-6　金利上昇と為替レートの関係

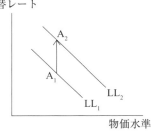

準の低下と為替レート減価に対応する。

　(4) 式から明らかなように，金利の変化は物価水準，実質所得およびマネーサプライの変化によって生じる。物価水準上昇，実質所得増加およびマネーサプライ減少は金利上昇要因であり，物価水準低下，実質所得減少およびマネーサプライ増加は金利低下要因である。実質所得の増加は金利上昇要因なので，経済成長率が高い場合，LL 線は右上方に位置する。実質所得の減少は金利低下要因なので，経済成長率が低い場合，LL 線は原点の近くに位置する。

　実際には金利は変化するので，中長期的な物価水準と為替レートの組み合わせは，必ずしも右下がりの関係にあるわけではない。金利の変化とともに，物価水準と為替レートの組み合わせは，中長期的な金利水準に対応する LL 線上を移動する。図 4-7 に示されているように，金利上昇が物価水準の上昇と為替レートの増価に対応していれば，物価水準と為替レートの組み合わせは右上がりになる。また，金利上昇が物価水準の上昇と為替レートの減価に対応してい

図 4-7 中長期的な物価水準と為替レートの組み合わせ

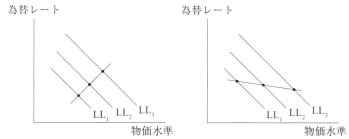

れば，物価水準と為替レートの組み合わせは右下がりになる[4]。中長期的に物価水準と為替レートの組み合わせがどのように変化するかは，その国の経済状況に依存する。

中長期的な物価水準と為替レートの組み合わせについて，傾向線の傾きが大きい場合，為替レートが大きく増価し，傾向線の傾きが小さい場合，物価水準が大きく上昇する。どちらも，輸出主導型経済の持続可能性という観点から考えると，好ましい状況とは言えない。

6. 輸出主導型経済の持続可能性

輸出主導による経済成長は，経済成長の初期段階としては有益な成長モデルかもしれない。しかし，その持続可能性という観点からは，少なからず疑問が残る。経済成長の過程において，自国通貨高と物価上昇の選択に迫られる可能性があるからである。輸出主導型経済はその必然的帰結として自国通貨高，経済成長の結果として物価上昇に直面する。自国通貨高を回避する方策としての外国為替市場への介入は，マネーサプライの増加を通じて，物価上昇を誘発する要因となる。結果的に，輸出主導型経済は自国通貨高と物価上昇のどちらかを選択しなければならない。たとえ，自国通貨高と物価上昇のどちらかを選択

---

4) 中長期的に，この傾向線が右下がりになるケースはあまり多くない。長期間，外国為替市場に介入している場合や経済状況があまり良くない場合に限られる。

したとしても，経済成長にとってマイナス要因となるであろう。

図4-8は，為替レートと物価水準の組み合わせを4つの領域に分けたものである。領域Ⅰは自国通貨高・高物価水準，領域Ⅱは自国通貨高・低物価水準，領域Ⅲは自国通貨安・高物価水準，領域Ⅳは自国通貨安・低物価水準を表している。右上方に位置する領域Ⅰは高い経済成長率と高い金利水準に対応しており，原点に近い領域Ⅳは低い経済成長率と低い金利水準に対応している。

為替レート増価は輸出の減少を通じて，産出量を減少させる。物価上昇は金利の上昇を通じて，産出量を減少させる。よって，自国通貨高と高い物価水準に対応する領域Ⅰに為替レートと物価水準の組み合わせが位置すると，将来的に産出量減少の可能性が高まることになる。輸出主導型経済の持続可能性に疑問が生じ，経済成長モデルの転換が必要になる。

輸出主導による経済成長は持続可能なのだろうか。おそらく，明確な答えは存在しないであろう。何らかの経済政策が，適当な効果をもたらすことがあるかもしれない。さらに，何らかの理由で世界経済の状況がその国に有利に働き，偶然に穏やかな通貨高と穏やかな物価上昇がもたらされるかもしれない。しかし，これらの要因は輸出主導による経済成長の持続可能性を保証するものではない。

自国通貨高を克服する継続的な比較優位産業を有しているならば，輸出主導

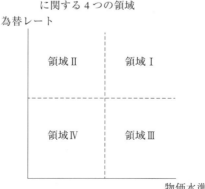

図4-8　物価水準と為替レートの組み合わせに関する4つの領域

による経済成長は持続可能である。しかし，長期的かつ連続して，比較優位産業を育成するためには，絶え間ない技術革新とその技術革新を支える人的資本を必要とする。結局のところ，これは通常の経済成長モデルが示唆するように，経済成長にとって人的資本が重要な源泉であることを意味している。

7. アジア諸国への応用

7-1 輸出主導型経済の具体的な定義

上記の分析をアジア諸国の経済に適用してみる。最初に，本論文における輸出主導型経済の定義を具体化し，どの国がその定義に適合するかについて考える。ここでは，輸出主導型経済について3つの定義を行うが，このうち1つでも適合するなら，その国を輸出主導型経済とする。

第1の定義は，経常収支が2000年から2012年の間で，11年間以上黒字であるとする[5]。11年という数字に特に意味があるわけではないが，2000年から2012年の13年間において，80％以上が黒字であったという定義である。

第2の定義は，2000年から2012年の間における，対GDP比でみた経常収支黒字の平均が4％以上であるとする。この4％も特に意味があるわけではないが，13年間で平均した対GDP比4％の経常収支黒字は，かなり大きな金額であると考えられる。例えば，GDP500兆円の国であるならば，平均して13年間毎年20兆円，合計260兆円の経常収支黒字ということになる。

第3の定義は，実質GDP成長率と対GDP比でみた経常収支黒字が正の相関関係にあるとする。本論文では，輸出主導型経済を産出量の増加が輸出の増加によってもたらされると定義しているので，この意味で考えるなら，第3の定義が本論文における輸出主導型経済を表す定義として最も適切である。

図4-9は，第1の定義に該当する，主なアジア諸国の実質GDP成長率と対GDP比でみた経常収支の推移を示している。この間に経常収支が赤字になったのは，タイの1年間だけである。実質GDP成長率の平均は中国が10％，韓

---

[5] ここでのデータ分析においては，貿易収支ではなく経常収支を使用する。

76　第 2 部　実物経済編

図 4-9　実質 GDP 成長率と対 GDP 比でみた経常収支黒字の関係

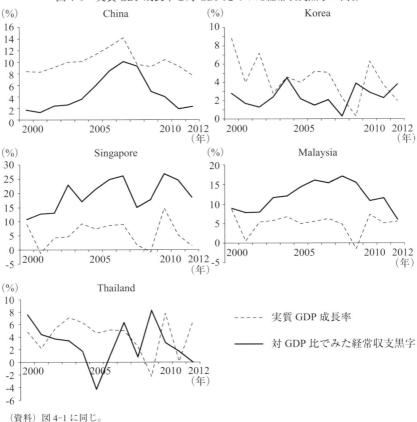

----- 実質 GDP 成長率

――― 対 GDP 比でみた経常収支黒字

（資料）図 4-1 に同じ。

国が 4.3％，シンガポールが 5.6％，マレーシアが 5.0％，タイが 4.2％である。対 GDP 比でみた経常収支黒字の平均は中国が 4.5％，韓国が 2.4％，シンガポールが 19.4％，マレーシアが 12.0％，タイが 2.9％である。このことから，第 2 の定義に該当する国は中国，シンガポール，マレーシアである。

実質 GDP 成長率と対 GDP 比でみた経常収支黒字の相関については，中国とシンガポールだけが正の相関関係を有していた。他の国に関しては，特に意味のある関係はみられなかった。

上記の 3 つの定義は，第 1 から第 3 の順に厳格な定義となっている。よっ

て，本論文における，最も厳格な定義に該当する輸出主導型経済は中国とシンガポールである。

7-2　データの適用

図4-10は，上記の定義に該当したアジア諸国における，為替レートと物価水準の組み合わせを示している[6]。為替レートは1米ドル当たりの各国通貨単

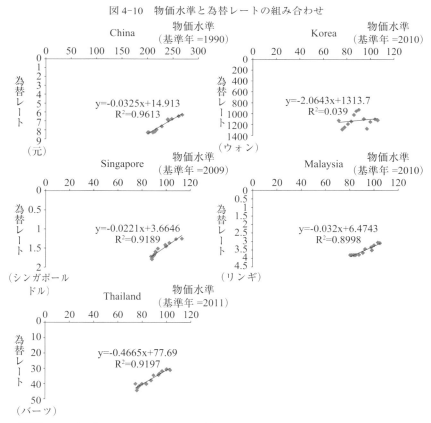

図4-10　物価水準と為替レートの組み合わせ

（資料）International Monetary Fund (2013) World Economic Outlook Database. World Bank, World Development Indicators.

---

6) 横軸が上方に位置しているが，解釈は図4-2の貨幣市場と同じである。

位表示であり,物価水準は各国指数で表示されている。期間は 2000 年から 2012 年であり,リーマン・ショックの影響を含んでいる。

　全体的にみると,韓国を除いて,為替レートと物価水準は右上がりの関係にある。為替レートと物価水準のこのような関係は,経済モデル分析で示したように,輸出主導型経済の中長期的な特徴である。よって,本論文で示したモデルは,輸出主導型経済の特徴を説明するための 1 つの方法であると考えられる。このモデルは輸出主導型経済の持続可能性を説明するために開発されたものであるが,輸出主導型経済の動き全体を説明するものではない。貨幣的な側面からのみ,輸出主導型経済の動きを説明するものである。

　韓国のように,為替レートより物価水準が大きく変動する理由として,外国為替市場への介入が考えられる。自国通貨高を阻止するために,外国為替市場において自国通貨売り,外国通貨買いを行うのである。結果的に,自国通貨は安くなるが,自国通貨売りによって生じるマネーサプライの増加が,物価水準の上昇を引き起こすのである。そして,自国通貨安による輸入価格の上昇が,さらに物価水準を上昇させる。

7-3　データの解釈

　本論文はアジア諸国における,輸出主導型経済の持続可能性に焦点を当てている。自国通貨高および物価水準上昇が,輸出主導型経済の持続可能性に対して,懸念を生じさせる可能性がある。自国通貨高が輸出に対するマイナス要因,物価上昇が金利上昇要因となり,産出量にマイナスの影響を与えるからである。

　図 4-10 からは,どのようなことが読み取れるだろうか。1 つ注意すべきことは,このデータは 2000 年から 2012 年の変化を表しているのであって,この水準が限界点であるという絶対的な水準を表しているのではないということである。

　為替レートと物価水準について,国別に最低値から最高値への変化率を調べることによって,変化の程度を比較してみる。中国は為替レートが 23.8% 増

価し，物価水準が33.7％上昇している。為替レート増価の23.8％は，中国の実質GDP成長率と経常収支黒字の水準を考えれば，決して高い数字ではない。これは中国が為替政策により，自国通貨を安く誘導しているためであると考えられる。物価水準は年平均でみれば約2.6％の上昇なので極端に高いとは言えないが，中国の場合，2006年以降物価上昇率は高くなっており，注意が必要である。中国は本論文における，輸出主導型経済の3つの定義すべてに当てはまり，輸出主導型経済にみられる典型的な特徴を有している。

シンガポールはアジア諸国の中では，いち早く高い経済成長を達成しており，一人当たり実質GDPは既に先進国並みである。対GDP比でみた経常収支黒字が平均19.4％と高いことが特徴であり，シンガポールも中国と同じように，上記の3つの定義をすべて満たした典型的な輸出主導型経済である。為替レートは30.2％増価しており，経常収支黒字の大きさと関係している。物価水準は29.1％上昇しているが，年平均約2.2％の上昇であるので，特に問題となる水準ではない。

マレーシアも対GDP比でみた経常収支黒字が平均12％と高くなっているが，為替レートの増価は19.5％であり，シンガポールほど大きくない。これはマレーシアの資本移動規制が関係していると考えられる。物価水準は30.5％上昇しており，シンガポールとそれほど変わらない。実質GDP成長率が平均5％なので，比較的バランスのとれた経済成長を実現している。

タイは為替レートが31.4％増価し，物価水準が38.3％上昇している。対GDP比でみた経常収支黒字が平均2.9％，実質GDP成長率が平均4.2％であることを考えると，バランスは良くない。為替レートが大きく増価している理由の1つとして，アジア通貨危機の影響が考えられる。アジア通貨危機により大きく減価した後の増価であったため，変動が大きくなっている。また，近年タイには政治的混乱や自然災害などが生じており，これが経済に悪い影響を与えていると考えられる。

韓国については，為替レートと物価水準に関して，明確な関係は存在しない。為替レートは28％増価し，物価水準は45.4％上昇している。為替レート

の変化は一様ではなく，外国為替市場への介入の可能性が考えられる。対GDP比でみた経常収支黒字は平均2.4%であり，輸出主導型経済の観点からみると，それほど高い水準ではない。これは中間財を輸入し，最終財を輸出するという，韓国の貿易構造の結果である。最終財の輸出が増加すれば，中間財の輸入が増加し，これが韓国の経常収支黒字を縮小させる効果を持っている[7]。

これらアジア諸国の中で，今後の経済成長に注意を要する国は，第3定義まで該当する中国とシンガポールである。シンガポールは既に高い経済成長を達成しており，さらなる経済成長を実現するためには，為替レートの増価を克服する，継続的な比較優位産業の育成が必要である。

中国は為替政策により，為替レートの増価は抑えられているが，その結果として生じる物価水準の上昇に注意が必要である。中国は為替レートの増価を抑えるために，外国為替市場に介入しているが，この介入資金がマネーサプライの増加となって，物価水準を上昇させている。そして，物価上昇が金利を上昇させ，経済にマイナスの影響を与えている。特に，2010年から2012年は物価水準が大きく上昇しており，為替レート増価を容認するなど，抑制的な経済政策の選択を迫られている。

おわりに

本論文は輸出主導型経済の持続可能性という観点から，アジア経済の現状と今後の課題について検討を行った。途上国は低い生産コストにより，比較優位を獲得することができるので，途上国にとって輸出主導型経済は有効な成長モデルである。しかし，中長期的には自国通貨高と物価水準の上昇により，必ずしも効果的であるとは限らない。これが輸出主導型経済の持続可能性という問題である。

輸出主導型経済は輸出に重点を置いた政策である。よって，その国の貿易収支は黒字であり，この貿易収支黒字は自国通貨を増価させる。自国通貨の増価

---

7) 2013年に韓国ウォンは大幅に増価しており，経済環境は大きく変化している。

は輸出にマイナスの影響を与えるので，経済に一定の制約を与える。自国通貨増価を回避するための外国為替市場への介入は，マネーサプライを増加させ，物価上昇の要因となる。そして，物価水準の上昇は金利を上昇させ，経済に一定の制約を与える。

結局，輸出主導型経済は自国通貨増価と物価上昇の選択に直面する。どちらを選択したとしても，経済の制約要因となる。このため，さらなる成長を実現するためには，輸出主導型の成長モデルに代わる，新たな成長モデルを見出さなければならない。また，自国通貨高を克服する，継続的な比較優位産業の育成が必要である。

為替レートと物価水準のデータをアジア諸国に適用すると，アジア経済についていくつかの興味深い結論を得ることができる。輸出主導型経済について，具体的に3つの定義を行いアジア諸国に当てはめると，中国，シンガポール，マレーシア，タイ，韓国の5つの国が該当した。このうち，中国とシンガポールについては，実質GDP成長率と対GDP比でみた経常収支黒字が密接に相関しており，厳格な意味での輸出主導型経済の定義に当てはまる。

韓国以外の中国，シンガポール，マレーシア，タイは，為替レート増価と物価上昇という輸出主導型経済の特徴を持っている。韓国は為替レートの変動が小さく，通貨当局による外国為替市場への介入の可能性が考えられる。輸出主導型経済の持続可能性という観点からは，中国とシンガポールの動向に注意が必要である。

中国については，為替レート増価だけでなく，物価水準の上昇も顕著になっており，難しいマクロ経済政策を強いられるだろう。さらなる経済成長を実現するためには，輸出主導型の成長モデルに代わる，新たな成長モデルを見出す必要があるだろう。シンガポールについては，為替レート増価が顕著であり，為替レート増価を克服する，継続的な比較優位産業の育成が必要である。

本論文は，貨幣的側面に焦点を当て，輸出主導型経済の持続可能性について分析を行った。実物の側面も考慮に入れ，継続的な比較優位産業の育成が可能ならば，自国通貨高というマイナス要因を克服することができる。しかし，継

続的な比較優位産業の育成を実現することは容易なことではなく，高度な人的資本の蓄積と技術進歩を必要とする。結局，長期的な経済成長を実現するためには，通常の経済成長論が教えるところの人的資本と技術進歩が重要な要因となる。

参 考 文 献

Baumol, William. (1986) "Productivity Growth, Convergence, and Welfare." *American Economic Review* 76 (December): pp. 1072-1085.

Frankel, J. A. and Romer, D. (1999) "Does Trade Cause Growth?." *American Economic Review*, Vol. 89, No. 3, pp. 379-399.

Grossman, Gene M. and Helpman, Elhanan.（1998）『イノベーションと内生的経済成長』大住圭介監訳，創文社。

International Monetary Fund. (2013), World Economic Outlook Database.

Krugman, R, P. and Obstfeld, M.（1996）『国際経済Ⅱ　国際金融　第3版』石井菜穂子，浦田秀次郎，竹中平蔵，千田亮吉，松井均訳　新世社。

Lucas, Robert E, Jr. (2002), *Lectures on Economic Growth*, Harvard University Press.

Macdonald, Ronald. (2007), *Exchange Rate Economics: Theories and Evidence*, London, Routledge.

Mankiw, N. Gregory, Romer, David, and Weil, David N. (1992) "A Contribution to the Empirics of Economic Growth." *Quarterly Journal of Economics* 107 (May): pp. 407-437.

Obstfeld, M. and Rogoff, K. (1996), *Foundations of International Macroeconomics*, The MIT Press.

Romer, D.（1998）『上級マクロ経済学』堀雅博，岩成博夫，南條隆訳　日本評論社。

澤田康幸（2003）『国際経済学』新世社。

世界銀行（1994）『東アジアの奇跡』東洋経済新報社。

田部井信芳（2003）「アジア通貨危機後の成長の可能性」『中央大学経済研究所年報』第33号　中央大学経済研究所。

田部井信芳（2003）「アジアにおける知識集約的産業の育成について―シンガポールを中心にして―」『都市経済研究年報』第3号　宇都宮共和大学都市経済研究センター。

田部井信芳（2012）「輸出主導型経済の持続可能性」『宇都宮共和大学論叢』第13号。

第 5 章

産業の再配置とアジア経済

はじめに

2008年9月のリーマン・ショックにより発生した米国経済における金融混乱は,世界経済のグローバル化を反映して,米国のみならず,欧州,新興諸国へと波及し,やがて世界金融危機へと発展した。そして,世界経済は景気停滞に陥り,多くの国々では,2009年にはマイナス成長となった。

わが国ではリーマン・ショック後の景気回復局面のなかで,2011年3月に東日本大震災が発生し,わが国企業(製造業)のサプライチェーンのいくつかが十分には機能しなくなった。また,同年10月には日系企業が多く進出しているタイのチャオプラヤ川近隣の工業団地で大洪水が発生し,わが国の製造業は大変な打撃をうけたが,翌2012年には日本の製造業も回復基調をたどるようになった。

わが国は,2011年3月の東日本大震災から2012年にかけて,産業の「六重苦」といわれる状況に直面し,日本企業(とくに製造業)は苦しめられた。ここで,産業の六重苦とは,①超円高,②法人税の実効税率の高さ,③自由貿易協定の遅れ,④原発停止による電力価格上昇の問題,⑤労働市場の硬直性に関する労働規制の厳しさ,⑥ CO_2 削減目標に関する環境規制の厳しさである。このような産業の六重苦により,日本企業は立地競争力を弱め,国内産業の空

洞化が懸念されたのである。

　本章では，リーマン・ショックに端を発する世界金融・経済危機後の2009年から東日本大震災後の2012年にかけて，わが国経済と世界経済との関係がどのように変化したかについて産業構造や貿易構造の変化を中心に考察する。その際，日本の製造業の世界経済との関係についても併せて分析することを目的とする。とくに世界金融・経済危機後，わが国と東南アジア経済，なかでもタイ経済における製造業との結びつきが強くなったことを貿易結合度指数等の指標を用いて分析するとともに，日本国内での産業構造と労働市場との関連から今後の課題について検討する。

　最初に，1節でリーマン・ショック後，日本と世界各国・地域との貿易関係がどのように変化したかについて国別・商品別に考察する。次に2節で産業集積と直接投資の動向についてタイを中心に考察し，3節で日本の産業構造の変化と労働生産性との関連を中心に労働市場の変容について考察する。最後に，日本国内での産業構造と労働市場との関連から今後の課題について検討する。

1. 貿易構造の変化

1-1　日本と世界各国・地域との貿易構造の変化

　最初に，リーマン・ショック後の2009年から2012年にかけて日本と世界各国・地域との貿易関係がどのように変化したかについて考察する。ここで，2009年から2012年を対象とする目的は，多くの国・地域ではリーマン・ショック直後の2009年にマイナス成長になったが，わが国はそれに加えて2011年3月に東日本大震災を経験し，その影響をも反映した2012年までの変化について考察するためである。

　図5-1は，縦軸に各国・地域から日本への輸出額，横軸に日本から各国・地域への輸出額をとり，2009年から2012年にかけての貿易構造の変化をみたものである。図5-1から明らかなように，日本とEU（欧州連合27ヶ国）との貿易の規模は比較的小さく，EUと日本との貿易額は2009年から2012年にかけてわずかに増えているにすぎないが，これは欧州債務危機の影響がその一因であ

図 5-1 各国・地域の日本との貿易関係（2009 年，2012 年）

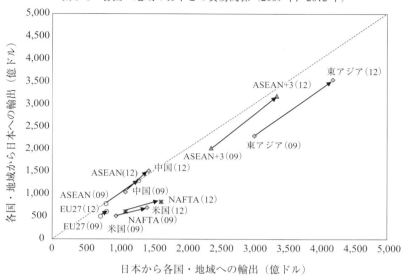

（出所）IMF, *Direction of Trade Statistics*, および台湾財務省「台湾貿易統計」より作成。

ると考えられる。つぎに，わが国と NAFTA（米国，カナダ，メキシコ）との貿易関係についてみると，とくにわが国から NAFTA への輸出が増えているが，これは米国への輸出が大きなウェイトを占めていることを反映しているためである。

　一方，わが国と東アジア（中国，韓国，香港，台湾，ASEAN10ヶ国）との貿易関係についてみると，両国・地域間では輸出入ともに著しく増えているが，なかでも ASEAN＋3（日本，中国，韓国）との貿易関係が著しく強まっていることが明らかである。

　つぎに，わが国との貿易関係が比較的大きい割合で推移している米国と東アジア各国・地域との輸出入構造について金融危機後の 2009 年から 2012 年にかけての変化について考察する。図 5-2 は，米国および東アジア各国・地域の日本との貿易関係についてみたものである。図 5-2 から明らかなように，日本の貿易相手国としては米国と中国が大きく，いずれの国も対日貿易赤字（日本の貿易黒字）といった貿易構造であるが，輸出入ともに中国が米国を上回ってお

図 5-2　米国および東アジア各国・地域の日本との輸出入額（2009 年，2012 年）

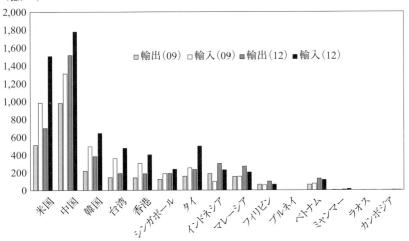

（出所）IMF, *Direction of Trade Statistics*, および台湾財務省「台湾貿易統計」より作成。

り，中国が日本の最大の貿易相手国になっている。また，2009 年から 2012 年にかけて，米国の日本からの輸入が急増し，対日貿易赤字（日本の対米貿易黒字）が増加している。一方，日中貿易は輸出入ともに著しく増加しているが，とくに中国から日本への輸出が急増したことにより中国の対日貿易赤字（日本の対中貿易黒字）が縮小しているのが特徴的である。

　つぎに，中国以外の東アジア諸国・地域と日本との貿易についてみると，2009 年から 2012 年にかけて，韓国，台湾，香港，シンガポール，タイとの貿易は，いずれも日本からの輸入が増加し，対日貿易赤字（日本の貿易黒字）基調であるが，なかでもタイの日本からの輸入（日本からタイへの輸出）が急増しているのが特徴的である。また，ベトナムと日本との貿易額は，この間に日本とフィリピンとの貿易額を上回り，インドネシアやマレーシアに次ぐ規模になっていることから，ベトナム経済の躍進ぶりがうかがえる。

　米国とアジア諸国・地域の日本との貿易面での結びつきの強さについて考察するために，世界全体のなかで相対的に図る観点から，日本および米国，アジア諸国・地域との貿易結合度指数（輸出および輸入）[1]を算出する。これを図示

したものが図 5-3 である。図 5-3 から明らかなように，米国およびアジア主要諸国は貿易面では輸出・輸入ともに 1 を上回る水準にある。とくに日本の製造業の生産拠点が集積している ASEAN 諸国のみならず，現地企業が日本から多くの中間財を調達する韓国，台湾，中国では高い数値を示している。

韓国や台湾は，日本からの輸入の伸びが相対的に低下しているなかで，タイ，インドネシア，マレーシア，フィリピンといった主要 ASEAN 諸国は，世界全体のなかで相対的に日本との貿易の結びつきが強くなっている。なかでもタイは，2009 年から 2012 年にかけて，日本からの輸入（日本からタイへの輸出）が増加していることから，日本とタイとの貿易の結びつきが著しく強まってい

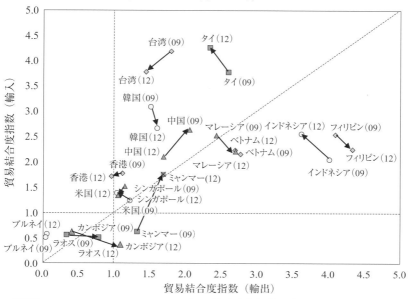

図 5-3　米国とアジア各国・地域の日本との貿易結合度指数
　　　　（輸出，輸入：2009 年，2012 年）

（出所）IMF, *Direction of Trade Statistics*，および台湾財務省「台湾貿易統計」より作成。

1）　i 国と j 国の貿易結合度指数＝（i 国から j 国への輸出額／i 国の総輸出額）／（世界から j 国への総輸出額／世界の総輸出額）で与えられ，1.0 を超えると当該二国間の貿易は結びつきが強いとされる。

ることが明らかである。一方，中国は輸出入ともに日本との貿易が相対的に強まっているのが特徴的である。また，ミャンマーは世界のなかで日本との貿易は絶対額としては少ないものの（図5-2参照），2009年から2012年にかけて貿易結合度指数が1を上回っていることから，相対的に日本との貿易の結びつきが強まっていることになる。なお，この間，ラオスやカンボジアといったタイ周辺国についても，日本と貿易取引の絶対額は少ないものの，世界のなかで相対的に日本との結びつきが強まっている。このことから，タイ経済は失業率が1％以下の労働力不足状態にあり，インラック政権により導入された全国一律最低賃金（300バーツ。1バーツ＝約3円）の影響により，タイの周辺地域・国への日系企業の進出が行われていることが背景にあると考えられる[2]。

1-2　日本と世界各国・地域との商品別貿易構造の変化

米国および東アジア各国・地域との貿易構造について考察した結果として，リーマン・ショック直後の2009年から東日本大震災（2011年3月）後の2012年にかけて，わが国とASEAN諸国，なかでもタイとの貿易の結びつきがより強まったことが明らかになった。ここでは，同期間について，わが国との貿易結合度の大きい米国，中国，韓国，台湾，主要ASEAN諸国（タイ，インドネシア，マレーシア，フィリピン）との商品別輸出入構造[3]について考察する。

最初に，日本と米国との商品別輸出入についてみると，図5-4-1から明らかなように，日本から米国への輸送用機器と一般機械の輸出が急増しているのが特徴的である。2012年における日本から米国への輸出のなかで上位は，輸送用機器（37.5％），一般機械（23.8％）の順であり，日本の米国からの輸入のなかで上位は食料品（22.0％），化学製品（17.4％）の順である。

日本と中国との商品別貿易をみると，日本から中国への一般機械の輸出と日本の中国からの電気機器の輸入が大きく増加しているのが特徴的である（図

---

[2]　この点については，2節で詳細に考察する。
[3]　本節でのデータ出所は，日本関税協会『外国貿易概況』である。

5-4-2)。なお，2012年における日本から中国への輸出のなかで上位を占めているのは，電気機器（23.7%），一般機械（20.7%）の順であり，資本財の輸出が中心である。日本の中国からの輸入で上位を占めているのは，その他（30.8%），電気機器（26.3%），一般機械（16.5%）の順であり，完成品が中心である。なお，「その他」のなかで大きなシェアを占めているのは衣類・同付属品であり，これは日本の中国からの輸入の13.7%を占めている。

つぎに，日本と韓国との商品別貿易構造をみると，図5-4-3から明らかなように，他のアジア諸国とは異なる構造を示している。2009年から2012年にかけて，韓国からの鉱物性燃料の輸入が著しく増加し（対前年比281.5%）[4]，一般機械や化学製品については日本から韓国への輸出の伸びが大きい。電気機器と原料別製品については日本から韓国への輸出が多いものの，この間，両製品については韓国からの輸入が増加しているのが特徴的である。なお，2012年における日本から韓国への輸出の上位を占めているのは，化学製品（25.2%），原料別製品（20.6%）の順であり，日本の韓国からの輸入の上位は，鉱物性燃料（24.4%），電気機器（20.5%），原料別製品（19.1%）の順である。

日本と台湾との商品別貿易構造をみると，図5-4-4から明らかなように，2009年から2012年にかけて電気機器，原料別製品，化学製品については日本からの輸出が増加しているのが特徴的である。2012年における日本から台湾への輸出の上位を占めているのは，電気機器（25.8%），化学製品（23.6%），原料別製品（19.0%），一般機械（17.5%）の順であり，日本の台湾からの輸入で上位を占めているのは，電気機器（37.9%），その他（21.2%），原料別製品（12.9%）の順である。なお，「その他」のなかで多いのは科学光学機器であり，台湾からの輸入に占める割合は2.9%である。

日本とタイとの商品別貿易構造をみると，図5-4-5から明らかなように，2009年から2012年にかけて，一般機械（対前年比114.1%），輸送用機器（同

---

[4] 東日本大震災により日本国内の生産設備が被害を受けたために，2011年と2012年に韓国から石油製品を緊急輸入したことが，輸入急増の原因である。

113.5%),原料別製品(同 68.7%),電気機器(同 30.3%),その他(同 57.9%)について日本からタイへの輸出が急増しているが,これは 2011 年の大洪水後の需要増加などが原因である。2012 年における日本からタイへの輸出の上位は,一般機械(28.8%),原料別製品(21.8%),電気機器(17.6%),輸送用機器(14.2%)の順であり,一方,日本のタイからの輸入の上位は,食料品(19.6%),電気機器(17.7%),一般機械(13.6%),その他(12.4%),化学製品(11.3%),原料別製品(10.8%)の順である。

つぎに,日本とインドネシアとの商品別貿易構造についてみる。日本はインドネシアの最大の輸出相手国であるが,図 5-4-6 から明らかなように,2009 年から 2012 年にかけて,一般機械(対前年比 108.3%),輸送用機器(同 151.9%),原料別製品(同 81.1%)について日本からの輸出が急増し,インドネシアからの鉱物性燃料の輸入(対前年比 40.6%)が急増しているのが特徴的である。2012 年における日本からインドネシアへの輸出の上位は,一般機械(29.7%),原料別製品(22.5%),輸送用機器(21.9%),電気機器(11.7%)の順であり,一方,日本のインドネシアからの輸入の上位は,鉱物性燃料(53.6%),原料品(14.9%),原料別製品(10.4%)の順である。

日本とマレーシアとの商品別貿易構造についてみると,図 5-4-7 から明らかなように,2009 年から 2012 年にかけて,マレーシアからの鉱物性燃料の輸入(対前年比 140.3%)が急増しているが,これは東日本大震災後の火力発電の需要増加などの要因により LNG の輸入が急増したためである。一方,日本からの輸出が急増しているのは,一般機械(同対前年比 42.9%),原料別製品(同 35.2%),輸送用機器(同 15.5%),電気機器(同 10.0%)である。2012 年における日本からマレーシアへの輸出の上位は,電気機器(25.9%),原料別製品(19.7%),輸送用機器(16.5%),一般機械(15.9%)の順であり,一方,日本のマレーシアからの輸入の上位は,鉱物性燃料(58.2%),電気機器(15.6%)の順である。

日本とフィリピンとの商品別貿易構造についてみると,図 5-4-8 から明らかなように,2009 年から 2012 年にかけて,日本からフィリピンへの一般機械

（対前年比45.3%）と電気機器（同30.8%）の輸出が増加し，輸送用機器と原料別製品は日本からの輸出入ともに増加しているのが特徴的である。2012年における日本からフィリピンへの輸出の上位は，電気機器（32.0%），一般機械（17.2%），原料別製品（14.9%），輸送用機器（11.7%）の順であり，一方，日本のフィリピンからの輸入の上位は，電気機器（34.4%），食料品（14.9%），その他（14.0%）の順である。

以上を小括する。日本と米国およびアジア各国・地域との貿易構造についてみると，日本の製造業の生産拠点が集積しているASEAN諸国のみならず，現地企業が日本から多くの中間財を調達する韓国，台湾，中国では比較的貿易の結びつきが強いという特徴をもっている。なかでもタイ，インドネシア，マレーシア，フィリピンといった主要ASEAN諸国は，リーマン・ショック後の2009年から東日本大震災後の2012年にかけて，世界全体のなかで相対的に日本との貿易の結びつきが強くなっていることが図5-3から明らかになった。そこで，わが国との結びつきの強いこれらの国との間の商品別貿易構造について

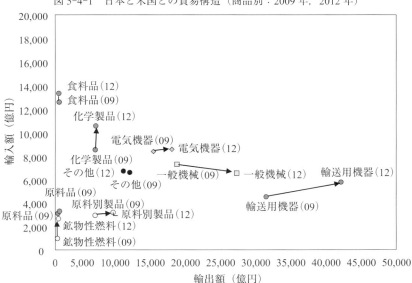

図5-4-1　日本と米国との貿易構造（商品別：2009年，2012年）

図5-4-2　日本と中国との貿易構造（商品別：2009年，2012年）

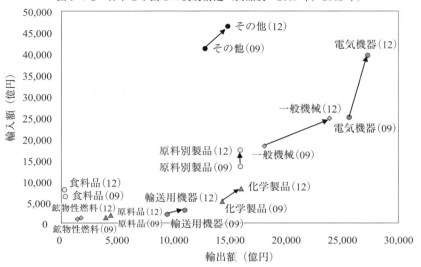

図5-4-3　日本と韓国との貿易構造（商品別：2009年，2012年）

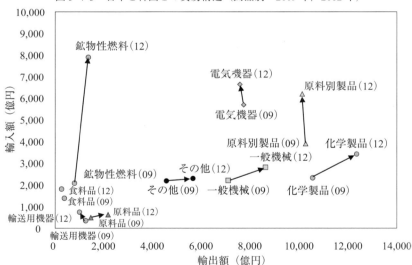

第 5 章　産業の再配置とアジア経済　93

図 5-4-4　日本と台湾との貿易構造（商品別：2009 年，2012 年）

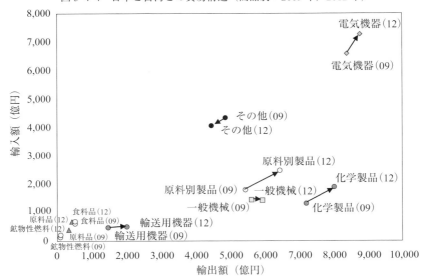

図 5-4-5　日本とタイとの貿易構造（商品別：2009 年，2012 年）

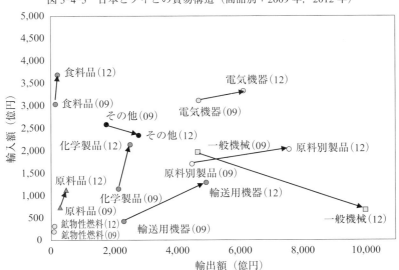

図 5-4-6 日本とインドネシアの貿易構造（商品別：2009 年，2012 年）

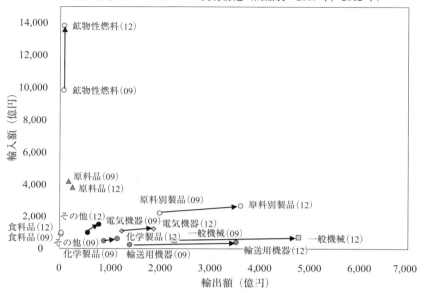

図 5-4-7 日本とマレーシアとの貿易構造（商品別：2009 年，2012 年）

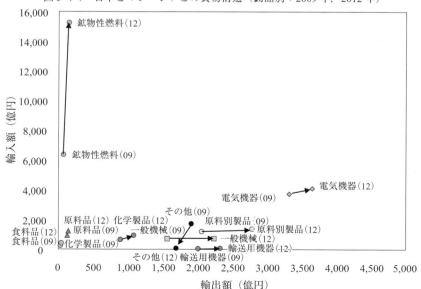

図 5-4-8 日本とフィリピンとの貿易構造（商品別：2009 年，2012 年）

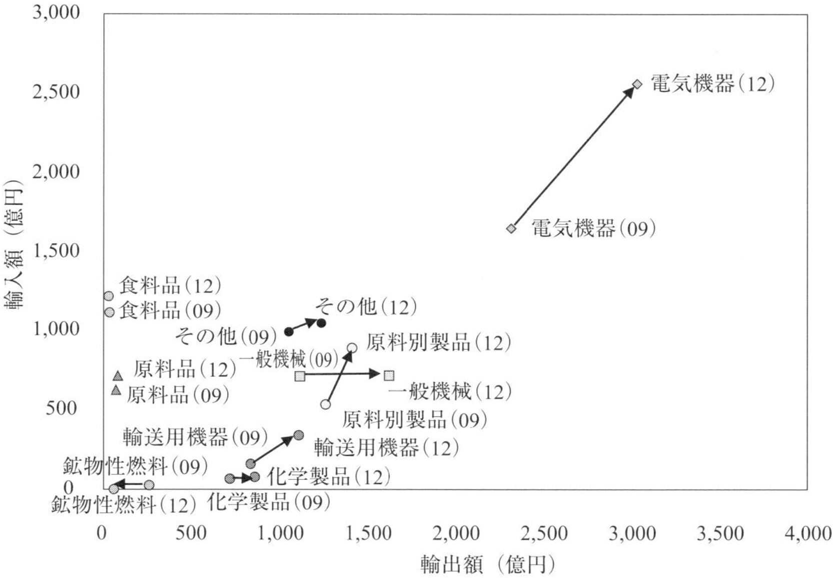

（出所）図 5-4-1～図 5-4-8 は，日本関税協会『外国貿易概況』により作成。

さらに詳細に考察すると，図 5-4-1～図 5-4-8 から明らかなように，日本と米国との間は日本から米国への輸送機械の輸出が圧倒的に多く，日本と中国との間は一般機械と電気機器との貿易取引が多く，日本と韓国との間では原料別製品と電気機器の貿易取引が多く，そして日本と韓国，台湾，タイ，インドネシア，マレーシア，フィリピンとの間では，原料別製品，電気機器，一般機械の貿易取引が多いという特徴があることが明らかになった。

2. 産業集積と直接投資—タイを中心に—[5]

本節では，2-1 で日本の海外直接投資について国別・業種別に考察し，2-2 ではタイにおける外国直接投資について国別・業種別に考察することによって，日本とタイとの結びつきの強さを確認したい。

---

5) 本節は，ジェトロ『世界貿易投資報告』に依拠する。

2-1　日本の海外直接投資

米国とアジア諸国・地域との貿易面での結びつきの強さについて，世界全体のなかで相対的に図る観点から貿易結合度指数を利用して分析した結果，2009年から2012年にかけて日本の製造業の生産拠点が集積しているASEAN諸国のみならず，現地企業が日本から多くの中間財を調達する韓国，台湾，中国で結びつきが強いことが1-1節で明らかになった。ASEAN諸国のなかでもとくにタイとの貿易の結びつきが強くなっているが，ミャンマーなどのタイ周辺国との結びつきも強まっていることから，本節では，日本とタイとの結びつきの変化を中心に考察する。

最初に，日本からの海外直接投資残高の推移についてみると，図5-5から明らかなように，米国への直接投資が圧倒的に多いが，1999年の47.6％をピークにそのシェアは年々低下し，2012年には27.5％まで低下している。次いで中国向け直接投資は年々増加傾向を示し，2012年には9％の水準である。そしてタイへの直接投資も年々増加傾向にあり，2011年には3.7％まで上昇した。しかし，2012年には3.4％へと低下したが，これは，2011年の日本の東日本

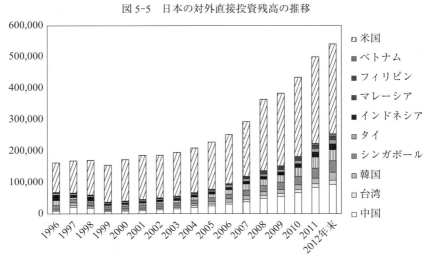

図5-5　日本の対外直接投資残高の推移

（出所）ジェトロ「世界貿易投資報告」より作成。

表 5-1　日本の主要業種別対外直接投資（国際収支ベース，ネット，フロー）

(単位：100万ドル)

		2005年		2009年		2012年	
		金額	構成比	金額	構成比	金額	構成比
製造業		26,146	57.5%	32,934	44.1%	49,250	40.3%
	化学・医薬	3,363	7.4%	7,407	9.9%	6,494	5.3%
	鉄・非鉄・金属	1,331	2.9%	3,738	5.0%	4,206	3.4%
	一般機械器具	1,296	2.9%	4,411	5.9%	7,979	6.5%
	電気機械器具	4,377	9.6%	2,505	3.4%	6,707	5.5%
	輸送機械器具	8,611	18.9%	566	0.8%	10,465	8.6%
非製造業		19,315	42.5%	41,717	55.9%	73,102	59.7%
	鉱業	1,372	3.0%	6,482	8.7%	20,934	17.1%
	通信業	1,712	3.8%	3,870	5.2%	7,208	5.9%
	卸売・小売業	4,623	10.2%	8,418	11.3%	18,372	15.0%
	金融・保険業	9,227	20.3%	15,463	20.7%	14,210	11.6%
合　計		45,461	100.0%	74,650	100.0%	122,355	100.0%

（出所）ジェトロ「世界貿易投資報告」より作成。

大震災やタイでの大洪水の影響によると考えられる。

なお，「海外進出企業総覧 2013年版」（東洋経済新報社）によれば，日本企業の進出国の上位は，件数ベースでみると，中国（6,091件），米国（2,276件）に次いでタイ（1,853件）の順となっており，この点からもタイへの日本企業の進出が増加していることが明らかである。

日本の主要業種別対外直接投資についてみると，表5-1で示されるように，製造業のなかでは輸送機械器具，電気機械器具，一般機械器具が主要業種である。輸送機械器具と電気機械器具のシェアが2009年に著しく減少しているのは，リーマン・ショックの影響によるものと考えられる。

2-2　タイにおける外国直接投資

タイは，2012年に自動車生産台数が245万台に達し，世界第9位の生産国となった。自動車産業を中心とする基幹産業は，とくに外資企業による貢献が大きいことが特徴であるが，なかでも日本の貢献は大きい。外国資本によるタ

イへの直接投資動向についてみると、表5-2から明らかなように、タイにおける米国や中国からの直接投資のシェアが低下しているなかで、タイにおける日本からの直接投資のシェアは、2009年の41.5%から2012年には63.5%へと急上昇しているのは注目に値する。

タイにおける主要業種別対内直接投資についてみると、2009年から2012年にかけてタイへの直接投資が件数では2倍以上、金額ベースでは約4倍に急増していることが表5-3から明らかである。なかでも機械・金属加工と電気・電子機器の分野への直接投資が圧倒的に多い。これは、2011年後半にタイで発

表5-2 タイの国・地域別対内直接投資（認可ベース）

(単位：件，百万バーツ，%)

	2009年			2012年		
	件数	金額	構成比	件数	金額	構成比
日本	243	58,905	41.5	761	348,430	63.5
米国	37	25,591	18.0	49	17,890	3.3
中国	15	7,009	4.9	38	7,901	1.4
韓国	31	6,278	4.4	48	3,988	0.7
台湾	32	5,341	3.8	58	11,711	2.1
香港	14	1,001	0.7	33	12,884	2.3
シンガポール	49	14,699	10.3	103	19,418	3.5
マレーシア	25	6,389	4.5	37	7,739	1.4
欧州	135	16,210	11.4	167	33,253	6.1
全外国資本	614	142,077	100.0	1,357	548,954	100.0

(出所) ジェトロ「世界貿易投資報告」。

表5-3 タイの業種別対内直接投資（認可ベース）

(単位：件，百万バーツ，%)

	2009年			2012年		
	件数	金額	構成比	件数	金額	構成比
農林水産業・農水産加工	60	16,171	11.4	69	24,207	4.4
鉱業・セラミック	13	3,284	2.3	31	22,444	4.1
繊維・軽工業	48	5,612	3.9	69	21,998	4.0
機械・金属加工	157	44,424	31.3	452	191,625	34.9
電気・電子機器	108	37,624	26.5	261	122,213	22.3
化学・紙	63	15,438	10.9	183	65,116	11.9
サービス・インフラ	165	19,526	13.7	292	101,351	18.5
外国投資合計(その他含む)	614	142,077	100.0	1,357	548,954	100.0

(出所) ジェトロ「世界貿易投資報告」。

生した大洪水により，被災した企業が2012年の工場再建や機械の入れ替えなどを行ったことも直接投資が大幅に増加した一因となっている。

なお，タイ国内の自動車販売市場における日系メーカーが占める割合は9割と，消費市場の面でも日本企業の存在は大きい[6]。2011年のタイでの大洪水が日系企業のサプライチェーンに大きな影響を与えたことを考慮すれば，タイでの大洪水は日系企業にとってもタイの重要性が再認識された結果と判断できるのではないだろうか。

また，日本を中心とする外国企業にとってのタイ経済の優位性は，整備されたインフラ，優遇税制，充実した産業集積，親日的な国民性といったことがあげられる[7]。しかし，最低賃金の上昇などを背景にタイでの労働力不足からタイに進出した企業のなかにはタイ周辺国へ生産拠点を拡大する企業もでてきている。

したがって，産業集積が進んでいるタイで，物流や投資の拠点あるいはASEAN地域での総括拠点づくりが引き続き行われていると考えられる。

3. 日本の産業構造の変化と労働市場の変容

第1節では，とくにリーマン・ショック後の2009年から東日本大震災後の2012年にかけて，輸送機械は日本から米国への輸出が圧倒的に多く，日本と中国との間では一般機械と電気機器，日本と韓国との間では原料別製品と電気機器，そして日本と韓国，台湾，タイ，インドネシア，マレーシア，フィリピンとの間では，中間財である原料別製品，電気機器，一般機械の取引が多いという特徴が明らかになった。

このような第1節の分析結果にもとづいて，本節では，わが国の産業分野のなかでも製造業，なかでも電気機器，一般機械，輸送機械の分野でのアジアへのシフトが増加傾向にあるという仮説をもとに，3-1でわが国での産業構造の

---

6) ジェトロ「メコン地域越境物流の実態」2013年。
7) 同上。

変化と労働生産性との関係について，次に 3-2 でわが国の産業構造の変化と労働市場の変容との関連について考察する．

3-1　日本の産業構造の変化と労働生産性

　わが国経済において企業・産業活動がどのように労働生産性を高めてきたかに焦点をあてて分析されたものの一つに『労働経済白書』（2010 年版）がある．本白書では，1950 年代から 60 年代にかけての高度経済成長期から 2000 年代のわが国経済の産業別労働者構成が労働生産性に与える影響について，産業内生産性向上要因と労働者構成変化要因の二つに分けて分析している．ここで，それぞれの産業分野や企業の努力によって労働生産性を向上させる要因を産業内生産性向上要因，生産力の高い産業が雇用を増加させ産業分野として拡大することによって生産性を牽引する要因を労働者構成変化要因としている．これを図示したものが図 5-6 である[8]．わが国経済は，高度経済成長期は高い労働生産性の伸びに支えられて生産力が拡大したが，これは産業内生産性向上要因の拡大とともに労働者構成変化要因の拡大がみられたことによる．そしてそれは，日本の多くの産業・企業において，技術進歩や設備投資増強が取り組まれ，より大きな付加価値を創造するための生産力が高まるとともに，生産力の高い産業分野が雇用を拡大させ，産業・雇用構造がより生産力の高い状況へと移行したことによるとされる．

　しかし，1973 年の第一次石油危機を契機に高度経済成長は終焉し低成長時代を迎えると，労働生産性の伸びは鈍化したものの，1970 年代から 80 年代にかけて労働者構成変化要因はプラスである．これについては，生産力の高い産業分野の労働者構成が高まることで労働生産性を牽引する効果が認められたが，このことは労働生産性を牽引するリーディング産業が，生産力の面でも，また雇用の面でも，産業構造の転換を主導してきたことを示しているとされる．

8）　図 5-6 に関する説明は，『労働経済白書』（2010 年版）に依拠している．

図 5-6　産業別労働者構成が労働生産性に与える影響

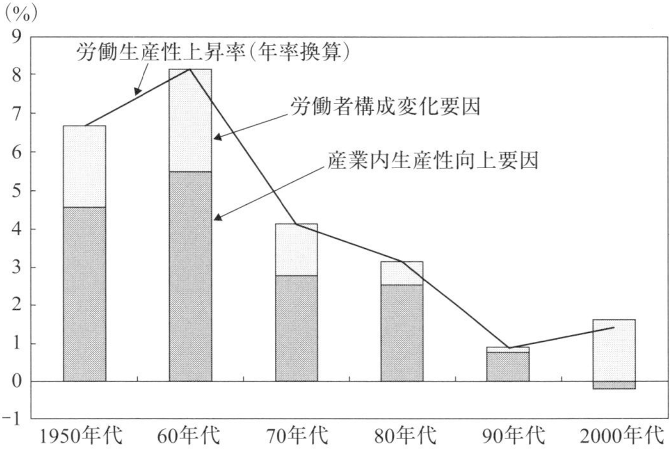

(注) 内閣府「国民経済計算」をもとに厚生労働省労働政策担当参事官室にて推計。
1. 計数は各期間の年率換算値であるが，1950 年代は 1955 年から 1960 年の間，2000 年代は 2000 年から 2008 年の間とした。
2. 労働生産性上昇率の要因分解は次式によるもの。

$$\frac{\Delta P}{P} = \frac{1}{P}\sum_i \left(P_i + \frac{1}{2}\Delta P_i\right)\cdot \Delta S_i + \frac{1}{P}\sum_i \left(S_i + \frac{1}{2}\Delta S_i\right)\cdot \Delta P_i$$

　　　　　　　労働者構成変化要因　　産業内生産性向上要因

P：労働生産性（$P = Y/L$）　Y：実質 GDP（$Y = \sum_j Y_j$）
L：就業者数（$L = \sum_i L_i$）　$P_i = Y_i/L_i$　$S_i = L_i/L$
(i = 産業大分類（製造業のみ中分類））

(出所)『労働経済白書』(2010 年版)。

　1990 年代になると，労働生産性の伸びは大きく鈍化し，労働者構成変化要因も大幅に縮小したことから，生産力の高い産業が雇用を増やし，産業構造の面で経済活動全体の生産力を牽引する動きが停滞したことになる。2000 年代に入ると，労働生産性の伸びは緩やかに回復しているが，労働者構成変化要因はマイナスの寄与となっていることから，生産力の高い産業分野が雇用を削減することにより労働生産性を高める一方，生産力が停滞する産業分野が，非正規雇用など不安定な就業を増やすことによって人件費を抑制しながら，事業を拡張してきたことを示している。この点について詳細に分析するために，労働生産性と就業者数との関係についてみる。

労働生産性上昇率が産業平均を上回る分野が労働生産性の牽引分野であり，そうした産業分野をリーディング産業とよぶ[9]。製造業は全体として労働生産性牽引分野であり，サービス業は労働生産性停滞分野であるといった視点から，製造業，卸売・小売業，サービス業の主要3大産業について，労働生産性と就業者の関係をみたものが図5-7-1である[10]。図5-7-1から明らかなように，製造業については，1970年頃までは労働生産性を高めながら，就業者の増加がみられたが，それ以降は，就業者数の伸びが鈍化し，1990年代以降は就業者数を減らしながら，労働生産性を高めていることが明らかである。卸売・小売業については，1990年代頃までは労働生産性を高めながら，就業者を増加させていたが，2000年代には就業者数を減少させ，わずかに労働生産性を高めている。一方，サービス業については，労働生産性の水準は低く，1980年代以降は労働生産性が停滞するもとで，就業者数は増加していることが明らかである[11]。

　つぎに，アジア通貨・金融危機（1997年）前の1995年から最近の2012年まで，全産業について労働生産性と就業者数について図示したものが図5-7-2で

---

9) 『労働経済白書』（2010年版）では，高度経済成長期から今日までのリーディング産業の展開について考察し，労働生産性上昇率の高い産業の変遷をみると，製造業の業種が常に上位を占めており，わが国における生産性の牽引産業は，製造業のなかから生み出されてきたとしている。具体的にみると，1950年代には，石油製品・石炭製品，パルプ・紙，化学などが高い労働生産性上昇率を示したが，1960年代には化学の伸びが高まり，精密機械や電気機械の労働生産性上昇率も高まり，1980年代以降は電気機械の労働生産性上昇率が特に高く，2000年代に入ると一般機械や輸送機械の労働生産性の上昇率も高まっているとしている。

　後述の図5-7-3は，アジア通貨・金融危機（1997年）前の1995年から2012年にかけて，製造業のなかの主要業種である一般機械，電気機械，輸送機械について労働生産性と就業者数との関係についてみたものであるが，電気機械の労働生産性が特に高いのは，就業者数を著しく減少させて高い労働生産性を実現していることが明らかである。

10) 図5-7-1に関する説明は，『労働経済白書』（2010年版）に依拠する。

11) 『労働経済白書』（2010年版）では，サービス業での雇用の増加は，非正規雇用によるものが多く，労働生産性の伸びが停滞するもとで，相対的に賃金コストが低い就業形態を用いながら，事業の拡張を行う傾向があるとしている。

　なお，産業別雇用形態別の雇用の変化については，3-2節で詳細に分析する。

図 5-7-1 就業者数と労働生産性の推移（1955 年～2008 年）

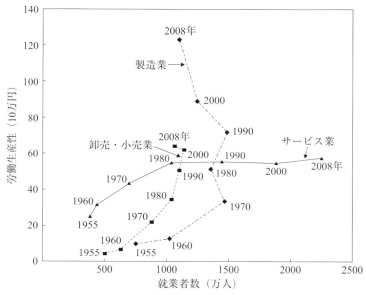

（出所）『労働経済白書』（2010 年版）。

ある[12]。金融・保険業や情報通信業については，1995 年から 2000 年にかけて就業者数は少ないままで労働生産性を高めているが，2000 年代以降は就業者数はほとんど変化なく，労働生産性が低下している。それに対して，同期間，運輸業は労働生産性も就業者数もほとんど変化なく，建設業は，就業者数が減少し，労働生産性がわずかに低下している。図 5-7-2 から，製造業，卸売・小売業，サービス業が主要三大産業であることが確認できる。とくに労働生産性の牽引産業である製造業は，就業者を大幅に減少させながら労働生産性を高めているので，つぎに製造業について詳細に考察する。

図 5-7-3 は，製造業のなかでも主要産業である一般機械，電気機械，輸送機械について，労働生産性と就業者数との関係をみたものである。図から明らか

---

12) 図 5-7-2 と図 5-7-3（後掲）は 2005 年基準であるために，図 5-7-1 とは基準年が異なることから，労働生産性の数字は厳密には一致しない。

104　第 2 部　実物経済編

図 5-7-2　就業者数と労働生産性の推移（1995 年〜2012 年）

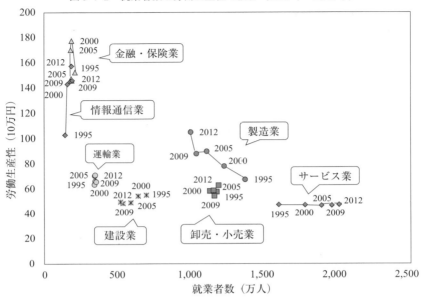

図 5-7-3　就業者数と労働生産性の推移（1995 年〜2012 年，製造業）

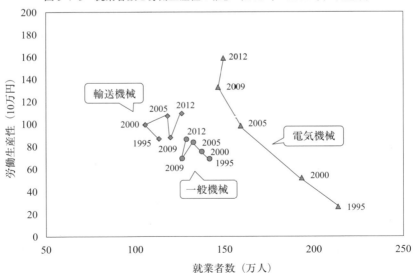

（出所）図 5-7-2 と図 5-7-3 は，内閣府「国民経済計算」をもとに作成。

なように，電気機械については，1995年から2009年まで著しく就業者を減らして労働生産性を高めているが，2009年から2012年にかけてはわずかに就業者を増加させながらも労働生産性を高めているのが特徴的である。それに対して一般機械は，1995年から2005年までは就業者数を減らして労働生産性を高めたが，リーマン・ショック後の2009年には就業者数を減らしながら労働生産は低下し，2012年にかけてはわずかに就業者数が増加し労働生産性が高まっている。一方，輸送機械については，1995年から2000年にかけては就業者数を減らして労働生産性を高めているが，2009年には一時的に労働生産性は低下しているもの，総じて就業者数を増やしながら労働生産性も高める傾向にあることが明らかである。

したがって，第2節で考察したように，リーマン・ショック後の2009年から東日本大震災後の2012年にかけて，日本とアジア各国・地域（とくに主要ASEAN諸国）との結びつきが強まった一般機械，電気機械，輸送機械のなかでも電気機械はわが国においては就業者数を減らして労働生産性を高めることによって国際競争力を強めるようなスタンスをとってきたと解釈できる。

3-2　日本における労働市場の変容

わが国の産業構造における主要産業別のシェアについてみると[13]，第1次産業，第2次産業，第3次産業の1995年のシェアはそれぞれ1.8%，30.4%，67.8%から，リーマン・ショック後の2009年にはそれぞれ1.2%，23.7%，75.2%へと第1次産業と第2次産業のシェアが低下し，第3次産業のシェアが増大した。そして，2012年には第2次産業のシェアは23.9%へとわずかに上昇し，第3次産業のシェアは74.9%とわずかに低下している。

さらに第2次産業のなかでも製造業，第3次産業のなかでは卸売・小売業とサービス業に焦点をあててみると，製造業のシェアは1995年（22.2%）以降低下傾向を示している。とくにリーマン・ショック後の2009年には製造業のシ

---

13)　データ出所は，内閣府「国民経済計算」である。

ェアは17.8%まで低下し，2010年には19.7%に上昇に転じたものの，再び低下傾向を示し，2012年には18.2%である。それに対して卸売・小売業のシェアは，1995年の14.9%から低下傾向を示し，2000年に13.6%まで低下したが，それ以降は上昇に転じ，2007年と2009年には13.7%まで低下したものの，2010年以降は上昇に転じ，2012年には14.5%まで上昇している。一方，サービス業のシェアは，1995年の16.0%から上昇傾向を示し，2009年に19.6%まで上昇したものの，2010年には19.1%まで低下したが，それ以降再び上昇に転じ，2012年には19.9%である。

したがって，製造業とサービス業のシェアはそれぞれ約2割を占め，卸売・小売業のシェアは15%を占めていることから，これらの3大産業がわが国の主要産業であることが明らかである。

図5-8-1は実質国内総生産の変化率を主要産業別にみたものであるが，いずれの産業も2009年にはリーマン・ショックの影響により生産量が大きく減少していることが明らかである。なかでも製造業については，1997年のアジア通貨・金融危機により1998年に生産量が大幅に減少しているが，2009年の生産量の落ち込みはそれよりもかなり大きい。そして2010年には製造業の生産は著しく回復したものの，2011年3月の東日本大震災と同年10月のタイでの大洪水の影響により再び生産が著しく減少したことが明らかである。

このような背景により，製造業のなかでもアジアとの結びつきの大きい一般機械，電気機械，輸送用機械の業種では，2009年から2012年にかけて大きく変化していることが図5-8-2から明らかである。なかでも2011年の東日本大震災とタイでの大洪水の影響により輸送用機械と電気機械の落ち込みは大きいが，2012年には輸送用機械の生産は上昇に転じているのに対して，電気機械と一般機械の生産は引き続き減少しているというように明暗を分けているのが特徴的である。

つぎに，わが国の主要産業である製造業，卸売・小売業，サービス業について，1997年から2012年にかけての雇用形態別の就業者数についてみると，図5-9-1と図5-9-2から明らかなように，製造業は正規の職員・従業員の割合が

第 5 章　産業の再配置とアジア経済　107

図 5-8-1　実質国内総生産の変化率（主要産業, 1995〜2012 年）

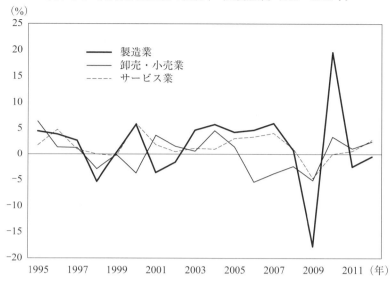

図 5-8-2　実質国内総生産の変化率（一般機械, 電気機械, 輸送用機械, 1995〜2012 年）

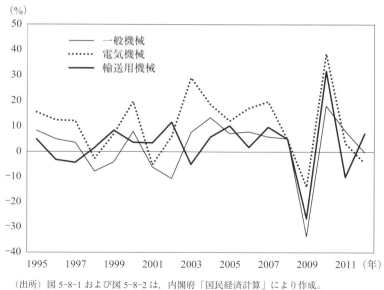

（出所）図 5-8-1 および図 5-8-2 は, 内閣府「国民経済計算」により作成。

108　第2部　実物経済編

図 5-9-1　産業別・雇用形態別就業者数

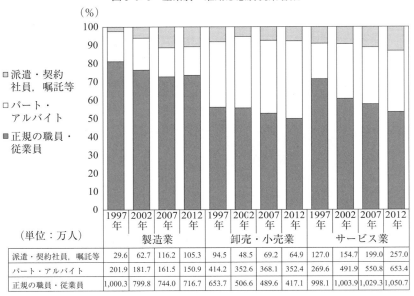

図 5-9-2　雇用形態別雇用の変化（主要産業）

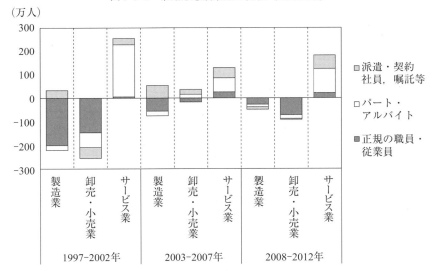

（出所）図 5-9-1 および図 5-9-2 は，総務省『就業構造基本調査』により作成。

多く，卸売・小売業は他の業種に比べてパート・アルバイトの割合が高いという特徴がある。そしていずれの業種も1997年以降正規の職員・従業員の割合を著しく減少させ，パート・アルバイトや派遣・契約社員，嘱託などの非正規雇用を増やして対応しているという共通の特徴がある。なかでもサービス業については非正規雇用を増やし続けているという特徴がみられる。

　以上の分析結果から，製造業は1990年代以降就業者数を減らして労働生産性を高めている一方，サービス業は1980年代以降労働生産性が低い水準のままで就業者数が増加しているが，製造業は正規の職員・従業員を大幅に減らして生産性を高めているのに対して，サービス業は非正規雇用を増加させて対応してきたことが労働生産性が上昇しなかった要因であるといえる。

　お わ り に

　リーマン・ショックに端を発する世界金融・経済危機後の2009年から東日本大震災後の2012年にかけて，わが国の産業構造や貿易構造がどのように変化したかを中心に考察した。貿易結合度指数等の指標を用いて分析した結果，とくに世界金融・経済危機後，わが国と東南アジア経済，なかでもタイ経済における製造業との結びつきが強くなったことが明らかになった。さらに詳細な分析を加えた結果，つぎのような結論が導き出された。

　日本と米国およびアジア各国・地域との貿易構造についてみると，日本の製造業の生産拠点が集積しているASEAN諸国のみならず，現地企業が日本から多くの中間財を調達する韓国，台湾，中国では比較的貿易の結びつきが強いという特徴がある。なかでもタイ，インドネシア，マレーシア，フィリピンといった主要ASEAN諸国は，リーマン・ショック後の2009年から東日本大震災後の2012年にかけて，世界全体のなかで相対的に日本との貿易の結びつきが強くなっていることが明らかになった。また，わが国との結びつきの強いこれらの国との間の商品別貿易構造についてさらに詳細にみると，日本から米国への輸送機械の輸出が圧倒的に多く，日本と中国との間は一般機械と電気機器，日本と韓国との間では原料別製品と電気機器，そして日本と韓国，台湾，タ

イ，インドネシア，マレーシア，フィリピンとの間では，原料別製品，電気機器，一般機械の貿易取引が多いという特徴があることが明らかになった。

2011年3月に東日本大震災が発生し，10月にはタイで大洪水が発生したことにより，日本の製造業は大打撃を蒙った。しかし，2012年には日本の製造業はさらにタイへの直接投資を増加し，タイを総括拠点とする動きが高まっている。

一方，わが国において製造業は，1997年以降，正規の職員・従業員を減少させて労働生産性を高めているが，サービス業はパート・アルバイト等の非正規雇用を増やして労働生産性は低水準のままであることが明らかになった。

今後，日本経済活性化のためには，生産力を牽引することができる企業など（とくに製造業）が，雇用の面でも産業構造の転換を主導し，経済全体の生産力を高めていくことが望まれる。そのためには産業と雇用の両面における高度化が実現できるようなシステムづくりが重要であると思われる。

参 考 文 献

D. H. Brooks and Eugenia C. Go, "Trade, Employment and inclusive Growth in Asia", in *Policy Priorities for International Trade and Jobs*, OECD, 2012.
IMF, *Direction of Trade Statistics*.
厚生労働省『労働経済白書』，2010年版，2013年版。
ジェトロ『世界貿易投資報告』，2011年版，2013年版。
ジェトロ「メコン地域越境物流の実態」2013年。
ジェトロ「アジアにおける産業集積の新しい動向」。
内閣府「国民経済計算」。
日本関税協会『外国貿易概況』，2009年12月，2012年12月。
台湾財務省「台湾貿易統計」。

〈付記〉
　本研究は，科学研究費補助金基盤研究(C)研究課題「生産拠点としてのタイと日本の戦略～アジアの大物流センター構想～」（平成23年度～平成25年度，課題番号 23530350）の研究成果の一部である。

第 6 章

労働力の国際流動性と経済効率
——J. Stiglitz による分析をもとにして——

はじめに

　先進工業諸国から開発途上国への工場建設などの生産能力を増大させるような長期資本移動は開発途上国の経済発展において必要不可欠なものであり，急速な経済発展のための重要な源泉とみなされてきた。それ故に IMF も積極的に国際間の資本移動を推奨していたのである。しかしながら，グローバル社会の拡大を背景として国際間での短期的な投機的資本移動が急速に活発となった。そして脆弱な金融システム状態の開発途上国に対する巨額の短期的，一時的な投機的資本流入は，アジア通貨危機のような経済危機を生じさせ，開発途上国経済を混乱に陥れることとなったのである。

　また同時に，長期の国際資本移動と同様に国際間の労働移動も次第に規模を拡大しつつある。フィリピンの輸出最大品目は「人（出稼ぎ労働者）」であり，毎年約 200 万人（2012 年）が出稼ぎのために出国している。海外で働いているフィリピン出稼ぎ労働者は 800 万人を超えるといわれており，人口 9,586 万人のフィリピン人の 10 人に 1 人が海外で働いているという計算になるのである[1]。

　これに対して少子高齢化を迎える先進国では，労働力不足を補うためにます

ます開発途上国からの積極的な労働移動（出稼ぎ労働者）を流入させようとしているのである。

　J. Stiglitz は，『フェアトレード―格差を生まない経済システム―』（2007）の第 8 章「どのように市場を開放するか」のなかで「未熟練労働者の流動性を促進する政策が世界の効率の向上にもっとも役立つことになる[2]。」と主張し，積極的な労働移動を支持している。J. Stiglitz は，GATS[3]（サービス貿易に関する一般協定）におけるサービス貿易の 4 つの形態の中で貿易交渉の点で際立って関心が低い第 4 モードである「自然人の一般的な移動」がもっとも世界の経済効率の向上に役立つとし，その根拠として以下のように述べている。

　「国によって要素所得に差があるという事実は，要素の移動が世界の生産性を大幅に向上させる証拠である。要素所得が限界生産物とおなじであれば[4]，最大の差は，未熟練労働者の所得にあり，つぎに熟練労働者の所得，最後に資本にある。したがって，未熟練労働者の流動性を促進する協定は，世界の効率

1）　したがって，多数の在外フィリピン人が母国に送金する金額も莫大なものとなっており，2009 年のフィリピンに送金された労働者送金額は約 174 億ドルとなっている。この金額はフィリピンの GDP（1,683 億ドル）の約 1 割に相当しているのである。参考文献③ JETRO（日本貿易振興機構 HP）。
2）　参考文献① 138 ページ。
3）　GATS（General Agreement on Trade in Services）とは，1994 年に作成された「世界貿易機関を設立するマラケッシュ協定（以下 WTO 協定）」の一部であり，サービス貿易の障害となる政府規制を対象とした初めての多国間国際協定。前文，本文，8 個の「附属書」および各国の「約束表」からなる。
　　GATS の対象となる範囲は，①政府の権限の行使として提供されるサービス（例：国営独占の場合の電力，水道事業等）以外のすべての分野におけるサービス。②ウルグアイ・ラウンドにおいて，GATT 事務局がサービス分野の分類表（W／120）を作成。そのなかでサービス分野は 12 分野（実務，通信，建設・エンジニアリング，流通，教育，環境，金融，健康・社会事業，観光，娯楽，運送，その他）に分類されている（参考資料：WTO 事務局のサービス分類，又は WTO 事務局のサービス分類の詳細）。
　　GATS 上では，4 つの形態（モード）での取引を「サービス貿易」と定義。各国はこの 4 つのモード別に自由化約束を行っている。
4）　「そうでない場合もある。市場の不完全性の程度が違えば，要素価格と価値限界生産性の違いは，国によって異なる可能性がある。」参考文献① 139 ページ（注 1）。

の向上にもっとも役立つことになる[5]。」

　本章においては，この J. Stiglitz の主張の経済的な意義を考察するために，国際間の労働移動と経済効率への関係について考える。

　1. においては，GATS（サービス貿易に関する一般協定）におけるサービス貿易の4つの形態について説明し，労働生産性格差の大きい開発途上国と生産性格差が相対的に少ない先進国の労働市場において未熟練労働者と熟練労働者が先進国に移動（出稼ぎ）した場合の開発途上国と先進国のそれぞれの労働市場における変化について説明をおこなう。

　2. においては，開発途上国の未熟練労働者と熟練労働者が先進国でそれぞれ未熟練産業と熟練産業に従事した場合の開発途上国と先進国における経済効果について社会的余剰分析の観点から分析をおこなう。

　つぎに開発途上国の熟練労働者が先進国の未熟練産業に従事した場合の開発途上国と先進国の経済効果について社会的余剰分析の観点から分析をおこなう。そして，J. Stiglitz の主張に対して，本来，新古典派経済学的な経済効果分析についての非対称性によって，新古典派経済学の資本分析の限界だけではなく同様に労働移動の効果に対する分析の限界についても課題があることを貿易と経済成長の観点から指摘する。

　拙著「国際間生産要素移動に関する一考察」（2006）[6]において，労働は「完全移民」の場合と一時的な「出稼ぎ労働」の場合において経済効果に大きく差があると説明をおこなったが，「出稼ぎ労働」の場合も未熟練労働者と熟練労働者が労働移動する場合には，それぞれ経済効果は異なるのである。しかも，J. Stiglitz が主張しているように，「自然人の一般的な移動」がもっとも世界の効率の向上に役立ち，とくに，未熟練労働者の流動性を促進する協定が世界の経済効率の向上にもっとも役立つことになるとは限らないことについて考察をおこなうものである。

---

5)　参考文献① 139 ページ。
6)　拙著「国際間生産要素移動に関する一考察」，中央大学経済学論纂　第46号第1・2合併号。

1. 労働力の流動性における未熟練労働者と熟練労働者

1-1　GATS（General Agreement on Trade in Services：サービスの貿易に関する一般協定）におけるサービス貿易の4つの形態

　本節においては，J. Stiglitz が『フェアトレード―格差を生まない経済システム―』(2007) の第8章「どのように市場を開放するか」の中で主張している，「未熟練労働者の流動性を促進する政策が世界の経済効率の向上にもっとも役立つことになる[7]。」という点について考察をおこなう。

　GATS（サービス貿易に関する一般協定）では，サービス貿易を表6-1のように4つの形態で認識している[8]。

　J. Stiglitz は，この4つの形態の中で貿易交渉の点で際立って関心が低い第4モードである「自然人の一般的な移動」がもっとも世界の経済効率の向上に役立つと述べている。

「国によって要素所得に差があるという事実は，要素の移動が世界の生産性を大幅に向上させる証拠である。要素所得が限界生産物とおなじであれば[9]，最大の差は，未熟練労働者の所得にあり，つぎに熟練労働者の所得，最後に資本にある。したがって，未熟練労働者の流動性を促進する協定は，世界の効率の向上にもっとも役立つことになる[10]。」

　この J. Stiglitz の文章は，つぎの式で表されると考えられる。

---

[7]　参考文献① 138ページ。

[8]　GATSでは，2000年以降にさらなる自由化の交渉をおこなうことが定められており（ビルトイン・アジェンダ），現在，WTOのサービス貿易理事会において交渉がおこなわれている。

[9]　「そうでない場合もある。市場の不完全性の程度が違えば，要素価格と価値限界生産性の違いは，国によって異なる可能性がある。」参考文献① 139ページ（注1）。

[10]　参考文献① 139ページ。

第6章 労働力の国際流動性と経済効率

表6-1 サービス貿易の4態様

態様	内容	典型例	典型例のイメージ図
1. 国境を越え取引 (第1モード)	いずれかの加盟国の領域から他の加盟国の領域へのサービス提供	・電話で外国のコンサルタントを利用する場合 ・外国のカタログ通信販売を利用する場合	消費国: 消費者 ▲ ←---- ● 提供者 :提供国
2. 海外における消費 (第2モード)	いずれかの加盟国の領域内におけるサービスの提供であって、他の加盟国のサービス消費者に対して行われるもの	・外国の会議施設を使って会議を行う場合 ・外国で船舶・航空機などの修理をする場合	消費国: 消費者 △ ----→ 提供者 ● :提供国
3. 業務上の拠点を通じてサービス提供 (第3モード)	いずれかの加盟国のサービス提供者によるサービスの提供であって、他の加盟国の領域内の業務上の拠点を通じて行われるもの	・海外支店を通じた金融サービス ・海外現地法人が提供する流通・運輸サービスなど	消費国: 消費者 ▲ ←---- ■ 拠点 :提供国
4. 自然人の移動によってサービス提供 (第4モード)	いずれかの加盟国のサービス提供者によるサービスの提供であって、他の加盟国の領域内の自然人の存在を通じて行われるもの	・招聘外国人アーチストによる娯楽サービス ・外国人技師の短期滞在による保守・修理サービスなど	消費国: 消費者 ▲ ←---- ◆ [◇ 自然人 ● 提供者] :提供国

(注) イメージ図の記号 ●○□◇ : 移動前, ▲ : サービス提供者, ▲ : サービス消費者, ■ : 業務上の拠点, ◆ : 自然人
○△□◇ : 移動前, ──── : 移動, ──── : サービス提供, ------ : 拠点の設置
(出所) 外務省ホームページ,「サービスの貿易に関する一般協定(GATS)の解説」より抜粋・加工。

$$\frac{\partial F}{\partial L} = F_L = \frac{W}{P} \qquad \frac{\partial F}{\partial K} = F_K = \frac{R}{P}$$

$$\frac{w_n}{w_n^*} > \frac{w_p}{w_p^*} > \frac{r}{r^*} \tag{5-1}$$

企業の利潤極大条件より,労働 L の限界生産力 $F_L \left(= \frac{\partial F}{\partial L}\right)$ は実質賃金率 w

$\left(=\dfrac{W}{P}\right)$ と等しく,資本 K の限界生産力 $F_K\left(=\dfrac{\partial F}{\partial K}\right)$ は実質レンタル・プライス $r\left(=\dfrac{R}{P}\right)$ と等しくなっている。ここで,W は名目賃金率,R は名目レンタル・プライス,P は生産物価格である。

本章では,J. Stiglitz の主張を考察するために,先進国と開発途上国のそれぞれの国内において未熟練労働者と熟練労働者の二種類の労働者が存在し,賃金率も異なると想定する。

したがって,J. Stiglitz の主張によれば,先進国と開発途上国の賃金率格差とレンタル・プライスの格差の大小関係は（5-1）のように示されるのである[11]。

ここで,w_n は先進国の未熟練労働者の実質賃金,w_n^* は開発途上国の未熟練労働者の実質賃金,w_p は先進国の熟練労働者の実質賃金,w_p^* は開発途上国の熟練労働者の実質賃金,r は先進国の実質レンタル・プライス,r^* は開発途上国の実質レンタル・プライスである。

J. Stiglitz は,これまでのサービス貿易の改革は熟練労働者の企業内移動に伴うものが大半であり,先進国の利益となる事柄にすぎないとしている。低・中位熟練者の労働集約的サービスを比較優位とする開発途上国がその比較優位となる低・中位熟練者を輸出（出稼ぎ）することによって世界の経済効率性上昇に貢献することになり,しかも出稼ぎ（海外）労働者から開発途上国の家族に向けて送金される資金移転が簡単で安全に行われるようになれば,「流動性に制約がある途上国は送金を裏付けとする債券をさらに開発することによって,将来の送金を担保に,外部資金を低コストで調達できる可能性がある[12]。」[13]と主張しているのである。

---

11) J. Stiglitz は「所得格差は事実である」として,その原因については触れていない。
12) 「2001 年,ブラジル銀行は,日本で働くブラジル人労働者からの将来の円の送金を担保として,三億ドルの債権をメリルリンチから発行した。発行条件は,ほかのソブリン債に比べて有利であった。(S&P の格付けは BBB プラス格。これに対して外貨建てブラジル政府債の格付けは,BB マイナス格であった)。送金の証券化に対する概論は,Ketkar and Ratha［2001］を参照。」参考文献① 139 ページ（注 3）。
13) 参考文献① 139 ページ。

この根拠となった，『危機の期間における開発金融：将来の受け取りに対する証券化[14]』（Suhas Ketkar and Dilip Ratha［2001］）では，実行の摘要（Executive Summary）としてつぎのように説明している。

「流動性危機の間，途上国は対外金融を増やすための革新的な方法を必要としていた。この調査・研究は（将来のフロー受け取りの資産を背景（担保）とした証券化）のようなメカニズムの1つに焦点を当てる。そのようなメカニズムはソブリン・シーリング[15]を避け，それ故，借り入れの費用を減らす新しい（債券）発行において証券化する機関の信用格付けの方法を提供する。

最初の将来のフロー証券化取引は1987年メキシコのTelmexによって着手されて以来，主要な信用格付け機関は，1999年末までに総額473億ドル，200以上の取引について評価した。…（中略）…最近では，クレジットカードや電信受け取り，労働者の送金，税の受け取り，そして新しい投資プロジェクトの発展によって生じる輸出の受け取りでさえ，証券化されている。」

以上の内容から，次の2つの疑問が生じるのである。まず第1に，J. Stiglitzは開発途上国から先進国への労働移動を活発化させることは世界の経済効率性を高めるとし，特に未熟練労働の流動性の促進を推奨しているが，開発途上国から先進国に労働移動を行うことによって世界の経済効率性が高まるのか。さらに熟練労働者よりも未熟練労働者が出稼ぎに行くほうがより世界の経済効率性を高めるのかという点である。

第2にJ. Stiglitzは，出稼ぎ（海外）労働者が自国（開発途上国）に労働者の送金のような将来の受け取りに対して証券化することは問題がないのかという点である。

以下では，第1の疑問である「開発途上国から先進国への労働移動を活発化させることは世界の経済効率性を高めるのか。さらに熟練労働者よりも未熟練労働者が出稼ぎに行くほうがより世界の経済効率性を高めるのか」という点に

---

14) 参考文献②
15) ソブリン債券とは，政府や政府機関が発行する債券の総称であり，ソブリン・シーリングとは，社債の格付けが発行国の格付け（長期格付け）を上限とすること。

ついて分析をおこなうこととする。

1-2 未熟練労働者と熟練労働者による労働移動の比較

以下では，労働生産性格差の大きい開発途上国と生産性格差が相対的に少ない先進国の労働市場において未熟練労働者と熟練労働者が先進国に移動（出稼ぎ）した場合の開発途上国と先進国のそれぞれの労働市場における変化について説明を行う。

先述したように，J. Stiglitzは，『フェアトレード―格差を生まない経済システム―』（2007）の中で「所得格差は事実である」と述べているが，その原因については触れていないのである。所得格差，すなわち生産性格差の生じる原因としては，①「教育格差や人種差別などの社会的・制度的要因などによる技術力の差」があげられる。開発途上国の場合にはとくにこのような原因によって大きな所得格差が生じると考えられる。あるいは，②「熟練労働者に対する需要が少ないことから国内の熟練労働者の一部が未熟練労働者として未熟練産業に従事しなければならない」というケースがあげられる。このような状況にある開発途上国の場合には，熟練労働者は自国内の未熟練労働市場で未熟練労働者として働くか，ほとんどの場合，海外へ出稼ぎに行くことになるのである。これに対して先進国の場合には，国内の熟練労働市場において超過供給が発生し，一部の熟練労働者が未熟練労働市場へと移動しているため，開発途上国から先進国への熟練産業に対する流入（労働移動）は生じないのである[16]。したがって，本章では，所得格差が生じている原因については，①「社会的・制度的要因などによる教育格差や人種差別によって生じる技術力の差」であるとして考察を行い，開発途上国ではこのような要因による所得格差が大きいが，先進国ではこのような所得格差はわずかであると想定して分析を行う。

図6-1は発展途上国の労働市場を生産性格差で表したものである。縦軸を熟

---

16) 開発途上国の熟練労働者が先進国の未熟練労働市場へ移動する可能性は考えられる。

第 6 章　労働力の国際流動性と経済効率　119

図 6-1　開発途上国の労働市場（労働生産性格差が大きい状態）

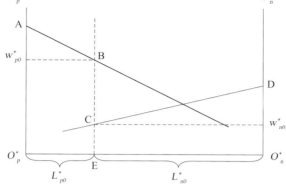

練労働者の賃金率 w_p^* と未熟練労働者の賃金率 w_n^* とし，横軸をそれぞれの市場で雇用される労働者数（L_nは先進国の未熟練労働者，L_pは先進国の熟練労働者，L_n^*は開発途上国の未熟練労働者，L_p^*は開発途上国の熟練労働者）とすると，熟練労働者の賃金は率 w_{p0}^*，未熟練労働者の賃金率は w_{n0}^* であり，賃金率（所得）格差は BC の幅で表される。熟練市場の雇用者数 L_{p0}^* は O_p^*E，熟練市場の雇用者数 L_{n0}^* は O_n^*E の幅で表される。

同様に図 6-2 は先進国の労働市場を生産性格差で表したものである。縦軸を熟練労働者の賃金率 w_p と未熟練労働者の賃金率 w_n とし，横軸をそれぞれの市

図 6-2　先進国の労働市場（労働生産性格差が小さい状態）

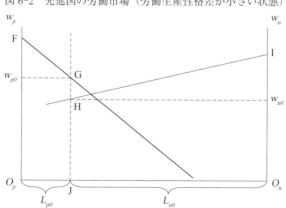

場で雇用される労働者数とすると，熟練労働者の賃金率は w_{p0}，未熟練労働者の賃金率は w_{n0} であり，賃金率（所得）格差は GH の幅で表される。熟練市場の雇用者数 L_{p0} は O_pJ，熟練市場の雇用者数 L_{n0} は O_nJ の幅で表される。

図 6-1 と図 6-2 より明らかなように，開発途上国と先進国の賃金率は以下の (5-2) 式のような関係にあるとする。

$$\frac{w_p^*}{w_n^*} > \frac{w_p}{w_n}, \quad w_p > w_n > w_p^* > w_n^* \tag{5-2}$$

次に開発途上国の未熟練労働者と熟練労働者が先進国に流出した場合，開発途上国内の労働市場で発生する変化はそれぞれ図 6-3，図 6-4 のように表される。

図 6-3，図 6-4 から明らかなように，未熟練労働者が先進国に流出した場合には，開発途上国の未熟練労働市場において賃金率が w_{n0}^* から w_{n1}^* へと上昇し，賃金率（所得）格差が BC から BC′ へと縮小するが，熟練労働者が先進国に流出した場合には，開発途上国の熟練労働市場において賃金率が w_{p0}^* から w_{p1}^* へと上昇し，賃金率（所得）格差が BC から B′C へと拡大するのである。

一方，開発途上国の未熟練労働者と熟練労働者が先進国に流出した場合，先進国内の労働市場で発生する変化はそれぞれ図 6-5，図 6-6 のように表される。

図 6-3　開発途上国の未熟練労働者が先進国に移動した場合（開発途上国）

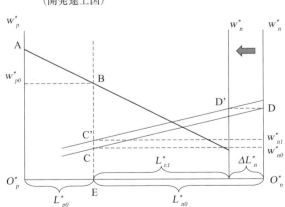

図 6-4　開発途上国の熟練労働者が先進国に移動した場合
　　　　（開発途上国）

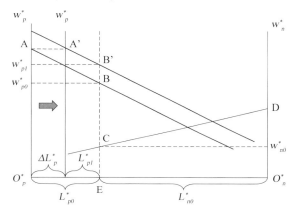

　図 6-5，図 6-6 から明らかなように，未熟練労働者が先進国に流出し，先進国の未熟練産業に従事した場合には，先進国の未熟練労働市場において賃金率が w_{n0} から w_{n1} へと下落し，賃金率（所得）格差が GH から GH′ へと拡大する。これに対して，熟練労働者が先進国に流出し，先進国の熟練産業に従事した場合には，先進国の熟練労働市場において賃金率が w_{p0} から w_{p1} へと下落し，賃金率（所得）格差が GH から G′H へと縮小するのである。

図 6-5　開発途上国の未熟練労働者が先進国に移動した場合
　　　　（先進国）

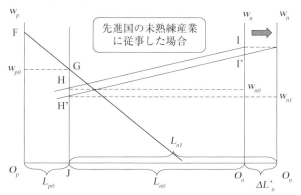

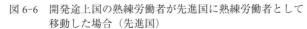

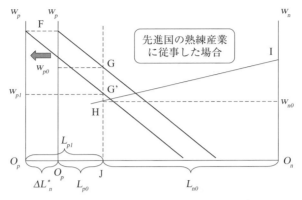

以上のことから，開発途上国から先進国に労働移動が行われる場合に，未熟練労働者が移動した場合には，開発途上国の賃金率（所得）格差は縮小するが，熟練労働者が移動した場合には，賃金率（所得）格差は拡大することになるのである。これに対して，先進国では，未熟練労働者が流入した場合には賃金率（所得）格差は拡大するが，熟練労働者が流入した場合には賃金率（所得）格差は縮小することになるのである。

2. 労働力の流動性による経済効率の比較

2-1 労働移動による開発途上国の経済効果（社会的余剰の変化）

以下では，開発途上国の未熟練労働者と熟練労働者が先進国に移動（出稼ぎ）した場合に開発途上国と先進国のそれぞれの労働市場における変化について余剰概念を用いて説明をおこなう。

図6-7は開発途上国の未熟練労働者が先進国に移動（出稼ぎ）した場合の開発途上国の社会的余剰の変化を表したものであり，図6-8は開発途上国の熟練労働者が先進国の熟練労働市場に移動（出稼ぎ）した場合の開発途上国の社会的余剰の変化を表したものである。

国内の労働者数の減少による余剰の減少分以上に，国内の賃金率の上昇と出

第6章　労働力の国際流動性と経済効率　123

図6-7　開発途上国の未熟練労働者が先進国に移動した場合
社会的余剰の変化（途上国）

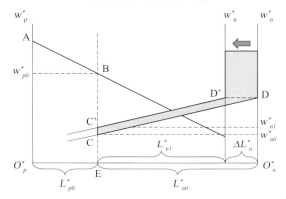

図6-8　開発途上国の熟練労働者が先進国に熟練労働者と
して移動した場合　社会的余剰の変化（途上国）

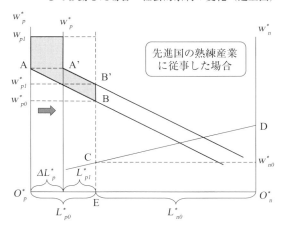

稼ぎに行った労働者からの送金による余剰の増加分の合計が上回るため、開発途上国の未熟練労働者が先進国の未熟練産業に移動（出稼ぎ）しても、熟練労働者が先進国の熟練産業に移動（出稼ぎ）しても、開発途上国の社会的余剰は増大すると考えられるのである。社会的余剰の増加分は図6-7と図6-8のそれぞれ網かけの部分の面積で表される。

　未熟練労働者と熟練労働者の移動のどちらが社会的余剰の増加をもたらすか

については単純に判断することは困難である。しかしながら，開発途上国では通常，労働市場において絶対的に未熟練労働者数のほうが多いため，当然，余剰労働は未熟練労働者のほうが多く，海外移動（出稼ぎ）する割合も熟練労働者よりも未熟練労働者のほうが高いと考えられるのである。さらにJ. Stiglitzが想定したように，

$$\frac{w_p^*}{w_n^*} > \frac{w_p}{w_n}, \quad w_p > w_n > w_p^* > w_n^* \qquad (5\text{-}2)$$

の関係が成立し，自国と外国との賃金率格差が大きければ大きいほど，熟練労働者よりも未熟練労働者が海外移動（出稼ぎ）したほうが社会的余剰は大きくなると推測されるのである。

図6-9は開発途上国の熟練労働者が先進国に移動（出稼ぎ）し，先進国の未熟練労働者として従事した場合の開発途上国の社会的余剰の変化を表したものである。国内の労働者数の減少による余剰の減少分以上に，国内の賃金率の上昇と出稼ぎに行った労働者からの送金による余剰の増加分の合計が上回るため，開発途上国の熟練労働者が先進国の未熟練産業に移動（出稼ぎ）しても，社会的余剰は増大すると考えられる。しかしながら，開発途上国の熟練労働者

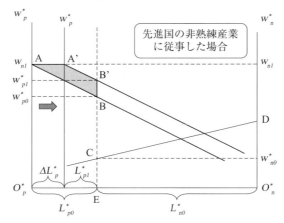

図6-9　開発途上国の熟練労働者が先進国に未熟練労働者として移動した場合　社会的余剰の変化（開発途上国）

が先進国の熟練労働産業に従事した場合の開発途上国の社会的余剰の増加を示した図 6-8 と比較すると，明らかに社会的余剰の増加は少なくなっている。

2-2 労働移動による先進国の経済効果（社会的余剰の変化）

以下では，開発途上国の熟練労働者および未熟練労働者が先進国に移動（出稼ぎ）として従事した場合の先進国の社会的余剰の変化について説明をおこなう。

図 6-10 は開発途上国の未熟練労働者が先進国の未熟練労働市場に移動（出稼ぎ）した場合の先進国の社会的余剰の変化を表したものである。

図 6-10 のように，発展途上国の未熟練労働者が先進国の未熟練労働市場に移動（出稼ぎ）した場合の先進国の社会的余剰の変化は，未熟練労働産業に従事する労働者の増加による社会的余剰の増加に対して，未熟練産業の賃金低下による社会的余剰の減少と出稼ぎ労働者が本国に送金する分の社会的余剰の減少の合計のどちらが大きくなるかという事については不明である。（図 6-10 においては社会的余剰の増加分を網かけの面積（＋）で表し[17]，社会的余剰の減少分を網

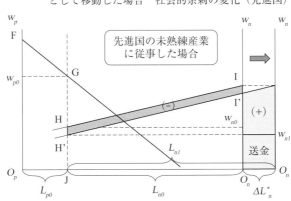

図 6-10　開発途上国の未熟練労働者が先進国に未熟練労働者として移動した場合　社会的余剰の変化（先進国）

---

17) 網かけの面積（＋）で表した社会的余剰の増加分は，未熟練労働産業に従事する労働者の増加による社会的余剰の増加分から出稼ぎ労働者が本国に送金する分を除いたものである。

かけの面積（−）で表している。）

図6-11は開発途上国の熟練労働者が先進国の熟練労働市場に移動（出稼ぎ）した場合の先進国の社会的余剰の変化を表したものである。

図6-11のように，開発途上国の熟練労働者が先進国の熟練労働市場に移動（出稼ぎ）した場合の先進国の社会的余剰の変化は，熟練労働産業に従事する労働者の増加による社会的余剰の増加に対して，熟練産業の賃金低下による社会的余剰の減少と出稼ぎ労働者が本国に送金する分の社会的余剰の減少の合計のどちらが大きくなるかという事については不明である。（図6-11においては社会的余剰の増加分を網かけの面積（＋）で表し，社会的余剰の減少分を網かけの面積（−）で表している。）

図6-12は開発途上国の熟練労働者が先進国の未熟練労働市場に移動（出稼ぎ）した場合の先進国の社会的余剰の変化を表したものである。

図6-12のように，開発途上国の熟練労働者が先進国の未熟練労働市場に移動（出稼ぎ）した場合の先進国の社会的余剰の変化は，未熟練労働産業に従事する労働者の増加による社会的余剰の増加に対して，未熟練産業の賃金低下による社会的余剰の減少と出稼ぎ労働者が本国に送金する分の社会的余剰の減少の合計のどちらが大きくなるかという事については不明である。（図6-12にお

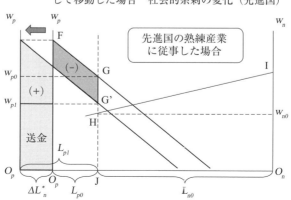

図6-11　開発途上国の熟練労働者が先進国に熟練労働者として移動した場合　社会的余剰の変化（先進国）

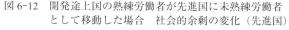

図6-12 開発途上国の熟練労働者が先進国に未熟練労働者
として移動した場合　社会的余剰の変化（先進国）

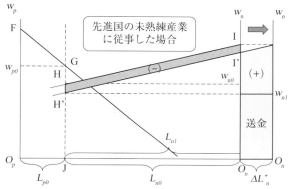

いては社会的余剰の増加分を網かけの面積（＋）で表し，社会的余剰の減少分を網かけの面積（－）で表している。）

したがって，先進国の場合には，海外からの労働（出稼ぎ）が移動した場合には，未熟練産業であっても熟練産業であっても必ずしも社会的総余剰が増加するとは限らず，減少する可能性があるのである。

2-3　J. Stiglitz の主張に対する若干の考察（労働サービスの積極的移動について）

J. Stiglitz が主張するように，開発途上国の未熟練労働者を積極的に先進国へ移動（出稼ぎ）させることにより，開発途上国の賃金率（所得）格差は縮小し，開発途上国の社会的余剰についても増大することが新古典派経済学の手法によるモデル分析によって説明されるため，J. Stiglitz の主張は妥当であるかのように思われる。

しかしながら，このような短期的分析ではなく，開発途上国の経済成長という長期的・分析的観点から考えると別の理論が導出されるのである。経済成長の要因である，①貯蓄の増加に伴う投資の増加，とそれゆえに，②資本ストックの増大，そして，③労働人口の増加，④技術進歩，において海外への労働力

移動は，とくに自然成長率 $G_W = n + \lambda$ を構成する人口成長率（労働力人口の増加率）n と技術進歩率 λ の低下をもたらすため，長期的には発展途上国の経済成長を低下させるということになるのである．

以上の分析は次のように説明することができるだろう．労働者は日々の労働を通じて自らの技術力をさらに向上させてより高い収入を得ようと努力する．企業はそのような労働者を教育して企業の利潤をさらに増大させるように行動する[18]．そのような企業の存在が雇用を拡大させて経済を発展させることなどを考慮するとき，J. Stiglitz が説明するような一時的な，しかも技術の習得が期待できないような非熟練労働者の海外移動は，一時的には所得の獲得に貢献すると考えられるが，それは開発途上国の経済にとって長期的には生産性の向上が望めない，現状維持の経済活動でしかないのである．国は投資による資本蓄積以上に，労働者に対しても労働者を人的資本として位置づけ，企業においても，国においても，教育投資に対して仕事を通じて実現していかなければならないのである．

また，先進国の場合においても，海外からの未熟練労働者が流入した場合には，国内の賃金率（所得）格差は拡大することになり，先進国の社会的余剰については必ずしも社会的総余剰が増加するとは限らず，減少する可能性すらあるのである．

本来，国際貿易論の基本的考え方は，「本源的生産要素（資本と労働）を移動させること無く，貿易によってより効率的な資源配分を実現させ，所得格差を是正する」ことである．これに対して，今日の世界のグローバル化・ボーダー

---

18) 企業による労働者教育としては，OJT（On the Job Training）や OffJT（Off the Job Training）があげられる．OJT とは，実務経験を積む事によって業務上必要とされる知識や技術を身につけるトレーニング方法である．業務遂行上に必要な技術や能力を現場の上司が実際に作業をすることによって伝えていき，それを見た従業員が試行錯誤を繰り返しながら自分の技術，能力として身につけていく訓練方法である．一方，OffJT は，社外での研修などによる技術や業務遂行に関わる能力のトレーニングである．OffJT では実務経験を積む職場からは離れ，外部の講師などからトレーニングを受けるもので，基本的には，実務的なものというよりは一般化された技能や知識についての教育である．

レス化による国際間の短期資本移動や労働移動は，それぞれの国内経済において有効需要の制約が存在し，そのため資本の不完全利用が生じているというケインズ経済学的な分析方法によって説明する場合には，「効率的な資源配分を実現させ，所得格差を是正する」ことは実現不可能なだけではなく，開発途上国の長期的な経済成長を妨げることになるのである。

おわりに

本章では，J. Stiglitz の「未熟練労働者の流動性を促進する政策が世界の効率の向上にもっとも役立つことになる。」という積極的な国際間の労働移動の推進する主張に対して，開発途上国と先進国の経済効率の関係について社会的余剰分析の観点から考察をおこなった。

国内には未熟練労働者と熟練労働者の 2 種類の労働者が存在すると仮定し，開発途上国の未熟練労働者と熟練労働者がそれぞれ先進国に移動（出稼ぎ）した場合の賃金率（所得）格差については，未熟練労働者が先進国の未熟練労働者として移動（出稼ぎ）した場合には，開発途上国の賃金率（所得）格差は縮小するが，熟練労働者が先進国の熟練労働者として移動（出稼ぎ）した場合には，賃金率（所得）格差は拡大することになるのである。これに対して，先進国では，未熟練労働者が流入した場合には賃金率（所得）格差は拡大するが，熟練労働者が流入した場合には賃金率（所得）格差は縮小することになるのである。

そして，移動（出稼ぎ）によって生じる開発途上国と先進国の社会的余剰の変化について考察すると，開発途上国の労働者が先進国に移動（出稼ぎ）した場合の開発途上国の社会的余剰の変化については，開発途上国内の労働者数の減少による余剰の減少分以上に，国内の賃金率の上昇と出稼ぎに行った労働者からの送金による余剰の増加分の合計が上回るため，開発途上国の未熟練労働者が先進国の未熟練産業に移動（出稼ぎ）しても，熟練労働者が先進国の熟練産業に移動（出稼ぎ）しても，開発途上国の社会的余剰は増大すると考えられるのである。

未熟練労働者と熟練労働者の移動のどちらが社会的余剰の増加をもたらすかについては単純に判断することは困難であるが，開発途上国では通常，労働市場において絶対的に未熟練労働者数のほうが多いため，当然，余剰労働は未熟練労働者のほうが多く，移動（出稼ぎ）する割合も熟練労働者よりも未熟練労働者のほうが高いと考えられるのである。しかも J. Stiglitz が想定したように，自国と外国との賃金率（所得）格差が大きければ大きいほど，熟練労働者よりも未熟練労働者が移動（出稼ぎ）した方が社会的余剰は大きくなると推測されるのである。

　また，開発途上国の熟練労働者が先進国の未熟練労働者として従事した場合の開発途上国の社会的余剰についても，国内の労働者数の減少による余剰の減少分以上に，国内の賃金率の上昇と出稼ぎに行った労働者からの送金による余剰の増加分の合計が上回るため，開発途上国の社会的余剰は増大すると考えられる。しかしながら，開発途上国の熟練労働者が先進国の熟練労働産業に従事した場合の開発途上国の社会的余剰の増加よりも明らかに社会的余剰の増加は少なくなるのである。

　これに対して，開発途上国から労働者が流入した先進国の社会的余剰の変化については，開発途上国の熟練労働者であれ，未熟練労働者であれ，先進国の未熟練労働市場に移動（出稼ぎ）した場合の先進国の社会的余剰の変化は，開発途上国の場合とは異なり，先進国内の労働者の増加による社会的余剰の増加に対して，出稼ぎ労働者が流入した産業の賃金低下による社会的余剰の減少と出稼ぎ労働者が本国に送金する分の社会的余剰の減少の合計のどちらが大きくなるかという事については不明である。したがって，先進国の場合には，海外からの労働（出稼ぎ）が流入した場合には，未熟練産業であっても熟練産業であっても必ずしも社会的総余剰が増加するとは限らず，減少する可能性があるのである。

　以上のことから，J. Stiglitz が主張するように，開発途上国の未熟練労働者を積極的に先進国へ移動（出稼ぎ）させることにより，開発途上国の賃金率（所得）格差は縮小し，開発途上国の社会的余剰についても増大すると考えら

れるため，J. Stiglitz の主張は妥当であるかのように思われる。

しかしながら，開発途上国の経済成長という長期的観点から考えると，開発途上国から先進国への労働力移動は，人口成長率 n と技術進歩率 λ の低下をもたらすことになるのである。とくに，開発途上国の熟練労働者が海外に移動するということは，技術の伝達が円滑かつ持続的に行われず，仮に海外からの資本流入によって資本蓄積が行われたとしても，技術の蓄積が伴わないため，技術進歩率は上昇せず，開発途上国の経済成長には結びつかないと考えられるのである。

本来，貿易論の基本的考え方は，「本源的生産要素（資本と労働）を移動させること無く，貿易によってより効率的な資源配分を実現させ，所得格差を是正する」ことである。これに対して，今日の世界のグローバル化・ボーダーレス化による国際間の短期資本移動や労働移動は，それぞれの国内経済において有効需要の制約が存在し，そのため資本の不完全利用が生じているというケインズ経済学的な分析方法によって説明する場合には，「効率的な資源配分を実現させ，所得格差を是正する」ことは実現不可能なだけではなく，開発途上国の長期的な経済成長を妨げることになる可能性が大きいのである。

以上のことから，J. Stiglitz が主張しているように，「自然人の一般的な移動」がもっとも世界の経済効率の向上に役立ち，とくに，未熟練労働者の流動性を促進する協定が世界の経済効率の向上にもっとも役立つという主張は，新古典派経済学では短期分析において正しい結論であったとしても，長期的分析においては世界の経済効率の向上に貢献することになるとは限らないという結論が得られるのである。

参 考 文 献

J. Stiglitz 著（浦田秀次郎監訳者　高遠裕子訳）『フェアトレード―格差を生まない経済システム―』（日本経済新聞出版社，2007）（参考文献①）

S. Ketkar and D. Ratha 著 "Development Financing During a Crisis: Securitization of Future Receivables" Economic Policy and Prospects Group, World Bank 2001.（参考文献②）

JETRO（日本貿易振興機構 HP　http://www.ide.go.jp/）（参考文献③）

二村　泰弘著「貧困削減」貧困と就労　フィリピンの事例から特集／「貧困」で学

ぶ開発―諸学の協働　JETRO（日本貿易振興機構HP）

大矢野栄次（2005）「フィリピン経済と海外出稼ぎ労働―国際間の資源移動と経済効果―」久留米大学比較文化年報第14輯

拙著（2006）「国際間生産要素移動に関する一考察」中央大学経済学論纂　第46巻第1・2合併号

第 7 章

移転価格に関する2つのインセンティブと
トレードオフ,そして2つの移転価格

はじめに

　本章では多国籍企業と現地競争企業との複占競争モデルを用いて,移転価格に関する2つのインセンティブをまず紹介する。本章で述べる2つのインセンティブは,国家間の異なる法人税率の下で総納税額を最小化しようとする租税回避インセンティブと,Schejelderup and Sørgard (1997) で示された寡占状況下における戦略的インセンティブである。そして先行研究でも指摘されている,それら2つのインセンティブの間に存在するトレードオフについて解説する。ただし本章では従来とは異なる視点からの分析を加え,このトレードオフを独自に再考する。

　国際課税の研究においては,多国籍企業が企業内の管理用の移転価格 (transfer price for internal management purposes) と税務用の移転価格 (transfer price for tax purposes) という,2つの移転価格を利用可能な状況 (いわゆる "two books" という状況) が考えられており,そのような状況自体に関する理論的研究,あるいは多国籍企業が2つの移転価格を実際に利用しているかどうかについての研究が行われている[1]。しかし国際経済学の研究においてはこの点は十分には理解されていないので,本章では次にこれを紹介し解説する。ただし単なる解説に

とどまらず，そこでも移転価格費用について本章独自の分析を行う。

1. 2つのインセンティブ

本節では移転価格に関する2つのインセンティブを述べる[2]。1つは非常によく知られている，国家間の法人税率の違いから生じる租税回避インセンティブであり，もう1つは寡占状況下における戦略的インセンティブである。

基本モデルは2国（自国，外国），2企業（企業1，企業2），1同質財モデルである。企業1は自国を本国とする多国籍企業で，自国市場と外国市場に財を供給しているが，企業2は外国に存在する国内企業であり，輸出はせず外国市場のみに財を供給しているとする。したがって，自国市場は自国企業による独占，外国市場は自国企業と外国企業とによる複占となっている。自国企業は外国に海外子会社（ここでは販売会社とする）を所有し，その子会社を通じて外国市場に財を供給しているとする。またこの企業1は分権的多国籍企業（decentralized MNE）であり，本社部門は海外子会社への企業内販売価格，つまり移転価格（m）は決定するが，外国市場における販売量の意思決定は海外子会社自体に任せているとする[3]。

ゲームの構造は，まず第1ステージに企業1の本社部門が移転価格を決定し，第2ステージに企業1の海外子会社と企業2が同時に販売量を決定するものとする。自国市場の逆需要関数は$p = 1 - q$，外国市場の逆需要関数$P = 1 - Q$とし，pとqは自国における価格と供給量，PとQは外国における価格と供給量であり，$q = q_1$および$Q = Q_1 + Q_2$である。自国政府と外国政府はどちらも，その国で生み出された企業利潤に対して法人税を課しており，自国と外国の税

---

1) たとえば前者についてはNielsen and Raimondoṣ-Møller（2012）が挙げられる。また後者についてはNielsen（2014）のサーベイが詳しい。
2) 小森谷（2012）の第1節も同様の2つのインセンティブについて説明しているが，そこではモデルに移転価格費用を含めている。ここでの説明では移転価格費用が存在しなくても，ある範囲においては内点解が得られることが示される。
3) 移転価格，外国市場における販売量をともに本社部門が決定する多国籍企業は，集権的多国籍企業（centralized MNE）と呼ばれる。

率はそれぞれ t と T であるとする。

1-1　独占のケース

まず外国企業が存在せず，自国市場と同様に外国市場も自国企業による独占のケース（$Q=Q_1$）をみていく。ここでは企業 1 にとってのライバル企業が存在しないため，当然ながら戦略的インセンティブは存在しない。したがって移転価格が真の価格（このモデルでは限界費用）から乖離するのであれば，それは租税回避インセンティブによるものである。なお本章では両企業の限界費用はゼロに定める。

企業 1 の自国と外国における税引き前利潤は

$$\pi_1 = pq_1 + mQ_1,$$
$$\Pi_1 = PQ_1 - mQ_1$$

であり，多国籍企業全体としての税引き後利潤は

$$\pi_1^* = (1-t)\pi_1 + (1-T)\Pi_1 \tag{1}$$

である。自国市場は通常の独占なので供給量は $q_1 = \dfrac{1}{2}$ であり，外国市場は 1 階条件

$$\frac{d\Pi_1}{dQ_1} = 1 - 2Q_1 - m = 0$$

より，

$$Q_1 = \frac{1-m}{2}$$

である[4]。この式をあらかじめ読み込んで，企業 1 の本社部門が全体の税引き後利潤を最大化するように移転価格を決定するので，

4）　本章では自国市場における供給量は $\dfrac{1}{2}$ で常に一定なので，以下ではこれを前提とする。

$$\frac{d\pi_1^*}{dm} = \frac{1}{2}(T - t - Tm + 2mt - m),$$

$$\frac{d}{dm}\left(\frac{d\pi_1^*}{dm}\right) = -\frac{1}{2}(T - 2t + 1)$$

より，2階条件が満たされる $T-2t+1>0 \Leftrightarrow T>2t-1$ である範囲においては，均衡における移転価格は

$$m = \frac{T-t}{T-2t+1}$$

である。外国の法人税率が自国の法人税率を上回るとき（$T>t$）には移転価格は限界費用を上回り（$m>0$），自国の法人税率が外国の法人税率を上回るとき（$T<t$）には移転価格は限界費用を下回る（$m<0$）。これにより，どちらのケースも税率の高い国から税率の低い国への利潤移転が行われる。この企業の行動を導いているのが租税回避インセンティブである。もちろん両国の法人税率が等しいとき（$T=t$），租税回避インセンティブは存在しないので，$m=0$ となり移転価格を真の価格から乖離させるインセンティブは存在していない。

なお外国における均衡供給量は

$$Q_1 = \frac{1}{2} - \frac{T-t}{2(T-2t+1)}$$

となる。つまり2国の税率差が広がるとともに，企業1の販売量は独占供給量から離れていくことがわかる。$T>t$ のときは，$m>0$ なので販売量は独占生産量である $\frac{1}{2}$ を下回り，逆に $T<t$ のときは，$m<0$ なので販売量は $\frac{1}{2}$ を上回ることになる。

図7-1はこのケースを図にまとめたものである。45度線より上の部分では $m>0$ であり，下の部分では $m<0$ となっている。また灰色で塗られている領域では内点解を得られない。

図7-1 独占のケースの法人税率の範囲

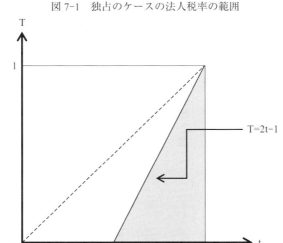

1-2 両国の法人税率が等しいケース

次に元の設定に戻り寡占状況を考えるが,今度は両国の法人税率が等しく租税回避インセンティブが存在しない状況($T=t$)を考える[5]。したがって移転価格が真の価格から乖離するのであれば,それは租税回避とは別のインセンティブによるものである。

企業1の自国と外国における税引き前利潤,および企業2の税引き前利潤は

$$\pi_1 = pq_1 + mQ_1,$$
$$\Pi_1 = PQ_1 - mQ_1,$$
$$\Pi_2 = PQ_2 \qquad (2)$$

であり,企業1全体としての税引き後の利潤は1-1と同じく

$$\pi_1^* = (1-t)\pi_1 + (1-T)\Pi_1$$

---

5) 本章では議論を簡潔に行うため複占を考える。

であるが，$T=t$ より

$$\pi_1^* = (1-t)(\pi_1 + \Pi_1)$$

とみなせる。第2ステージで企業1の海外子会社と企業2が数量競争を行うと，販売量は

$$Q_1 = \frac{1-2m}{3}, \quad Q_2 = \frac{1+m}{3} \tag{3}$$

となる。

　この（3）式をあらかじめ読み込んで，企業1の本社部門が全体の税引き後利潤を最大化するように移転価格を決定するので，

$$\frac{d\pi_1^*}{dm} = -\frac{1}{9}(4m+1),$$

$$\frac{d}{dm}\left(\frac{d\pi_1^*}{dm}\right) = -\frac{4}{9} < 0$$

より，均衡における移転価格は

$$m = -\frac{1}{4}$$

である。これは租税回避インセンティブのないこのケースにおいても移転価格は真の価格と一致しないことを示している。この結果を導いているのが，外国市場における競争を有利にしようとする戦略的インセンティブである。

　なお外国市場における各企業の均衡供給量は

$$Q_1 = \frac{1}{2}, \quad Q_2 = \frac{1}{4}$$

となり，これは企業1をリーダー，企業2をフォロワーとするシュタッケルベルグ均衡の生産量と一致する。

1-3　2つのインセンティブが存在するケース

　それではこれらを踏まえて，租税回避インセンティブと戦略的インセンティ

ブがともに存在する状況を考える．移転価格がどの程度真の価格から乖離するかは，2つのインセンティブによって決まることになる．

企業 1 の自国と外国における税引き前の利潤，および企業 2 の税引き前の利潤は（2），企業 1 全体としての税引き後の利潤は（1）と同様である．第 2 ステージで企業 1 の海外子会社と企業 2 が数量競争を行うと，販売量は（3）式となる．この（3）式をあらかじめ読み込んで，企業 1 の本社部門が全体の税引き後の利潤を最大化するように移転価格を決定するので，

$$\frac{d\pi_1^*}{dm} = -\frac{1}{9}(-4T+3t+1+8Tm-12mt+4m),$$

$$\frac{d}{dm}\left(\frac{d\pi_1^*}{dm}\right) = -\frac{4}{9}(2T-3t+1)$$

より，2 階条件が満たされる $2T-3t+1>0 \Leftrightarrow T>\frac{3t-1}{2}$ である範囲においては，均衡における移転価格は

$$m = \frac{4T-3t-1}{4(2T-3t+1)} \tag{4}$$

である．$4T-3t-1>0 \Leftrightarrow T>\frac{3t+1}{4}$ のとき，移転価格は真の価格を上回り（$m>0$），逆に $T<\frac{3t+1}{4}$ のときには真の価格を下回る（$m<0$）．

この移転価格（4）式は

$$m = -\frac{1}{4} + \frac{3(T-t)}{2(2T-3t+1)}$$

と書き直すことができる．上式右辺第 1 項は戦略的インセンティブであり，第 2 項は租税回避インセンティブである[6]．当然，両国の法人税率が異なる状況（$T \neq t$）では税率の高い国から税率の低い国への利潤移転が行われる．外国の法人税率が自国の法人税率を上回るとき（$T>t$），第 2 項は正であり，戦略的インセンティブからみて望ましい $m=-\frac{1}{4}$ という水準よりも高い移転価格を企業 1 の本社部門は設定することになる．逆に自国の法人税率が外国の法人税率を上

---

6) この記述の仕方は Nielsen（2014）による．

回るとき（$T<t$），第2項は負であり，戦略的インセンティブからみて望ましい $m=-\frac{1}{4}$ という水準よりもさらに低い移転価格を企業1の本社部門は設定することになる。

なお外国市場における企業1と企業2の均衡供給量は

$$Q_1 = \frac{1-t}{2(2T-3t+1)} = \frac{1}{2} - \frac{T-t}{2T-3t+1},$$

$$Q_2 = \frac{4T-5t+1}{4(2T-3t+1)} = \frac{1}{4} + \frac{T-t}{2(2T-3t+1)}$$

となる。独占のケースとほぼ同じ様に，2国の税率差が広がるとともに，企業1の販売量はシュタッケルベルグ均衡の供給量から離れていくことがわかる。

ただし企業2が正の均衡生産量を持つためには $4T-5t+1>0 \Leftrightarrow T>\frac{5t-1}{4}$ が必要であるが，これは2階条件のための仮定では満たされないので，より強い仮定として $4T-5t+1>0$ が必要であることに注意しなければならない。図7-2はこのケースを図にまとめたものである。灰色で塗られている領域が内点

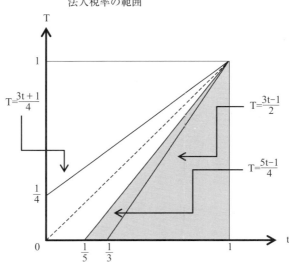

図7-2　2つのインセンティブが存在するケースの法人税率の範囲

第7章 移転価格に関する2つのトランスファー・トレードオフ，そしてこの移転価格　141

権を得られない難問である[7]。

2. トランスファー間のトレードオフ

先行研究においては，相殺回避インセンティブと戦略的インセンティブの間のトレードオフが議論されている。現状のモデルにおいては，外国の法人税率を自国の法人税率を上回るとき $(\tau > 1)$，相殺回避インセンティブは利潤を自国に移転するため移転価格を低い水準へ促すが，戦略的インセンティブは自国市場での競争を有利にするために移転価格を高い水準へ促す。一方，外国の法人税率を自国の法人税率を下回るとき $(\tau < 1)$，利潤を外国に移転させる相殺回避インセンティブと同様に接転価格を高い水準へ促す。これらが代替的戦略における2つのトランスファー間の関係に関する議論である。

本稿ではこの2つのトランスファー間の関係，インセンティブ間のトレードオフについて，従来とは異なる視点からも検討を行う。その前にまず 1-1 の続占のデータについても簡単に議論をしておく。

2-1 複占のデータ

1-1 のケースにおいて，企業 1 全体としての税引き後の利潤である (1) は

$$\pi_1^* = (1-t)\,pq_1 + (1-T)\,PQ_1 + (T-t)\,mQ_1$$

と書き直すことができる。同様に複占では

---

7) 三重課税を防ぐ手段として，自国政府が関接外国税額控除制度を採用しているケースだ，その提案については内海 (2008) に詳しい。なお日本では，平成 21 年度税制改正によって間接税額控除制度は廃止されており，この制度変更に関する分析を行ったものとして小林 (2011) がある。

と光する。第2項は外国市場における利潤の変化であり、第3項は国際的な資本移転による利潤の変化である。

$$\frac{d\pi^*}{dm} = 0 + \frac{(1-T)(-m)}{2} + \frac{(T-t)(1-2m)}{2} \quad (5)$$

まず $T > t$ において、これを対数的に評価する。$m = \frac{T-t}{T-2t+1} > 0$ を代入すると、式 (5) は 0 に等しい。第 2 項および第 3 項は以下のとおりである。

$$\frac{(T-t)(-m)}{2} = -\frac{(T-1)(T-t)}{2(T-2t+1)} < 0,$$

$$\frac{(T-t)(1-2m)}{2} = \frac{(T-t)(1-T)}{2(T-2t+1)} > 0$$

となっている。外国市場から得られる利潤だけを考えると、未来はより低い接軌曲線が望ましい状態になっている。接軌回避インセンティブ ($m = 0$) を付けるべきであるが、接軌回避インセンティブだけから考えると、より高い接軌曲線が望ましい状態になっている。

一方、$T < t$ においては、同様に $m = \frac{T-t}{T-2t+1} < 0$ を代入すると、第 2 項および上記第 3 項は逆になる。

$$\frac{(T-t)(-m)}{2} = -\frac{(T-1)(T-t)}{2(T-2t+1)} > 0,$$

$$\frac{(T-t)(1-2m)}{2} = \frac{(T-t)(1-T)}{2(T-2t+1)} < 0$$

となっている。この場合には、外国市場から得られる利潤だけを考えると、未来はより高い接軌曲線インセンティブ ($m = 0$) を付けるべきであるが、接軌回避を点検としても求められている際にインセンティブから考えると、接軌曲線がより低い状態になっている。このように接軌回避のデータにおいて、接軌曲線が点検としても求められている際には、ある種のトレードオフが存在している。

2-2 2つのインセンティブが共存するケース

外国の企業へ接軌実施国の企業へ接軌する場合を上下に扱うと ($T>t$)、接軌回避インセンティブと接軌曲線インセンティブはそれぞれ逆の方向へ達っている。

第7章 移転価格に関する2つのインセンティブとトレードオフ、そして2つの移転価格 143

が，外国の法人税率が自国の法人税率を下回るとき（$T<t$）には，2つのインセンティブは移転価格を同じ方向へ導こうとする。そして前者のケースにおいては，この2つのインセンティブの間にトレードオフが存在する。これが先行研究における主張であるが，2-1の結果を踏まえると，後者のケースにおいてもある種のトレードオフが存在しているのではないか。

1-3のケースにおいても，企業1全体としての税引き後の利潤（1）式は

$$\pi_1^* = (1-t)pq_1 + (1-T)PQ_1 + (T-t)mQ_1$$

と書き直すことができ，同様に

$$\frac{d\pi_1^*}{dm} = 0 - \frac{(1-T)(1+4m)}{9} + \frac{3(T-t)(1-4m)}{3} \quad (6)$$

と示せる。第2項は外国市場における利潤の変化であり，第3項は国際的な利潤移転による利潤の変化である。

まず2つのインセンティブ間にトレードオフが存在すると一般に言われているケース（$T>t$）において，これを均衡で評価する。$m = -\frac{1}{4} + \frac{3(T-t)}{2(2T-3t+1)}$ を代入すると，やはり（6）式は0に等しいが，第2項および第3項はそれぞれ

$$-\frac{(1-T)(1+4m)}{9} = -\frac{2(1-T)(T-t)}{(2T-3t+1)} < 0,$$

$$\frac{3(T-t)(1-4m)}{3} = \frac{2(1-T)(T-t)}{(2T-3t+1)} > 0$$

となっている。つまり戦略的インセンティブ（第2項）だけを考えると，より低い移転価格が望ましいが，租税回避インセンティブ（第3項）だけを考えると，より高い移転価格が望ましいため，2つのトレードオフにより均衡の移転価格水準が導かれている。これは従来からの議論である。

次にこれまで述べられてこなかった2つのインセンティブが移転価格を同じ方向に導くケース（$T<t$）を考える。同様に $m = -\frac{1}{4} + \frac{3(T-t)}{2(2T-3t+1)}$ を代入すると，第2項および第3項はそれぞれ

$$-\frac{(1-T)(1+4m)}{9} = -\frac{2(1-T)(T-t)}{(2T-3t+1)} > 0,$$

$$\frac{3(T-t)(1-4m)}{3} = \frac{2(1-T)(T-t)}{(2T-3t+1)} < 0$$

となっている。つまり租税回避インセンティブだけを考えると，より低い移転価格が望ましいが，戦略的インセンティブだけを考えると，そこまでは低くない移転価格が望ましいため，ここでもこのトレードオフによって均衡の移転価格水準が導かれている。つまり真の価格からみると2つのインセンティブは同じ方向に移転価格を導いてはいるが，戦略的インセンティブだけを考えると $m = -\frac{1}{4}$ が最適であるのに対して，租税回避インセンティブはこの水準を超えて移転価格を低下させることを求めるので，このケースにおいても2つの移転価格インセンティブの間にはトレードオフが存在しているのである。したがって次の命題を得ることが可能である。

命題 均衡における移転価格が内点解で得られるとき，2つの移転価格のインセンティブの間には常にトレードオフが存在している。

3. 2つの移転価格

前節までに移転価格に関する2つのインセンティブを述べ，移転価格には常に2つのインセンティブの間にトレードオフが存在することを示した。このトレードオフは多国籍企業の本社部門が2つのインセンティブを持つにもかかわらず，そのどちらに対しても1つの移転価格で対応しなければならないことにより生じている。しかし国際課税の研究においては，多国籍企業が1つの移転価格しか利用できない状況（"one book case"）のみならず，企業内の管理用の移転価格と税務用の移転価格がそれぞれ別に存在し，2つの移転価格が異なることが許容される状況（"two books case"）も分析されている。国際経済学の研究においてはこの点は十分には理解されていないが，これは決して違法な二重帳簿というわけではなく，現実に裏付けされた議論である[8]。

3-1　2つの移転価格

ここでは企業が企業内の管理用の移転価格と税務用の移転価格を別々に用いることができるケースを示す。なお前者の移転価格を m^D，後者の移転価格を m^T とする。

企業1の自国と外国における税引き前利潤，および企業2の税引き前利潤は(2)式より

$$\pi_1 = pq_1 + m^D Q_1,$$
$$\Pi_1 = PQ_1 - m^D Q_1,$$
$$\Pi_1 = PQ_2$$

であり，これまでと同様であるが，ここでは移転価格が2つ存在するので m ではなく m^D となっている。また同様に企業1全体としての税引き後利潤は

$$\pi_1^* = (1-t)(pq_1 + m^T Q_1) + (1-T)(PQ_1 - m^T Q_1) - \frac{u}{2}(m^T)^2$$

となる点が重要である。また上式の右辺第3項は移転価格費用と呼ばれるものであり，u は移転価格費用の大きさを決めるパラメーターである[9]。ゲームの構造も前節と同様であるので，第2ステージで企業1の海外子会社と企業2が数量競争を行うと，生産量は

$$Q_1 = \frac{1-2m^D}{3}, \quad Q_2 = \frac{1+m^D}{3}$$

となる。なお内点解を得るためには $-1 < m^D < \frac{1}{2}$ が満たされる必要がある。

この式をあらかじめ読み込んで，企業1の本社部門が全体の税引き後の利潤を最大化するように2つの移転価格を決定するので，

---

8) 詳しくは Nilesen (2014) のイントロダクションを参照。
9) 2つの移転価格のケースにおいて内点解を得るためには，移転価格費用の存在が必要となる。なお移転価格費用の説明については Nielsen and Raimondos-Møller (2012) が詳しい。

$$\frac{\partial \pi_1^*}{\partial m^D} = -\frac{1}{9}(-4Tm^D + 4m^D + 6Tm^T - 6tm^T - T + 1),$$

$$\frac{\partial}{\partial m^D}\left(\frac{\partial \pi_1^*}{\partial m^D}\right) = -\frac{4}{9}(1-T) < 0,$$

$$\frac{\partial \pi_1^*}{\partial m^T} = -\frac{1}{3}(-T + t + 2Tm^D - 2tm^D + 3um^T),$$

$$\frac{\partial}{dm^T}\left(\frac{\partial \pi_1^*}{\partial m^T}\right) = -u < 0$$

より、2つの移転価格間の関係は、

$$m^D = -\frac{1}{4} - \frac{3(T-t)}{2(1-T)}m^T,$$

$$m^T = \frac{(1-2m^D)(T-t)}{3u}$$

となっている。ここから両国の法人税率が等しいとき（$T=t$）には $m^D = -\frac{1}{4}$、$m^T = 0$ となることが理解できる。また $-1 < m^D < \frac{1}{2}$ が満たされるのであれば、m^T と $T-t$ は同符号を持つことがわかるので、m^D は $-\frac{1}{4}$ 以下の値をとることもわかる。なお先行研究でも指摘されているように、多国籍企業が企業内の管理用の移転価格と税務用の移転価格、2つの移転価格を用いたとしても、それらの移転価格はお互いに独立ではないことは注目すべきことである。これらより均衡における2つの移転価格を求めると、

$$m^D = -\frac{1}{4} - \frac{3(T-t)^2}{4\{-(T-t)^2 + u(1-T)\}},$$

$$m^T = \frac{(1-T)(T-t)}{2\{-(T-t)^2 + u(1-T)\}}$$

となる。前節までのケースと大きく異なるのは、自国と外国の法人税率が等しいとき（$T=t$）に移転価格が最大となり、両国の法人税率が異なるとき（$T \neq t$）には常に、低い企業内の管理用の移転価格を設定し、販売量を増加させている点である。この経済学的な説明は後に行う。

　外国市場における企業1と企業2の均衡供給量は

$$Q_1 = \frac{u(1-T)}{2\{-(T-t)^2+u(1-T)\}} = \frac{1}{2} + \frac{(T-t)^2}{2\{-(T-t)^2+u(1-T)\}},$$

$$Q_2 = \frac{-2(T-t)^2+u(1-T)}{4\{-(T-t)^2+u(1-T)\}} = \frac{1}{4} - \frac{(T-t)^2}{4\{-(T-t)^2+u(1-T)\}}$$

となる．ここでもやはり，2 国の税率差が広がるとともに，企業 1 の供給量はシュタッケルベルグ均衡の供給量から離れていくことがわかる．ただし第 1 節のケースとは異なり，乖離の向きは一方向のみであり，両国の法人税率が異なっているとき（$T \ne t$）には，$Q_1 > \frac{1}{2}$ となることがわかる．ここでは 2 つの移転価格が存在し，利潤移転の方向は m^T によって定めることができるので，自国と外国の法人税率が異なるとき（$T \ne t$）にはその大小関係にかかわらず，低い m^D を設定しより多くの販売量を実現することにより，利潤移転により税引き後の利潤を増加させることが可能である．したがって，両国の税率が等しいとき（$T = t$）に最も少ない販売量を設定することになる．2 国の法人税率の差が小さいとき，あるいは移転価格費用のパラメーター u が大きいときには，企業は m^T を真の価格からあまり乖離させないので，販売量を増やしても利潤移転がそれほどできないために，外国市場における純粋な利潤最大化を実現する $m^D = -\frac{1}{4}$ から企業内の管理用の移転価格を大きく下げるインセンティブを持たないのである．なお企業 2 が正の均衡生産量を持つためには $-2(T-t)^2 + u(1-T) > 0 \Leftrightarrow u > \frac{2(T-t)^2}{(1-T)}$ が必要であることがわかる．

3-2 移転価格費用に関する 2 つの考え

3-1 では移転価格費用は移転価格が真の価格からどの程度乖離しているかにのみ依存していた．しかし，この移転価格費用が販売量にも依存するという指摘も存在する[10]．本節では，こちらのケースについても述べておく[11]．

企業 1 の自国と外国における税引き前利潤，および企業 2 の税引き前利潤は

---

10) 例えば Nielsen et al.（2008）では移転価格費用は真の価格から乖離にのみ依存するとしているが，Nielsen（2014）では移転価格費用は販売量にも依存するとしている．
11) ここでの説明は Nielsen（2014）に基づく．

3-1 と同じであるが，企業 1 全体としての税引き後利潤は

$$\pi_1^* = (1-t)(pq_1 + M^T Q_1) + (1-T)(PQ_2 - M^T Q_1) - \frac{u}{2}(M^T)^2 Q_1$$

となる点が異なっている．なお後の分析のため，ここでの移転価格は M^D と M^T とする．第 2 ステージの結果をあらかじめ読み込んで，企業 1 の本社部門が全体の税引き後利潤を最大化するように 2 つの移転価格を決定するので，

$$\frac{\partial \pi_1^*}{\partial M^D} = \frac{1}{9}\{T - 1 + 4TM^D - 4M^D - 6TM^T + 6tM^T + 3u(M^T)^2\},$$

$$\frac{\partial}{\partial M^D}\left(\frac{\partial \pi_1^*}{\partial M^D}\right) = -\frac{4}{9}(1-T) < 0,$$

$$\frac{\partial \pi_1^*}{\partial M^T} = -\frac{1}{3}(2M^D - 1)(T - t - uM^T),$$

$$\frac{\partial}{\partial M^T}\left(\frac{\partial \pi_1^*}{\partial M}\right) = -\frac{1}{3}(1 - 2M^D)u < 0$$

より，2 つの移転価格間の関係は，

$$M^D = -\frac{1}{4} - \frac{2(T-t)}{3(1-T)}M^T + \frac{3u}{4(1-T)}(M^T)^2,$$

$$M^T = \frac{T-t}{u}$$

となっている．なお，M^T に関しての 2 階微分は第 2 ステージにおける $Q_1 > 0$ という条件により満たされる．このケースにおいても，ここから両国の法人税率が等しいとき（$T = t$）には $M^D = -\frac{1}{4}$，$M^T = 0$ となることが理解できる．これらより均衡における 2 つの移転価格を求めると，

$$M^D = -\frac{1}{4} - \frac{3(T-t)^2}{4u(1-T)},$$

$$M^T = \frac{T-t}{u}$$

となる．移転価格が両国の法人税率が等しいときに最大となるのは前節と同様であるが，税務用の移転価格が両国の法人税率の差と移転価格費用のパラメー

ターにのみ依存してくるのがこのケースの特徴である。2国の法人税率の差が小さいとき、あるいは移転価格費用のパラメーター u が大きいときには、企業は M^T を真の価格から乖離させないという特徴が 3-1 よりもよりはっきりと出ている。

外国市場における企業1と企業2の均衡供給量は

$$Q_1 = \frac{(T-t)^2 + u(1-T)}{2u(1-T)} = \frac{1}{2} + \frac{(T-t)^2}{2u(1-T)},$$

$$Q_2 = \frac{-(T-t)^2 + u(1-T)}{4u(1-T)} = \frac{1}{4} - \frac{(T-t)^2}{4u(1-T)}$$

となる。なお企業2が正の均衡生産量を持つためには $-(T-t)^2 + u(1-t) > 0$ $\Leftrightarrow u > \frac{(T-t)^2}{(1-T)}$ が必要であることがわかる。

3-3　2つの移転価格費用の比較

3-1 と 3-2 では異なる移転価格費用のもとに、2つの移転価格が利用可能なケースを分析した。ここでは移転価格費用の違いがどのような結果の違いを生むのかを、2つの移転価格と販売量に着目して考察する。

2つのケースにおける企業内の管理用の移転価格を比較すると、

$$|m^D| - |M^D| = \frac{3(T-t)^2}{4\{-(T-t)^2 + u(1-T)\}} - \frac{3(T-t)^2}{4u(1-T)}$$

$$= \frac{3(T-t)^4}{4u(1-T)\{-(T-t)^2 + u(1-T)\}} > 0$$

となる。m^D と M^D はどちらも負の値をとるので、m^D は M^D を下回ることがわかる。実際に企業1の外国市場における供給量を比較すると、

$$\left[\frac{1}{2} + \frac{(T-t)^2}{2\{-(T-t)^2 + u(1-T)\}}\right] - \left[\frac{1}{2} + \frac{(T-t)^2}{2u(1-T)}\right]$$

$$= \frac{(T-t)^4}{2u(1-T)\{-(T-t)^2 + u(1-T)\}} > 0$$

なので、確かに移転価格がより低くなる 3-1 の移転価格費用のケースの方が生

産量は多くなっている。このような違いが生じるのは，3-2 の移転価格費用には Q_1 が含まれているため，企業内の管理用の移転価格を低下させて生産量を増やすことの限界費用に移転価格費用の上昇が含まれるからである。

最後に税務用の移転価格を比較すると，

$$m^T - M^T = \frac{(1-T)(T-t)}{2\{-(T-t)^2 + u(1-T)\}} - \frac{T-t}{u}$$

$$= -\frac{(T-t)\{-2(T-t)^2 + u(1-T)\}}{2u\{-(T-t)^2 + u(1-T)\}}$$

となる。m^T と M^T および $T-t$ は同符号を持つので，移転価格を真の価格から乖離させる程度は M^T の方が大きいことがわかる。

おわりに

本章では多国籍企業と現地競争企業との複占競争モデルを用いて，移転価格に関する2つのインセンティブをまず述べた。そして，それら2つのインセンティブの間に存在するトレードオフについて，先行研究とは異なる視点から議論をし，2国の法人税率の大小関係を問わず，ある種のトレードオフが常に存在するという命題を得た。続いて国際課税，とくに移転価格の研究において1つの議論の対象となっている2つの移転価格が存在する状況を，モデルを用いて紹介した。そこで行った2つの異なる移転価格費用に関する比較は本章独自の整理である。

なお戦略的インセンティブを含む移転価格の研究においては，分権化か集権化かという議論も重要である。本章では多国籍企業の分権化を所与として分析を行ったが，この2つの意思決定形態の内生的な議論については Nielsen et al. (2008) が詳しいので，そちらを参照して欲しい。

参考文献

Nielsen, Søren Bo, 2014, "Transfer Pricing: Roles and Regimes," CESifoWorking Paper Series No. 4694.

Nielsen, Søren Bo and Pascalis Raimondos-Møller, 2012, "Multiple Roles of Transfer

Prices: One vs. Two Books," Wolfgang Schön and Kai A. Konrad ed. *Fundamentals of International Transfer Pricing in Law and Economics*, Springer, pp. 25-46.

Nielsen, Søren Bo, Pascalis Raimondos-Møller and Guttorm Schjelderup, 2008, "Taxes and Decision Rights in Multinationals," *Journal of Public Economic Theory* 10, pp. 245-258.

Schejelderup, Guttorm and Lars Sørgard, 1997, "Transfer Pricing as a Strategic Device for Decentralized Multinationals," *International Tax and Public Finance* 4, pp. 277-290.

小森谷徳純（2008）「分権的多国籍企業の移転価格と企業の異質性」,『世界経済評論』, 52巻8号, 56-62ページ.

小森谷徳純（2011）「分権的多国籍企業の移転価格―平成21年度税制改正の影響に関する一考察―」, 長谷川聰哲編『APECの市場統合』, 第3章39-51ページ, 中央大学出版部.

小森谷徳純（2012）「多国籍企業と移転価格」, 馬田啓一・木村福成編『国際経済の論点』, 第10章, 153-167ページ, 文眞堂.

第 8 章

グローバル経済下の日本農業再生
——鍵を握る農業投資——

は じ め に

　環太平洋経済連携協定（TPP）参加をめぐって，日本農業が苦悩している。牛肉，豚肉，乳製品，米，小麦，砂糖の関税引き下げ交渉は，合意が得られないままである。農家の経営に打撃を与える負の側面が強調されがちであるが，今後の農業生産にとって，TPPが国際競争力強化と再生を促す効果にも目を向ける必要があろう。高齢化の進展に伴って農業の担い手不足が深刻化する中で，経済効率の改善そして農業所得の向上が喫緊の課題になっているが，TPP参加が農業再生への途を切り開くものと思われる。

　農業の活性化は，多様化した消費者のニーズに合致した生産構造の構築，また海外への輸出の増加によって実現されるはずである。アベノミクスの第3の矢である成長戦略は，金融・財政刺激政策を通じて，投資マインドを喚起することで，日本経済を復活させようとしている。その特徴は，グローバル化とともに，地域の資源を活用した技術革新の推進，産学金官協業による地域経済循環，農業基盤の強化など，地域経済活性化を掲げていることである。

　今後，地産地消および地域発のグローバル化を目指すコミュニティ型農業も，さらに大規模な産業型農業も，それぞれ，日本経済の成長を担うものと思

154　第 2 部　実物経済編

われるが，その鍵を握るのが投資である。しかし，現実には，農業協同組合（農協）の低い預貸率（貸出／預金（貯金））が物語っているように，農業投資は低迷している。農業投資の活性化は資本生産性，資本利潤率，投資意欲の向上にかかるが，担い手不足が資本の生産性と利潤率を押えがちな今日，投資意欲が重視されることになる。本章の目的は，農業生産の多様性を踏まえながら，農業者の投資意欲を高める手段を考察，提案することにある。

そのため，第 2 節において，「人・農地プラン」の策定，「農林漁業成長産業機構（A-FIVE）」の設立のねらいを展望した後で，投資を活性化する資本生産性，資本利潤率，投資意欲（経営戦略）の 3 つの要因を検討する。第 3 節は，水田作経営，野菜作経営，花き作経営，肥育牛経営，養豚経営，ブロイラー養鶏経営を選んで，その農業所得，総所得，農業所得率など農家経営の形態を検討する。そして，共同体経済，コミュニティ（共助社会），市場経済の概念を用いることによって，野菜作に代表されるコミュニティ型農業と北海道・水田作に代表される産業型農業それぞれの特性と収穫逓増・逓減現象について論じる。多様化した農業生産は，結局，市場メカニズムに基づいて高収益を生む作目を選ぶことになるが，第 4 節において，農業者の投資を支援する農協の役割について述べる。その上で，農協自身の改革と農業者および企業との協業の重要性を提案する。最後に，本章のマトメを行うことにする。

1. 農業部門の成長可能性

1-1　成長戦略

2013 年 1 月 11 日，安倍内閣において，農業の体質強化など地域の特色を生かした地域経済の活性化と住みよい地域構築の加速の必要性が閣議決定された。同月，「攻めの農林水産業推進本部」が設置され，担い手および農地などの生産現場の強化，農村漁村の 6 次産業化など「攻めの農業」に向けた施策が実施されることになった[1]。

---

1)　農林水産省（2013），397-401 ページ，農林水産省ウェブ・ページ「人・農地プラ

農業の持続的な発展に関する諸施策のうち，担い手・農地総合対策をねらいとした「人・農地プラン」の背景にあったのが，農業者の高齢化や担い手不足の深刻化であった。5年後，10年後の展望が描けない地域の状況を打開するため，農林水産省は，「人・農地プラン」をスタートさせたが，プランのねらいは，地域や集落の話し合いの手法によって，地域の農業の担い手（地域の中心となる経営体）と農地を確保することにある。プランの取りまとめ役である市町村は，農家の意思を尊重しながら農地の集積計画や利用図を作成し，地域における将来的な農地利用の設計図を描くことになった。米，麦などを生産する土地利用型の場合，平地で20～30ヘクタール，中山間地域で10～20ヘクタール規模にまで，農業経営体（専業農家，法人・集落営農組合など）を拡大，構築することになった。

　このプランに基づき，就農直後の所得を確保する青年就農給付金の給付，また中心となる経営体への農地の集積を円滑化する農地集積協力金および農業機械等の取得を補助する経営体育成支援事業等を一体的に実施した。同時に，地域内の合意形成を効率的・効果的に進める目的から，市町村段階の地域農業支援組織の連携・分担による推進体制の強化をねらいとした地域連携推進員の設置等を支援することになった。

　この流れの中で，日本政策金融公庫および農林中央金庫の融資，また民間金融機関と都道府県農業信用基金協会による地域農業向け融資や信用保証制度の強化策がとられた。このうち，①「人・農地プラン」に沿って地域の中心経営体として認定された農業者向けに日本政策金融公庫が融資する農業経営基盤強化資金（スーパーL資金）に対して，貸付当初5年間の金利負担を軽減した。②農業中央金庫が行う農業近代化資金の融通に対して，利子を補給することになった。③民間金融機関と都道府県農業信用基金協会との協調融資方式によって実施されている農業経営改善促進資金（短期運転資金，スーパーS資金）の金

ン（地域農業マスタープラン）」および農林漁業産業化支援機構ウェブ・ページ（A-FIVE）「サブファンドについて」による。

利軽減を目的として，基金協会が民間金融機関に貸付原資を低利預託するために借り入れた借入金に対し利子補給金を交付した。④第三者保証人に依存することなく，債務保証が受けられるように，農業経営に必要な資金の円滑な融資を農業信用保証保険制度の面から支援することになった。

続いて，成長産業として農林漁業を活性化するため，農林漁業成長産業化ファンドを本格的に始動させることになった[2]。ファンドの目的は，株式会社農林漁業成長産業化機構法（平成24年法律83号）に基づいた新たな支援機構（A-FIVE）を設立し，農村漁村の6次産業化，再生可能エネルギーの導入促進，輸出戦略の立て直し，新産業の創出を通じて，所得，雇用の増加，地域経済の活性化を図ることにある。これら新たな6次産業化を推し進めるため，農林漁業者等が個別に，また食品業者，流通業者，観光業者等の多様な事業者と連携して行う新しいビジネスモデルに向けて，直接，間接的に，国，地方公共団体，民間資金と共同出資するねらいを持っている。

この措置が必要になったのも，農業者の資本力と人材が制約され，それまで取られてきた6次産業向け融資が成果を収めているとは言い難い状況にあったからである。要するに，自己資本力が弱く借入依存度が高いため，加工・販売の規模を拡大するのに必要な設備投資を行おうにも，それに見合う信用力がなかったこと，また資金および事業規模が小さいため，6次産業化を進めるのに要する加工，流通，マーケティング，経営管理のノウハウを持った人材を確保し難かったことがネックになっていた[3]。

これらの課題を緩和すべく，農林漁業成長産業化ファンドが2012年度予算に組み込まれたのも，その後，「株式会社農林漁業成長産業化支援機構法案」が修正されたのも，農林漁業者の経営の安定向上，地域との調和への配慮，農林漁業者の所得の確保および農山漁村における雇用機会の創出，農林漁業者の

---

2) 農林水産省食料産業局ウェブ・ページ「農林漁業成長産業化ファンドの概要」を参照。
3) 農林水産業の借入金依存度57.0%は，食料品31.0%，全産業35.0%と比べてはるかに高い。農林水産省ウェブ・ページ「6次産業化の推進について」，4ページ。

主体性の尊重,農山漁村における再生エネルギーの開発,供給または需要の開拓を通じて,6次産業化の効果を収めるためであった。

1-2　農業部門投資の低迷

6次産業化の施策に期待を寄せざるをえないが,実情は厳しい。表8-1のように,国内総生産に占める農業総生産,輸出総額,輸入総額,総世帯数,総人口,総就業者,農業総固定資本形成,農業関係予算のどれを見ても,農業部門のシェアは1970年～2011年にかけて大幅に低下している。特に,農業就業者は811万人から201万人に減少,シェアも15.9%から3.3%に低下するなど,

表8-1　農業部門のシェア

	1970	1980	1990	2000	2010	2011
国内総生産（10億円）	73,345	242,839	442,781	502,990	482,384	470,623
うち農業総生産	3,215	6,377	8,379	6,819	4,769	4,603
シェア（%）	4.4	2.6	1.9	1.4	1.0	1.0
輸出総額（10億円）	6,964	29,382	41,457	51,654	67,400	65,546
うち農産物輸出	140	209	162	169	286	265
シェア（%）	2.0	0.7	0.4	0.3	0.4	0.4
輸入総額（10億円）	6,797	31,995	33,855	40,938	60,765	68,111
うち農産物輸入	1,511	4,007	4,190	3,971	4,828	5,584
シェア（%）	22.2	12.5	12.4	9.7	7.9	8.2
総世帯数（千戸）	28,093	36,015	41,036	47,063	51,951	53,783
うち農家戸数	5,342	4,661	2,971	2,337	1,631	1,561
シェア（%）	19.0	12.9	7.2	5.0	3.1	2.9
総人口（千戸）	104,665	117,060	123,611	126,926	128,057	127,799
うち農家人口	26,282	21,366	13,878	10,467	6,503	6,163
シェア（%）	25.1	18.3	11.2	8.2	5.1	4.8
総就業者（万人）	5,109	5,552	6,280	6,453	5,982	6,013
うち農業就業者	811	506	392	288	202	201
シェア（%）	15.9	9.1	6.2	4.5	3.4	3.3
総固定資本形成(10億円)	26,043	77,062	144,561	129,771	96,431	96,872
うち農業総固定資本形成	1,089	3,658	3,723	4,086	1,773	—
シェア（%）	4.2	4.7	2.6	3.1	1.8	—
一般会計国家予算額(億円)	82,131	436,814	696,512	897,702	967,284	1,075,105
うち農業関係予算	8,851	31,084	25,188	28,742	19,018	23,306
シェア（%）	10.8	7.1	3.6	3.2	2.0	2.2

（出所）農林水産省編（2013b），83ページより抜粋。

表 8-2 業態別預金・貸出・

	農業協同組合			都市銀行			地方銀行		
	預金	貸出	預貸率	預金	貸出	預貸率	預金	貸出	預貸率
2000	70.3	21.6	30.7	203.7	215.6	105.8	173.9	134.4	77.3
2005	77.7	20.8	26.8	247.0	183.6	74.3	187.9	137.1	73.0
2010	84.5	22.7	26.9	263.3	179.8	68.3	207.2	154.5	74.6
2011	85.8	22.3	26.0	274.3	174.2	63.5	212.4	157.1	74.0
2012	88.2	22.0	24.9	275.9	174.9	63.1	220.8	161.3	73.1
2013	89.7	21.5	24.0	285.7	176.9	61.9	228.2	166.6	73.0

(注) 年次は，3月末。
(出所) 農林中央金庫，各年次版より作成。

落ち込みが顕著である。

　金融サイドにおいても，農業部門の低迷を捉えることができる。農業協同組合（農協），都市銀行，地方銀行，第二地方銀行，信用金庫，信用組合の2000年〜2013年間の預貸率（貯貸率）を示す表8-2が，問題点を提示している。農協の預金は，都市銀行，地方銀行，信用金庫と同様，順調に伸びている。しかし，貸出は，地方銀行が堅調な伸びを示しているのと逆に，都市銀行，第二地方銀行，信用金庫，信用組合と同様，伸び悩んでいる。預貸率は，全業態とも低下しているが，農協の場合，2013年3月時点で24.0％と，他の業態と比べて極端に低いという問題が生じている。しかも，前述のように，農業部門全体の借入金比率が高いのにもかかわらず，農協の貸出比率が低いという疑問を投げ掛けている。

　低い貸出比率は，農協（JA），信用農業協同組合連合会（信金連），農林中央金庫（農林中金）という資金の流れのように，JAバンクのグループとしての3段階のしくみも影響を与えているが，それ以上に，農業部門の投資が小さいことが原因になっているものと考えられる。表8-1で見たように，農業総固定資本形成が1970年から2011年にかけて増加したことは否定し難いが，他部門に比べて相対的に減少しつつあることも事実である。ちなみに，農業部門の固定資本形成が総固定資本に占めるシェアは，1970年の4.2％から2010年には1.8％にまで低下している。

　その背景に，農業者の低い投資意欲あるいは投資を阻害する要因があるので

預貸率 (単位：兆円，%)

第二地方銀行			信用金庫			信用組合		
預金	貸出	預貸率	預金	貸出	預貸率	預金	貸出	預貸率
59.8	50.6	84.6	102.1	69.0	67.6	19.2	14.3	74.5
54.0	40.1	74.3	107.4	62.1	57.8	15.6	9.2	59.0
56.8	43.3	76.2	117.4	64.2	54.7	16.7	9.4	56.3
59.7	43.7	73.2	119.7	63.8	53.3	17.2	9.4	54.7
59.7	44.4	74.4	122.6	63.8	52.0	17.8	9.5	53.4
60.0	44.9	74.8	124.9	63.7	51.0	18.3	9.6	52.5

はないだろうか。いくつかの要因が考えられようが，基本的に，農業所得の低さが，農業生産意欲を弱めているものと思われる。たとえば，2011年時点の一日当たり農業所得は6,052円である。常用労働者5人以上の製造業の平均賃金が18,889円なので，まさしく，3分の1程度である。しかも，1960年当時の農業所得が1,098円，製造業賃金（常用労働者5人以上）が847円であったことと比べると農業所得の低下が顕著である[4]。しかし，この数字が，農業者の所得が低いことを意味するわけではない。農業所得率（農業所得／農業者の総所得）が高い野菜作（露地）経営でさえ35.8%，最も農業所得率が低いブロイラー養鶏経営の場合，5.7%にすぎないことから，農業者がそれほど農業に依存していないこと，したがって，投資が少ないことを物語っている。

ところで，後述するように農業部門は多様化しているので，業種ごとにまた担い手ごとに投資意欲は異なると考えざるをえないが，平均的に見たとき，農業部門の投資の低迷は否定し難い。手持ち資本に対して，経営を拡大するためにどれだけ新たに投資するのかという再投資―資本比率（I/K）を用いて，投資の要因を検討してみよう。

Iを投資，Kを資本，Oを生産物，Pを利潤とすると，再投資―資本比率（I/K）を，次式のように表すことができる。

---

[4] 農林水産省編（2013b），126ページ。

160 第2部 実物経済編

$$I/K = (O/K)^{\alpha}(P/O)^{\beta}(I/P)^{\gamma}$$
ただし，$\alpha + \beta + \gamma = 1$ である。 (1)

再投資―資本比率は，資本生産性（O/K），利潤分配率（P/O），投資意欲（経営戦略（I/P））の3つの要因によって決まるので，6次産業化に備え，加工・販売施設の整備，また人材を得ようとして投資を行おうとすれば，これらの要因のうち，少なくともいずれかを高める必要があることを，(1)式が示している。

次に農業生産の期間を考慮して，時間に関して(1)式を全微分すると，次式を得る。

$$(\dot{I}/K)/(I/K) = \alpha(\dot{O}/K)/(O/K) + \beta(\dot{P}/O)/(P/O)$$
$$+ \gamma(\dot{I}/P)/(I/P) \tag{2}$$

(2)式は，再投資―資本比率の増加率が，資本生産性の増加率，利潤分配率の増加率，投資意欲（経営戦略）の高揚に基づくことを示している。

計画期間の長さに応じて3つの要因のうちどれかを優先することになるが，本章は，投資意欲の高揚を最優先する。その理由は，コミュニティの性格やTPPなど対外的な条件の変化が影響を与えるものの，自由な投資環境の整備および農業生産の展望を明るくする長期ビジョンの策定が投資を喚起する可能性を有するからである。一方，利潤分配率と資本生産性は計画期間によって変わるが[5]，労働力不足を農業設備などの資本投入で補わざるをえない現況では，資本生産性と利潤分配率は押さえられがちになる。しかも，農業生産において，土地生産性も，資本生産性ないし労働生産性に影響を及ぼすことに留意する必要がある。

[5) 計画期間が短い場合には労働集約的な技術の選択が，逆に長い場合には資本集約的な技術の選択が有効であるとして，期間に応じた最適な技術選択を論じるのが投資基準論である。Galenson, W. & Leibenstein, H. (1955), Ranis, G. (1962), Sen, A. K. (1968), pp. 68-72 を参照。

第 8 章　グローバル経済下の日本農業再生　161

　耕地面積は，規模を拡大するほど，生産性が向上すると考えられがちである。しかし，作目によって規模の経済の効果が異なるものと思われる。ところが，農林水産省編（2013）の統計においても，規模の拡大に伴って一経営体当たりの農業所得が高くなるというデータが掲載されている[6]。

　たとえば，経営耕地規模別に見た農業生産物の販売を目的とする農業経営体（個別経営）の 2011 年の都道府県平均農業所得は，0.5ha 未満の 38 万 2 千円，1.5ha～3.0ha の 99 万 9 千円，10.0ha 以上の 859 万 4 千円と，規模の拡大につれて上昇している。

　同様に，米作に関しても，規模の経済性が発揮される。2011 年度の作付面積別生産費を見てみると，粗収益が増加しただけでなく，それ以上に物財費（肥料費，農業薬剤費，土地改良及び水利費，賃貸料及び料金，農機具費），雇用労働費，支払利子・支払地代の生産費が大きく低下したため，所得は規模の拡大につれて増加している。ちなみに，10a 当たりの所得は，0.5ha 未満が 18,535 円の赤字，また 0.5ha～1.0ha も 4,783 円の赤字，1.0ha～2.0ha になって始めて 27,083 円に黒字転換，それ以上の規模では 2.0ha～3.0ha で 40,843 円，5.0ha 以上で 48,0741 円と黒字幅が増加している。

　しかし，これらのデータは，それぞれ，全業種平均と米作に限ったものである。農業生産には，米，麦耕作に代表されるような土地利用型・粗放型農業なのか，野菜，花きに代表されるように非土地利用型・高度利用型なのかという農業の形態，また専業・第 1 種兼業・第 2 種兼業という農業者の性格がかかわってくる。たとえば，北海道の水田作の場合，大規模な耕作地を必要とするだけに機械などの設備資本を要するため，労働生産性を高める一方，資本生産性を低めがちになる。したがって，投資を考えるためには，作目ごとの生産性を基準にした考え方が必要になる。

　6）　農林水産省編（2013b），127 ページおよび 134 ページによる。

2. コミュニティ型農業と産業型農業

2-1 農業経営の形態

表 8-3 は 2011 年時点の水田作経営（北海道，都府県），野菜作経営，花き作経営，肥育牛経営，養豚経営，ブロイラー養鶏経営を選んで，その農業所得（農業粗収益，農業経営費），総所得，家族農業労働時間，1 時間当たり農業所得（円），農業所得率（農業所得／総所得）を表しているが，次のような結果になっている。

(1) 農業所得が最も高いのが養豚，次いで，ブロイラー養鶏，水田作（北海道）経営の順になっている。逆に，農業所得が低いのは水田作（都府県），野菜作（露地），花き作（露地）経営である。
(2) 総所得が高いのは養豚，ブロイラー養鶏，水田作（北海道）経営，低いのは水田作（都府県），野菜（施設），花き作（露地）経営である。
(3) その結果，農業所得率が高いのが，野菜作（施設），花き作（露地），水田作（北海道）経営，低いのがブロイラー養鶏，肥育牛，養豚経営になっている。
(4) 1 時間当たり農業所得が高いのは，水田作（北海道），養豚，ブロイラー養鶏経営，低いのは花き作（施設），水田作（都府県），野菜作（露地）である。

表 8-3 農業生産物の販売を目的とする農業経営体の経営収支（営農類型別，2011 年）

	水田作経営		野菜作経営		花き作経営		肥育牛経営	養豚経営	ブロイラー養鶏
	北海道	都府県	露地	施設	露地	施設			
農業所得（千円）	505	4,584	425	1,767	4,126	2,224	2,830	3,842	6,290	5,577
農業粗収益(千円)	2,332	13,628	2,126	4,933	10,800	5,820	12,493	45,767	57,714	97,283
農業経営費(千円)	1,827	9,044	1,701	3,166	6,674	3,816	9,663	41,925	51,424	91,706
総所得（千円）	4,461	6,330	4,420	5,120	5,868	4,473	5,790	5,553	7,525	6,719
家族農業労働時間(時間)	789	2,278	760	2,827	4,537	3,027	5,461	3,454	4,491	4,114
1 時間当たり農業所得(円)	640	2,012	559	625	909	662	518	1,112	1,401	1,356
農業所得率（％）	21.7	33.6	20	35.8	38.2	34.4	22.7	8.4	10.9	5.7

（出所）農林水産省編（2013b），130-131 ページより抜粋。

(5) 家族農業労働時間が多いのは花き作（施設），野菜作（施設），養豚経営，少ないのは水田作（都府県），水田作（北海道），野菜作（露地）経営である。

これらのことから，次のことがわかる。

(1) 水田作の場合，北海道の農業所得，総所得，1時間当たり農業所得，農業所得率と家族労働時間が多く，専業経営が行われている。しかし，都府県の場合，家族労働時間も，農業所得および1時間当たり農業所得も低く，兼業経営を示唆している。

(2) 野菜作経営は，露地経営，施設経営とも総所得と農業所得率が高いが，露地経営の農業所得が低い。

(3) 養豚，ブロイラー養鶏，肥育牛の農業所得率が低いが，特に養豚とブロイラー養鶏経営の農業所得，総所得，1時間当たり農業所得そのものが高いことが特徴的である。

しかし，土地利用型の水田作経営であっても野菜作の非土地利用型・高度利用型経営であっても，それぞれ，北海道と都府県，露地作と施設作で異なった結果が示されている。加えて，専業，第1種兼業，第2種兼業という農業者の構成（性格）や地域ごとの生産構造上の要因を基準に考察しようとするならば，類型化が一層難しくなりそうである。

それゆえ，本章では，多様化した産業としての農業部門の特性を踏まえて，小規模な野菜や都府県での水田作に代表されるコミュニティ型農業（小規模な養豚・ブロイラー養鶏，花き作を含む）と北海道での水田作や大規模な養豚，ブロイラー養鶏に代表される産業型農業（大規模な野菜作・花き作を含む）の2つのタイプに分類することにする[7]。

---

7) 農業の類型化については，コミュニティ型と産業型の概念を用いる室屋有宏（2013），岸真清（2013a）を参照。

2-2 コミュニティ，共助社会の考え方

あらかじめ，コミュニティ型農業と産業型農業を，つぎのように考えることにする。コミュニティ農業とは，地域の個性を生かした生産を行う農業のことであり，生産と消費が密接な関係にある農業のことである。ただし，表8-3が示唆するように，担い手は自家消費を主な目的とする農業者と，市場での販売を主な目的としてさまざまな作目を生産する農業者の2つのタイプが混在している。他方，産業型農業とは，専業農業者を主な担い手として市場での販売を目標とする農業のことである。ここでは，コミュニティ農業として小規模生産の野菜作農業を，産業型農業として大規模な米作農業をイメージすることにする。その上で，共助社会の概念を用いながら，コミュニティ農業と産業型農業の関係を図8-1に描いてみよう。

図8-1の横軸は知識・技術，労働，資本などすべての生産要素の投入物，縦軸は農業生産物を表す。A点は農産物の生産が始まった段階であって，A′点まではそれほど生産が活発化するわけではなく停滞期とも言う。しかし，A′

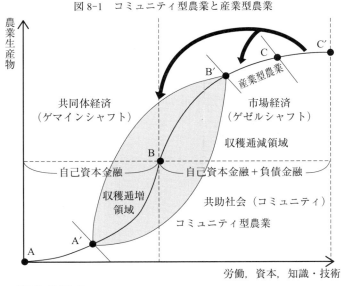

図8-1　コミュニティ型農業と産業型農業

(出所) 筆者作成。

点で，コミュニティにおける人々の連携，工夫による技術の改善が行われるようになり，農業生産はB点まで加速的に増加する。すなわち，投入物の増加分を上回る生産物の増加が得られるA′〜B点が収穫逓増領域であるが，収穫逓増の可能性を高めるのは，絶えざる需要が見込まれる一方で，コミュニケーションが行きわたるコミュニティにおいて，人々の創意工夫が生じやすい環境が生まれることに加えて，取引コストが低められ，また情報の非対称性が緩和されるからである。

このA′点〜B点の収穫逓増領域にA点〜A′点の停滞領域を加えたA〜B領域が共同体経済（ゲマインシャフト）の領域である。ここでの生産物は，主に地域の人々の消費にむかわせるものと想定する[8]。しかし，規模が大きくなって共同体経済が必要とする量を越えた農産物を提供できるようになると，余剰分を販売する市場経済（ゲゼルシャフト）を表すB点からC′点までの領域に到達することになる。しかし，生産の拡大につれて資材代，肥料代，種代，人件費，技術改善コストなどの諸経費を要する割に生産物が増加しない収穫逓減現象が始まる。このうち，B点〜B′点は市場経済の領域ではあるが，収穫逓減の程度は小さい。供給がさらに拡大してB′点を超えると収穫逓減の程度は大きくなるが，生産規模はC点まで拡大し続ける。ところが，C点を越えたところから収穫逓減の程度が高まり，バブル点C′点に到達することになる。市場経済の領域では貯蓄が増加し始めるが，それが農産物の生産に向けた投資ではなく，特に負債金融への依存度を高めながら不動産・株式投資を行うようになると，キャッシュフロー（資金繰り）を急速に悪化させ，また収穫逓減現象を強め，バブル点への到達を早めることになる。

上述のように，A点からC′点まで生産曲線は拡大するが，B点に位置する市民，家計は共同体経済と市場経済の接点，また収穫逓増領域と収穫逓減の程度が低い領域によって構成されるコミュニティ（共助社会）の中心に位置する

---

[8] 岸真清（2013b），24-30ページ，岸真清・黒田巖・御船洋（2014a），47-70ページ，岸真清・島和俊・浅野清彦・立原繁（2014b），141-144ページを参照。

主役である。これからの経済・社会は、政府に過度に依存することなく、また個人では難しい事業を、市民・家計と市民グループ、NPO・NGO、地域金融機関、中央・地方政府などの協業を基盤として、所得と雇用を実現する共助社会（コミュニティ）が重視されるものと思われる。

　この視点において、①市場経済が孕むバブル点への到達を遅らせ、実体経済にリンクした市場経済の領域を重視するか、②収穫逓増現象をもたらす可能性が高いか、少なくとも収穫逓減の程度が低い共助社会すなわちコミュニティに生産要素を移転する手段を提唱することにする。

　前者の考え方は、産業型農業に当てはまるはずである。と言うのも、貯蓄を投資活動に円滑に結び付けることが可能であれば、バブル点への到達を遅らせる可能性が高まるものと思われるからである。また、海外の市場経済の領域に投資（資本の移転）する方法も考えられる。

　しかし、市場経済において、限られた期間ではあるが、収穫逓増現象が生じることに着目することができよう。その理由は、市場経済においても安定した需要が存在する限り、生産規模の増大につれて生産費用が高騰することはなく、収穫逓増の可能性が存在するものと思われるからである。たとえば、P. ローマー (Romar, P.) の内生成長モデルによれば、知識は限界生産物を逓増させる資本ストックとみなされるが、私的企業による研究開発活動が経済全体での知識資本の蓄積を導き、持続的な経済成長を実現することになる。すなわち、ある企業が開発した知識資本は、スピルオーバー効果を通じて、社会全般に移転し、社会全体の知識資本の水準を底上げする。その結果、別の企業は、自ら開発した知識資本だけでなく、社会全体の知識資本を活用することができる。この知識・技術が労働力と物的資本の効率的な活用を可能にする[9]。

　市場経済の領域において収穫逓増の期間は限られるとしても、それを長引かせる工夫、たとえば、自国においての絶えざる新技術の開発も、革新された現

9）　大東一郎 (1996), 65-87 ページ、また、P. Ｋ. ラオも、技術進歩が収穫逓増を産む可能性を指摘している。Rao, P. K. (2003), pp. 42-44.

存の技術の他国への移転も，収穫逓増期間の長期化につながるはずである。このように，需要が見込まれる農業生産物を低コストで供給することが可能になれば，大規模な米作など産業型農業の伸長が実現するのではないだろうか。

他方，後者のコミュニティへの資金移転も，コミュニティ農業活性化につながるはずである。現況では，野菜作，花き作などの非土地・高度利用型農業の経営指標は他形態に比べて農業所得は高くはないが，潜在成長率を実現することができるならば，地域の所得と雇用の増加に貢献するものと思われる。養豚，ブロイラー養鶏，肥育牛，小規模（都府県）水田作も，野菜作や花き作と同様，6次産業化の過程で他産業，農業部門内での連携を通じて経済効率を高めることで，地域への貢献を可能にするものと思われる。加えて，コミュニティ農業の場合も，小規模ながら，ITを活用した海外取引の可能性が生じる。

3．農業協同組合に掛かる期待

TPPに備え，農業の国際競争力を強めるためには，農業生産性の向上が不可欠である。しかし，画一的な施策だけでは多様化した農業部門を活性化することが難しいため，市場メカニズムにゆだねざるをえない。主役はあくまでも農業者であって，農業者の創意工夫，資金のニーズを満たし，農業者自身の投資意欲を高める金融システムの構築が求められるようになっている。6次産業化も重要な役割を果たすであろうが，それを支援する地域に密着した農業協同組合（農協）への期待が高まることになる。

ところが，農協の組合員数は，表8-4のように，1995年544万人から2011年の466万9千人へと減少している。逆に，准組合員数は1995年に358万9千人であったのが，2010年には497万4千人に増加し，同年の正組合員数472万人を上回った。その傾向は，2011年に一層明確になっている。

この間，農協の事業構成も変化している。農協の事業は，①米，野菜，果実，畜産物の販売事業，②生産資材，生活物資の購買事業，③信用事業，④共済事業が柱になっているが，この15年ほどの間に，販売事業と購買事業が減少したのと逆に，信用事業は拡大している。また，販売事業および信用事業の

表 8-4 農業協同組合(総合農協)の概況とその推移

	1995	2000	2005	2010	2011
組合総数	2,457	1,424	886	725	723
組合員数(千人)					
正組合員	5,440	5,249	4,998	4,720	4,669
准組合員	3,589	3,859	4,190	4,974	5,165
事業取扱高(億円)					
販売事業	59,047	49,508	45,149	42,262	42,260
うち米　　　(%)	33.4	24.4	22.8	19.9	21.4
野菜　　　(%)	21.5	26.0	26.3	30.7	30.1
果実　　　(%)	12.9	11.0	9.8	10.0	9.6
畜産物　　(%)	19.7	25.0	26.4	25.7	25.0
購買事業	49,681	41,660	34,550	29,848	29,662
うち生産資材(%)	61.4	64.6	69.1	67.9	69.2
生活物資　(%)	38.6	35.4	30.9	32.1	30.8
信用事業					
うち貯蓄残高	674,819	716,628	786,066	855,637	877,741
貸出金残高	189,775	218,768	211,207	238,080	235,081
貯貸率　　(%)	28.1	30.5	26.9	27.8	26.8
共済事業					
長期共済保有契約高	3,728,842	3,897,482	3,602,845	3,110,878	3,037,309
事業利益	1,904	425	1,600	1,728	1,893

(出所)農林水産省(2013b),137ページより抜粋。

構成も変わっている。

　このうち,販売事業そのものが減少した中で,1995年から2011年の間に,野菜と畜産物のシェアが増加する一方,米と果実は減少している。同様に,購買事業も減少したが,同期間の生産資材のシェアが増加したのと裏腹に,生活物資は減少している。同期間の信用事業において,貯蓄残高も貸出金残高も共に増加したが,預貸率はむしろ減少するなど,2013年時点で,24.0%と低い水準に留まっている[10]。

　これらの事実は,農協の金融サービスが農業者のニーズと合致していないこと,また作目の構成の変化に対応した貸出戦略が不十分なことを示唆している。その打開策は,まず,農協自身の改革,次いで,農業者を核とする市民グ

---

10) 農林中央金庫,各年次版による。

ループ，NPO・NGO，法人企業，地域金融機関，地方政府などとの協業による生産性の向上ではないだろうか。以下の提案を行っておこう。

　第1に，農協事業の改革である。コミュニティ型農業であっても，産業型農業であっても，収益率の向上が前提となるが，そのためには，肥料，種子，飼料，農機具など購入方法の改善によって農業生産のコストを引き下げるとともに，販売先の周旋，高収益品種の紹介，技術革新へのアドバイスを通じて販売高を高める必要がある。これを支援する可能性が高いのが，農協であると思われる。その理由は，貸出担当者が持つ「専門家の経済」，貸出と審査を容易に行うことができる規模を持っている「規模の経済」，他の金融サービスと結び付け，貸出を行う能力を持つ「範囲の経済」に関して，農協，JAバンクが有する農業者とのコミュニケーションに期待が掛かるからである。この行動が借り手のリスクを判断する材料を集める情報収集機能，その質を確かめる審査機能，貸出後の行動を見守る監視機能，すなわち情報生産機能を高めるはずである。

　ところが，特に地域の農業者，コミュニティへの貸出に強みを持っているはずの農協も，本来の機能を果たしているとは思われない。その要因は，農業の実物と金融双方のしくみに存するものと思われる。実際，農協（JA）を束ねる全国農業協同組合中央会（JA全中）の経営指導が，地域に根差した農協の本来の機能を弱めているとの考え方から，国際競争力の強化とそのための地域の農協の自立を目的として，農協，農業生産法人，農業委員会に焦点をあてた改革が検討されつつある。農協の自立化は，農業の投資意欲と資金調達の活性化を通じて，コミュニティのみならず地域発のグローバル化を促進するものと思われる。

　第2に，農協を核とする農業者，市民グループ，法人企業などとの連携である。農業法人の場合，特に規模が大きいほど，農協への出荷も農協からの借入も少ないのが実情である[11]。しかし，土地利用型農業法人に限ってみると，

11）小針美和（2013），26-40ページによる。

野菜作農業など非土地利用型農業と比べて，農協との関係が相対的に高い。小針（2013）が用いた「農業法人の農協事業の利用割合に関するアンケート調査」によれば，土地利用型法人の場合，「農協がメインバンク」，「資金決済」，「農業資金の借り入れ」，「農畜産物の販売事業」，「生産事業の購買事業」，「農業機械の修理整備・売買」，「技術指導」，「経営相談」，「確定申告支援」，「税務相談」，「農地の売買・賃貸借の周旋」，「共同利用施設・倉庫」の質問項目について，依存度が高いという回答を得ている。同様に，土地利用型法人は，非土地利用型法人と比べて，「構成員としての参加」，「集出荷や販売等での連携」，「作業受委託や機械共同利用」，「水利施設の保全等での協力」を通じて，地域農業者との関係を強めている。

　これらの連携が行われる理由は，米作の場合，規模拡大による生産コスト逓減の程度を超えた米価下落，また水田，農地にかかる管理コストの上昇というリスクを抱え，対策を必要としているからである。具体的には，米の保管・販売を目的とした農協施設の共同利用，また効率的な小麦・大豆生産体制の確立を目指して農業生産法人を立ち上げる際の農協の仲介が，その例である。土地生産性が低い米作の効率を高めるため，農閑期の水田放牧のような畜産との連携を進める仲介者としての役割も考えられる[12]。

　市民グループとの連携も，安全かつ高品質の農産物を求める必要性から進展する可能性が高い。市民参加型の農業ファンドや，官民ファンドとしての農林漁業成長産業化ファンドがこの流れを強めるものと思われる。官民ファンドとしての農林漁業成長産業化ファンドが支援基準としているように，2次産業・3次産業分野における農林漁業者主体の法人が，農林漁業以外の業種の技術・ノウハウを活用しながら，農林漁業者と一緒に地域の経済価値の向上を目指す連携も増えそうである。また，農林水産物の特色を生かした新商品の開発，直接販売，輸出など新たな販売方式の導入を組み入れたファンドが評価されることになるはずである。その金融商品の仲介に農協が加わることが効果的と思わ

12）　蔦谷栄一（2013），10-19ページ。

れる。

おわりに

　地域の所得と雇用の向上にとって，農業部門の活性化が不可避である。ところが，高齢化が進む中，農業の担い手と農地の確保が課題になっている。そのため，「人・農地プラン」が実施され，「農林漁業成長産業化機構（A-FIVE）が設置されているが，農業協同組合（農協）の預貸率が農業生産と投資の低調さを裏付けている。低い貸出比率は，農協，信用農業協同連合会（信金連），農林中央金庫（農林中金）という三段階の資金の流れが，地域のニーズに合致していないことを示唆する。しかし，資金チャンネルの問題以上に，資金需要の弱さすなわち不活発な投資という実体経済の要因がネックになっているものと思われる。これが，本章の問題提起であった。

　農業投資の活性化は，資本生産性と資本利潤率の増加，また，投資意欲の向上に掛かっている。しかし，担い手が不足しつつある現状では，資本を労働に代替する必要性が生じ，資本の生産性と利潤率は押さえられがちになる。そこで，本章は投資意欲の向上を最優先することにして，投資を喚起する手段を求めることにした。

　しかし，農業生産は多様化された産業であることに着目せざるをえない。土地利用型なのか非土地利用型（高度土地利用型）なのかという農業の形態，また専業・第1種兼業・第2種兼業という農業者の性格がかかわってくる。そこで，農業を，コミュニティ（共助社会）を基盤として生産者と消費者を直結しながら小規模生産を行うコミュニティ型農業と，市場での販売を目的として，大規模生産を行う産業型農業を想定することにした。その典型的な例は，前者が北海道の大規模・水田作であり，後者が都府県での小規模・水田作や野菜作である。

　コミュニティ型農業そのものにも，自給自足的なケースと生産が拡大して市場販売を行う2つのケースがあるが，まず，前者の場合，品種によっては常に需要が見込まれる一方，コミュニティ（共助社会）内での情報の非対称性が生

じにくく，低い取引費用に加えて，構成員の創意工夫が起こりやすいという供給面での優位性が収穫逓増現象をもたらすものと考えることができよう。

次いで，市場経済の領域に含まれる段階にまで成長したコミュニティ農業の場合，生産規模と市場販売の拡大につれて穏やかな収穫逓減現象が始まることになる。さらに生産が拡大した産業型農業では，収穫逓減の程度も高まる。生産規模の拡大に要する資金を負債によって調達するようになり，資金調達コストを高めるのがその一因である。コスト意識と利益率が一層重視されることになるが，農業収益をカバーする目的の投機，すなわち，実体経済から離れた投機的な行動が行われるようになると，バブル点に到達してしまうことになる。それを避けようとすれば，バブル点に近づいた資金を農業生産に従事するコミュニティ型農業および産業型農業の領域への資金の移転が必要になる。

今後，TPPなど厳しい国際競争に耐えうる基盤を構築するため，消費者が安心して選べる作目，収益率が高い作目を，市場メカニズムに基づいて選ぶ必要があるが，生産コストの引き下げも課題になる。それを支援するのが，農協の改革である。コミュニティに密着して専門家の知識を有する農協は，資金の供給や資材・飼料の購入，販売先の紹介などの情報提供サービスを通じて，農業従事者の企業家精神を鼓舞する役割が期待されている。同時に，農協が本来の役割を果たすためには，地域に密着また自立した経営が前提になると思われるので，それを可能にする農政が望まれる。

また，農協を核とした農業者，企業との協業も可能性を高めるものと思われる。コミュニティ型，産業型を問わず，法人企業による農協施設の活用や農地獲得・利用の調整役，さらに農業関連民間ファンド仲介者としての役割も重視されることになろう。

参考文献

Galenson, W. & Leibenstain, H. (1955), "Investment Criteria, Productivity and Economic Development," *Quarterly Journal of Economics* (August).

Ranis, G. (1962), "Production Functions, Market Imperfections and Economic Development, *Economic Journal* (June).

Rao, P. K. (2003), *Development Finance*, Berlin: Springer-Verlag.
Sen, A. K. (1968), *Choice of Techniques*, Oxford: Basil Blackwell, chapt. 2.
岸真清（2013a）「コミュニティビジネスとしての農業」中央大学経済学研究会『経済学論纂』第 53 巻第 5・6 合併号。
岸真清（2013b）『共助社会の金融システム─生活者と投資家の視点─』文眞堂。
岸真清・黒田巌・御船洋編著（2014a）『グローバル下の地域金融』中央大学出版部。
岸真清・島和俊・浅野清彦・立原繁（2014b）『ソーシャル・ビジネスのイノベーション』同文舘。
小針美和（2013）「農業法人と農協のありかたを考える─土地利用型農業を中心にして─」農林中央金庫『農林金融』第 66 巻第 5 号（5 月）。
大東一郎（1996）『内生的経済成長の基礎理論』三菱経済研究所。
蔦谷栄一（2013）「コミュニティ農業と耕畜連携からの再生─日本型農業の展開による TPP 参加の流れへの対抗─」農林中央金庫『農林金融』第 66 巻第 4 号（4 月）。
農林水産省編（2013a）『食料・農業・農村白書　平成 25 年版』。
農林水産省編（2013b）『食料・農業・農村白書参考統計表　平成 25 年版』。
農林中央金庫『農林金融』各年次版。
室屋有宏（2013）「6 次産業化の現状と課題─地域全体の活性化につながる「地域の 6 次化」の必要性─」農林中央金庫『農林金融』第 66 巻第 5 号（5 月）。
農林水産省ウェブ・ページ「人・農地プラン（地域農業マスタープラン）」(http://www.city/ypkote./g.jp/nogyoseisaku/page000022.html)
農林水産省ウェブ・ページ「6 次産業化の推進について」(http://maff.go.jp.j/kanbo/saisei/pdf/3_rokujika.pdf), 4 ページ。
農林水産省食料産業局ウェブ・ページ「農林漁業成長産業化ファンドの概要」(http://www.malf.go.jp/shokusan/export/e_conf/pdf/sanko8.pdf)
農林漁業産業化支援機構ウェブ・ページ（A-FIVE）「サブファンドについて」(http://www.a-five-j.co.jp/subfund/support_standard.html)

第 3 部

国際金融編

第 9 章

世界金融危機とドル本位制
―― 国際システムの視点から ――

は じ め に

　2008年来の金融危機は，100年に一度の金融危機として，1930年代の危機に擬せられ，ドル体制の危機も喧伝された。確かに，金融危機は米国発であり，米経済は混迷し，金融機関は打撃を受け，米国を巡る世界の資金循環は大きく混乱した。しかし，この間，世界はドル不足に見舞われ，米公債は良好な投資物件として機能した。米国は積極的な財政政策・金融緩和政策により，自国経済の急落を防いだのみでなく，各国中央銀行にスワップでドルを供給し，世界経済を支えた。

　世界経済は2010年から回復したが，2011-2年にはユーロ危機が深刻化した。しかし，米経済は2013年の財政の崖を超え，成長を回復し，株式市場は活性化し，失業率も低下し，金融機関の業績も改善し，FRBは2014年からTaperingに入っている。日本はアベノミクスを機に成長を回復し，EURO圏も不安定ながら成長の局面にある。他方，今回の危機では4兆元対策を示し，台頭著しい中国を始め，デカップリングを示した多くの新興国は，2012年来調整期にあるが，根強く拡大している。

　以上，世界経済は金融危機により大きな衝撃を受けたが，ドルの強さを基礎

に，米国が，極めて大胆な積極政策を行い，世界経済を支えたのに対し，1930年代は，基軸通貨ポンドが退位し，世界恐慌が混迷を深めたことである。

さらに言えば，戦後の金・ドル本位制は 1971 年に停止され，以来ドル本位は基礎の弱さを指摘されたが，幾つかの危機を超えて，むしろ，その機能を強化し，ドル本位制が定着，浸透している印象がある。現在の基軸通貨・ドルの機能は強く，表 9-6 の BIS の 13 年 4 月調査では，世界の外国為替取引額 5.3 兆ドルの 87％がドルが係わる決済で国際決済の過半を占め，ユーロの 33％とは大きな差がある。表 9-7 の公的外貨準備でもドルは 6 割を占め，ユーロの 24％と大きな差を持つ。表 9-9 のように新興国の多くはドルの準備を大きく増やし，その通貨をドルにペッグしている。

ドルの強さは続いているが，今後の問題として，金融危機の間に，世界第 2 位の GDP を実現し，産業力を高め，国際貿易で米国を凌駕し，巨額の外貨準備を持つ中国がその人民元の国際化を如何に進めるか，その国際通貨体制への影響が注目される。

以上の状況で，ドルの強さをどのように理解するか？なぜ，今回の危機が 1930 年代の再来とならなかったか？また，台頭する中国を含め，将来の国際通貨制度の展望は何か，である。筆者は安全保障，国際通貨・金融，国際貿易などの国際システムの接近が適宜と考えるが，特に，基軸通貨は国際システムの中核であるためでもある。かかる視点から，まず，パックス・ブリタニカとパックス・アメリカーナのシステムを比較し，その基軸通貨であるポンドとドルについて考察する。次いで，金を離れたドルが，ドル本位制を定着・浸透させる状況を考察し，今回の危機における米国の財政・金融政策との関連を考察する。更に，今後の国際通貨体制について考察するが，国際システムの視点から，人民元についても論じる。

1. 国際システムと基軸通貨

1-1　パックス・ブリタニカの国際システム

表 9-1 は 19 世紀から 20 世紀にかけての国際システムから見る覇権の推移で

ある。筆者は国力の充実過程として，産業力，貿易力，国際金融，国際通貨，安全保障を考え，この順序で国際システムへの影響力を高める過程と考え，この接近を採用している。

パックス・ブリタニカの国際システムは二国標準の海軍力を柱に（第2位，第3位の海軍力を合計してもイギリスの力に及ばない），欧大陸での勢力均衡[1]と世界の人口・領土の1/4を支配する安全保障システムに基礎があった（Gilpin 1975）。5つの錠前の基地（ジブラルタル，ケープタウン，アレキサンドリア，シンガポール，英仏海峡）により，世界の海を支配するもので，その安全保障の上に，世界に張り巡らされた貿易網と投資とポンド手形還流のシステムが築かれた。ソールの言う多角決済システムである（Saul（1960））。

1860年の英国は産業革命を完成し，7つの海を支配する安全保障力と世界経済での英国の圧倒的地位を示すが，表9-2のように，世界の工業生産の36％，国際貿易の21％を占め，国際金融においても影響力は絶大であった。パックス・ブリタニカの国際通貨システムは金本位制である。1817年の貨幣法によって1オンス＝3ポンド17シリング10・5ペンスと定められて以来，第一次大戦まで変わっていない。金本位制は1870年ごろから独，日，米を始め各国に普及し，世界の通貨体制となり，卓越した英国際金融市場の基礎となった。

19世紀末から20世紀初頭，英国は第二次産業革命を達成した米国とドイツから経済挑戦を受け，第一次大戦前，米国には工業生産で大きな差をつけられる（表9-2）。英国は，マンチェスターの産業力からシティの金融力にその影響力の方向を転換したが，国際金融での力は圧倒的で，ポンドの地位は強固であった。だが，19世紀末からドイツが海軍力を増強したため，パックス・ブリタニカの基礎を揺さぶられた。英国は日英同盟を結び，その戦力を欧州に集中する。表9-1の1913年は，工業力では劣るが，その他の部門では力を持つ英国と安全保障で挑戦するドイツと，工業力では強いが，安全保障や国際金融で

---

[1] 英国は，歴史上の経験から，欧大陸での拠点確保は難しいと判断し，欧大陸に圧倒的大国が出ないよう，勢力均衡政策を行う一方，海軍力を利用し，7つの海を支配する海上王国を建設した（Gilpin 1975, Imlah 1958）。

表 9-1　国際システムから見た Pax Britannica から Pax Americana への継承

	1860	1913		1925		1937		1950
	英	英	独	米	英	米	英	米	米
安全保障	A*	A*	A	C	A	A	A′	A′	A*
国際通貨	A*	A*	B	C	A*	B	A′	A	A*
国際金融	A*	A*	B	B	A′	A*	A′	A	A*
国際貿易	A*	A*	A	A	A	A	A	A	A*
工業力	A*	A′	A	A*	B	A*	B	A*	A*
GDP	A*	A	A	A*	B	A*	B	A*	A*

(注) A*, A, A′, B, C, E は影響力の強さの順位。
(出所) 坂本正弘 (2001)『パックス・アメリカーナと日本』中央大学出版部。

表 9-2　世界工業生産, 貿易の主要国シェア (%)

	工業生産			貿易		
	英	米	独	英	米	独
1860	36	17	16	21	11	—
1880	28	28	13	20	11	13
1900	18	31	16	19	12	13
1913	14	36	16	15	11	13
1920	14	47	9	15	14	8
1930	9	39	11	14	12	10
1937	9	35	10	14	12	9

(出所) Kuczynski J. Studien zur Geschihite der Weltwirtshaft. Dietz Velag (1952) から作成。

は弱い米国の関係を示している。

　第一次大戦はパックス・ブリタニカの基幹を揺さぶった。欧州は疲弊し，米国は工業生産で世界の 47% に高めた（英国は 14%）のみならず（表 9-2），大きな戦時債権を英，仏に持った。英，仏はドイツの賠償から，戦時債務を米国に支払う積りだったが，難航した。しかし，1925 年ヤング案がまとまり，米国からドイツなどへの巨額な外債が発行され，資金が流れた。1925 年，英国は金本位制に復帰し，つかの間の相対的安定期[2]が実現した（Kindleberger, 1973）。

---

2) 第一次大戦後の欧州では何よりも戦前への復帰がスローガンだったが，仏・ベルギーのドイツへの侵攻など戦争の後遺症が続いた。1925 年は，ヤング案もまとまり，金本位制も復帰し，相対的安定期が実現した（Kindleberger 1973）。

表 9-1 の 1925 年は，以上の英米関係を示したものである。英国は世界の人口と面積の 1／4 を支配し，安全保障では米国に一日の長があり，ポンドは基軸通貨の地位を保った。しかし，米国の国際金融，産業力は圧倒的で，安全保障面でも主力艦比 5：5：3 ［英，米，日］に見るごとく，影響力を高めた。

1929 年のニューヨーク株式市場の暴落は，米国からドイツなどに供給されていた資本を停止・逆流させ，欧州の金融危機を深めた。1931 年 5 月のオーストリアのクレジット・アンシュタルトの倒産から，金融恐慌は 7 月，ドイツに飛び火し，9 月，英国を襲い，英国は金本位制を停止し，更に，1932 年，英連邦特恵関税地域を設定した。1933 年，金融恐慌は米国に押し寄せ，国際通貨体制はブロック化を強めた。1936 年，しかし，米英仏 3 国の間に米ドルの優位を認める 3 国通貨協定が成立し，後の金・ドル本位制の基礎を作った。表 9-1 の 1937 年は，国際通貨，国際金融，産業力などで，米国の優位を示す。しかし，パックス・アメリカーナの成立は第 2 次大戦後であり，米国が 19 世紀末産業力で英国を圧倒してから半世紀後のことであった。

キンドルバーガーは，大不況について，①投げ売りされる商品に市場を開放する。②景気調整の長期貸し付けを行う。③恐慌時に手形を割り引く，の 3 機能を行う指導国の欠如を上げる。1929 年の株の暴落は通常より大きかったが，1930 年には戻しの動きもあった。しかし，金融恐慌に至ったのは，恐慌を防ぐ能力を持ち，経常収支黒字で，国際金融大国の米国が，大幅な関税を上げるなど，恐慌を防ぐ意思を持っていなかった。英国には意思があったが，能力がなかったとする（Kindleberger 1973）。しかし，これは，まさに，覇権の国力の移行過程であり，大変動を防止できたかどうか不明である。

筆者はパックス・ブリタニカから，パックス・アメリカーナの覇権の継承には，3 条件があったと考える。第 1 は，第 2 次大戦前後の米国の圧倒的国力である。第 2 は共通の価値であり，太平洋憲章が典型だが，イギリスは民主主義・自由貿易などをアメリカのシステムに挿入できると考えた（但し，国際通貨体制はケインズ案が通らなかった[3]）。第 3 の条件は，共通の敵の存在で，第 1 次大戦ではドイツ，第 2 次大戦ではドイツ，日本，第 2 次大戦後ではソ連で，

英米両国は同盟国として，8回の首脳会議を持ち，共同の戦争体制で特別な友好国となった。

1-2 パックス・アメリカーナの国際システム

表9-3はパックス・アメリカーナの国際システムだが，安全保障システムは，核を含む圧倒的軍事力が，世界にまたがる700の基地と同盟国に分布している。基軸通貨ドルを持ち，圧倒的金融資本市場を背景とする国際金融力，技術革新の強い産業力が1960年の姿である。これに対し，安全保障面ではソ連が長期にわたり対抗し，金ドル本位制は早くから挑戦を受けた。1980年代，産業力では日本が挑戦し，日本の金融機関が世界のビッグテンの過半を占めた。冷戦後，国際貿易や通貨では，EUが台頭し，ユーロが1999年に発足した。しかし，これらは，米国の覇権を揺るがすものではなかった。2013年は，世界金融危機を契機に中国の台頭が目立ち，国際貿易，産業面では米国を凌ぐ勢いであり，軍事力も急激に増強している状況を示す。しかし，20世紀初頭の米英間の産業力の格差はなく，中国が国際金融，国際通貨の面で，米国に対抗出来る力をつけるには乗り越えるべき多くの壁がある。

表9-3　パックス・アメリカーナの国際システム

	1960	1988				2000				2013				2020	
	米	米	日	中	ソ	米	日	中	EU	米	日	中	EU	米	中
安全保障	A*	A*	C	B	A	A	C	A'	A	A*	C	A'	A'	A*	A-A'
国際通貨	A*	A	B	D	C	A	A'	C	A	A*	A'	C	A'	A*	B
国際金融	A*	A*	A	D	C	A*	A'	C	A	A*	A	B	A'	A	B
国際貿易	A*	A	B	C	B	A	A	B	A*	A	B	A*	A	A	A*
産業力	A*	A'	A*	B	B	A'	A	A	A'	A	A'	A	A'	A-A	A-A*
GDP	A*	A*	A	B	A	A*	A	B	A	A'	A	A	A	A*	A-A*

（注）A*，A，A'，B，C，Eは影響力の強さの順位。
（出所）坂本正弘（2001）『パックス・アメリカーナと日本』中央大学出版部を基礎に作成。

---

3) 戦後の国際通貨体制の協議は，米英で行われ，ケインズはポンドを基軸通貨とできない現実の中で，バンコールを基本とする国際清算同盟案を提案したが，力及ばず，米国案の金・ドル本位制を基軸とするIMF体制が成立した。

1-3　国際システムから見た米国の総合的強さ

以上から見ると，ドルの機能の強さは第1に，米国の総合国力の大きさに起因すると考えられる。すなわち，1930年代は総合国力の上で，米国が英国を大きく抜き去る覇権の継承期であった。1920年代には圧倒的経済・金融大国となった米国が大恐慌を契機に，ポンドを退位させる時期であり，世界の激動は致し方なかった。国際システムの視点から見ると，現在は，米国が世界をなお，主導する状況である。しいて言えば，中国の産業力・貿易力，安全保障力の向上が著しく，米国が安全保障，国際通貨，国際金融の面で対峙する姿は，むしろ，20世紀初頭の英独，英米の関係に類似すると考えられる。今回の金融危機以来の推移は，米国の大きな国力に基礎を置くドルが対策を過たなければ，機能不全を起こさなかったのは当然と言えようか。

1-4　基軸通貨の高い階層性と利便性

強いドルの原因の第2は基軸通貨の高い階層性，利便性と考える。貨幣は人間が発明した最も創造的なものとされる（宗教と並んで）。価値の貯蔵，決済手段，価値も異なるものを統合する計算尺の機能は現代生活に限りない大きな便益を与えており，その利便性なくしては一日も暮らせない。各国が主権の象徴として，通貨を発行しているが，各国通貨には交換性などの状況で国際通貨になれる通貨となれない通貨がある。基軸通貨は，その各国通貨の上の通貨としての肝要な地位を占める。

国際取引は基軸通貨を中核に動いており，国際金融，国際貿易，国際投資など対外決済の過半は基軸通貨を媒介として行われ（表9-6），基軸通貨なくしては，国際通貨システムは混迷し，世界経済も成り立たない。基軸通貨の利便性は国際公共財の性格を持ち，基軸通貨の交代は国際システムの全面変更を伴い，大きな混乱を伴う事態となる。少しぐらい不安定でも新しい基軸通貨が成立するまでは現行の基軸通貨を支持するのが，他の諸国としても有利である。1925年のポンドの復帰はその状況を示す。筆者は，国際システムから見ると基軸通貨は覇権の遅行指標と見る（逆に産業力・貿易力は覇権の先行指標といえ

る)。

　バーグステンは基軸通貨の条件として①貿易・投資力を含む大きな経済，②整備された大きな資本・投資市場の存在だが，資本取引規制の歴史のないこと，③安全な通貨として，重要資源の確保，軍事力による安全保障を上げるが (Bergsten 1975)，これはまた，基軸通貨は国際システムの中核として果たす要件である。安全保障システムが基軸通貨を支える状況は英帝国の場合も米国の場合も同じだが，逆に米ソ対立で，米国はドルにより，世界の資源を調達できたが，ルーブルの国際性はなく，冷戦勝利の一因となった。

　また，上記のように国際金融，国際貿易も，国際投資もドルを媒介にしており，基軸通貨は高い階層性を持っている。今回の金融危機でも，米金融機関が打撃を受け，中国が産業と貿易で米国を凌ぐ勢いだが，ドルの地位は動かなかった。日本も1980年代末期大きな金融力を持ったが，通貨力は低かった。角度を変えると，産業力，貿易力，国際金融力は民間企業の力で実現する。しかし，安全保障と通貨は国家の力の象徴であり，階層性に格差がある[4]。

2. ドル本位制の定着・浸透

　今回の金融危機でドルの地位が侵されなかったのには，以上のような米国の国力の相対的強さ，基軸通貨の国際システム上の強い地位があるが，ドルが金の束縛から離れ，かつ，ドル本位制が定着・浸透し，積極的政策を可能にする基盤があったためと考える。

2-1　金本位制と国際流動性

　よき国際通貨制度には，通貨の信認，流動性の供給，国際収支の調整過程の3条件が必要とされる。金本位制は通貨の信認という点では長所だが，流動性の供給は制約が大きく，かつ，国際収支の調整過程も必ずしも順調でなかった。ピール条例により英蘭銀行は銀行券発行額を保証準備（1400万ポンド）＋金

---

[4]　為替レートの所管は多くの国で財務省である。

準備と限定されたため，銀行券発行額が金準備に制約され，金流出が強くなるとピール条例を停止して，信用供与を拡大した（西村，1980，吉岡1981）[5]。また，英国の国際収支は貿易外収支の黒字が大きく，経常収支の黒字が拡大したが（GDP比6-7％），通貨の価値を維持するため，資本の輸出を拡大したため，国内での資本形成を縮小し，これが英産業の競争力を弱めたとされる。

第1次大戦後の国際通貨体制は金為替本位であるが，各国の金への執着は強かった。まず，米国は大幅な黒字の不胎化政策により，金準備を増やし，1929年には世界の金準備90億ドルのうち40億ドルを占めた（英7億ドル，仏17億ドル，独5億ドル）。1920年代を通じて，金準備，国際収支の状況は各国の関心の的であり，経済政策の優先課題となり，為替レートや保護貿易を巡る争いの報復として，相手国通貨の兌換による金の引出しがしばしば行われた。

第二次大戦後の国際通貨体制は金・ドル本位制となった。各国はドルへの平価維持を義務付けられ，経常収支の均衡が大きな課題となった。日本が典型だが，国際収支が赤字になると引き締め政策をとり，英国も国際収支均衡のstop&go政策を繰り返した。

そして，金・ドル本位制でも金の保有が重要な課題となった。米国は1948年，世界の金準備345億ドルのうち，244億ドルを保有し，ドルの信認の基礎とした。しかし，特に欧州諸国の金選好が強く，ドルを金に代える動きが強まった。米国の経常収支は黒字だったが，50年代末からドルの金兌換の動きが強まり，金準備の減少が加速し，ケネディ大統領は1961年，ドル防衛を強いられた。ドルの金交換を公的機関に限定するなどの措置により，金流出を防ごうとしたが，金保有が急減し，1971年金準備が100億ドルとなった時点で，ニクソン大統領はドルの金兌換を停止した。その後，スミソニアン協定で，固定相場制への復帰が図られたが，1973年以来，国際通貨体制は変動相場制となり，事実上ドル本位となった[6]。

---

5) ピール条例は1847年，57年，66年に停止された（吉岡1981）。
6) 変動相場制は制度なき通貨体制ともいわれるが，実態はドルが中核で機能した。ドル本位といえるが，70年代，80年代，ドルは減価を続け，ドル本位への懸念は強

2-2 変動相場制後の国際流動性増加と金融革新

表9-4は世界の公的外貨準備の推移である。固定相場制時の公的外貨準備の増加は1952年から70年まで遅いが、変動相場制後は10年毎に倍増以上となり、21世紀に入り、急激である。注目すべきは、最近の途上国の外貨準備の急激な増大の動きだが、先進国を2005年に抜き、その後も急増し、2013年には先進国の2倍となった。特に中国は4兆ドルに近い増加である。

固定相場制から変動相場制、ドル本位への移行において、1973年の第1次石油危機が大きな役割を果たした。巨額のオイルダラーが産油国に蓄積する中で、その資金を還流し世界の流動性の偏在を防止することが国際的課題となったが、ドルによる金融循環以外に対応はなかった。1976年のキングストン協定で金の退位が決定された。固定相場制の時代には経常取引が大きな比重を占めていたが、変動相場制移行後は、世界の総金融資産が参加する体制となり、金融取引が膨張していったが、これもドル本位の浸透を助けた。

第2次石油危機も流動性偏在のためのオイルダラーの還流が重要となったが、レーガン政権は強いドルを志向した。ドルの信認維持のため、物価上昇を抑制する狙いがあったが、国際収支赤字が急激に増え、国際流動性の増加を加速した。プラザ合意はドルの大幅減価と円マルクの増加など、国際的通貨調整を必要としたが、日本の金融が過剰緩和され、バブルの状態となった。

表9-4　世界の公的外貨準備　　　（単位：10億SDR）

	1952	1962	1970	1972	1982	1992	2002	2012	2013
世界	49	63	93	146	362	760	1,893	6903	7,530
先進国	39	53	74	113	214	557	1,160	2404	2,464
米	25	17	14	30	57	53	59	97	
日	1	2	5	17	22	53	340	814	
独	1	7	14	22	44	69	41	46	
途上国	10	9	19	33	147	196	729	4,496	5,066
中国						15	214	1,862	

（出所）IMF資料。

かった。ドルへの信認が確立し、ドル本位制が確立したのは、冷戦後の米経済の立ち直りの後ともいえる。

冷戦の終結による米超大国の出現はドルの信認に大きな影響を与えたが，更に，IT 革命に乗る米経済の好調，著しい財政改善もこれを後押しし，ドル本位制が確立したといえる[7]。この間，金融取引の拡大が大きな役割を果たした。金融取引は 1990 年代以降，急拡大するが，翁はその第 1 の理由として 80 年代から発達し始めた金融工学を背景とする金融資産の証券化を指摘する。住宅金融資産を買い取って資産担保証券とすることによって，金融機関はリスクを小さくし，更に，金融工学を駆使して，複合担保証券などにより金融取引を拡大する。そして，このような取引のリスクをカバーするための金融工学を駆使した金融派生商品（derivative）で，credit default swap（CDS）によっても銀行は資金の流れとリスクを切り離せるようになったとする。今一つの金融市場革新の原因として，グローバリゼーションをあげるが[8]，これは資産の債権化や CDS によって金融のグローバル化が進展し，資金が国境を越えて進み，金融商品価格の内外連動性が高まったためだが，資金は先進国間のみならず，新興国にも拡大した（翁 2014）。

以上のような金融革新・拡大は，IT 革命が本格的に進み，かつ冷戦終結に伴う世界平和の拡大が企業活動の進展と合した結果である。拡大は新興国にも及んだが，これはまさに，ドル本位制をまさに定着・浸透させる過程ではなかったか。証券化といい，金融派生商品といい，IT 技術に乗せて国境を超える金融活動は，ドル本位制の下で発展した。

2-3 21 世紀の急激な金融拡大

21 世紀に入ると金融活動はさらに活性化した。米国ではかつてない住宅ブームが訪れた。人口増もあるが，住宅価格上昇によるキャピタルゲインがさらに需要を高めたが，住宅担保債券，合成債務担保証券として盛況に売り出され，後にサブプライムローンとして問題になるが，個人消費も拡大し，家計は

---

7) 冷戦終了後，国際通貨体制改革の議論は影を潜め，SDR は計算単位となった。ドル本位からドル本位制への移行としたい。
8) グローバリゼーションは冷戦終了後，旧共産圏諸国を含む世界の取引を加速した。

赤字となった。折から，米国は2つの戦争と，景気拡大策を行い，国際収支の赤字が大きく拡大し，3つの赤字として，グローバルインバランスが喧伝された。しかし，Xaは米国の赤字の対局として新興国の貯蓄超過があり，投資機会を求めている。その黒字が米国などへ巡り，資産価値を高めるとすれば，世界の成長は高まり，この構造は持続可能とした[9]。グローバリゼーションの中，米国の金融商品は欧州を始め，世界に売り出された。欧州では1999年のユーロ発足以来，統合を高めた南欧，東欧にも，金融機関の貸し出しが増加し，また，国債引き受けが進んだ。Target2での不均衡は拡大していったが，これも欧州の成長を高めた[10]。

新興国もグローバリゼーションの中，90年末のアジアの金融危機の教訓を忘れず，表9-4のように，外貨準備を増やし，国内貯蓄を増大して，金融革新・拡大に対応してきた。中国のアフリカ開発もあったが，21世紀初頭の世界経済は5％の高度成長を続けた。表9-6は，国際決済銀行が3年毎に行う，世界の一日の外国為替取引の調査であるが，2001年の1.2兆億ドル（年率450兆ドル）から2007年3.3兆ドル（年率1200兆ドル）に急拡大しているが，その中核はドル取引である。

2-4　米国を巡る資金循環の変化

表9-5は米国を巡る資金循環であるが，21世紀，3つの赤字拡大により，米経常収支赤字が急激に拡大した。金融危機前の2006年には8千億ドル弱に拡大したが，米国には海外からの証券や金融機関への投資，財務証券投資など2兆ドルを超える資金流入があり，経常収支赤字を賄い，なお1.3～1.5兆弱ドルの民間部門の海外投資を行った。米国を巡る活発な金融活動により，世界の

---

9) Xaは米国の赤字を杞憂する伝統的見解に対して，日，独，中などの世界的な貯蓄過剰に対し，米国は投資機会を提供しているとする（Xa 2007）。

10) Target 2はEURO諸国間の決済をECBと各国中央銀行の貸借に返還する仕組みだが，南欧などの累積債務に対し，北欧の債権が累積し，特にドイツ連銀の債権は巨額であるがこれが，南欧諸国の成長を支援した。

表 9-5　米国中心の資金循環推移（資産・債務の変化）

(単位：10 億ドル)

	経常収支	資産計（資金流出）	公部門	直接投資	証券金融投資	債務計（資金流入）	直接投資	財務証券など	証券金融取引
2001	-416	-382	5	-142	-234	782	167	38	578
2006	-798	-1285	+7	-244	-1048	2065	243	431	1586
2007	-713	-1453	-22	-414	-1016	2064	221	538	1306
8下9上	-509	+566	-62	-279	+909	-162	183	586	-929
9下10上	-422	-626	+62	-332	-444	963	189	539	232
10下11上	-460	-835	-11	-364	-458	1514	232	674	609
11下12上	-453	+175	-44	-350	+661	302	219	506	-523
12下13上	-420	-757	+20	-344	-431	958	198	502	339
13下	-188	-242	+4	-172	-74	470	131	338	101
14I	-111	-140	-	-55	-85	225	-117	157	185

(注) 08年以下は下期と次の年の上期が類似の状況なのでこれを合計した。その中で，公部門はFRBのスワップが，8上は-495の供与，9下は+433の返済。11下は-107の供与，12上は+63の返済となる。

(出所) Survey of Current Business 2014年6月。

資金循環を活性化し，資源配分を最適化していたが，これもドル本位制の浸透を助けた。

　この資金循環は金融危機の発生とともに大きく混乱した。2008年から2009年上期まで，民間証券や金融機関への資金循環は逆流し，米国への資金流入が止まる中で，米国の証券や金融機関投資も資金を引き揚げる激変ぶりであった。但し，この間米財務証券は最良の投資物件として，海外資金を引き付け，また，上述のFRBがスワップにより公部門の資金を流出させた。2009年下期より，米国への民間投資も復活し，米国の対外民間投資も増加に転じ，規模は縮小したが，金融危機前の資金循環を復活したかに見えた。

　しかし，ユーロ危機の悪化は2011年下期から米国への資金流入を再逆流させ，米国の民間対外投資も資金の引き上げとなり，FRBのスワップが復活した。しかし，ECBドラギ総裁の積極的金融政策とともに，国際金融の安定がみられ，2012年下期から米国への資金流入と米国からの民間投資が復活している。この間，財政赤字の継続にかかわらず，財務証券への一貫した海外需要が続いており，直接投資と共に米国中心の資金循環の復活を助けている。

2-5 ドルの機能の現状

国際通貨の機能には価値保全の準備通貨，取引の決済通貨，種々の通貨の計算尺としての機能があるが，筆者は決済機能が最も重要と考える。決済機能が強ければ，他の機能が付随してくるためである。

表9-6はBISの2013年の外国為替の取引高であるが，21世紀に入り，外国為替取引は更に，急拡大している。その中で，ドル取引の87％という数字は世界の為替取引のほとんどに関係しているわけだが，米国との取引と関係のない第三国間の取引にもドルが使用されていることを示す。基軸通貨の決済能力の強さを示すが，国際貿易，投資，金融にくまなく絡み，ドル本位の定着・浸透を示すものである。

これに対し，ユーロの外国為替取引額は21世紀に入り，その比重を高めてきたが，2011，12年のユーロ危機の後，低めている。2013年の比重33％の内，ドルとの取引は24％を占め，その他通貨とは9％と低く，ドルとの差がある。2013年の円の為替取引は23％へとジャンプしている（ドル取引が18％）。BIS当局は，4月は黒田総裁登場直後の異常な東京市場の活性化のためで，その後は20％くらいに低下しているとしているが，久しぶりの復活である。そ

表9-6　2013年4月世界の通貨別外国為替取引額

（単位：10億ドル，％）

	1998	2001	2004	2007	2010	2013
取引総額	1,527	1,239	1,934	3,324	3,981	5,345
ドル	86.8	89.9	88.0	85.6	84.9	87.0
ユーロ		37.9	37.4	37.0	39.1	33.4
円	21.7	23.5	20.8	17.2	19.0	23.0
ポンド	11.0	13.0	16.5	14.9	12.9	11.8
スイスフラン	7.1	6.0	6.0	6.8	6.4	5.2
香港ドル	1.0	2.2	1.8	2.7	2.4	1.4
韓国ウォン	0.2	0.8	1.1	1.2	1.5	1.2
人民元	—	—	0.1	0.5	0.9	2.2
総額％	200	200	200	200	200	200

（出所）BIS: Triennial Central Bank Survey of Foreign Exchange and OTC Derivative Market Activity I April 2013/Sept 2013.
Survey of Current Business 2014年6月。

の他の通貨ではポンドが12％（内ドル取引は9％），豪州ドル9％（内ドル取引7％）などが主要である。

人民元の外国為替取引は近年急増し，2013年には韓国ウォンや香港ドルを抜いて，2.2％と急拡大だが，なお2％台だともいえる（ドルとの取引は2.1％）。しかし，後述のように，世界貿易第1位の国となり，人民元建てで貿易や投資の決済を進めているところから，最近の比重はさらに増加していよう。

以上ドルの優位だが，外国為替取引は決済単位が大きければ大きいほどその取引コストは割安になるが，コストの安いことが，ドルでの取引を増やすことになる。世界の9割の外国為替取引にドル決済が絡むことはドルの取引コストの優位さの反映であり，世界の金融，資本市場におけるドルの優位は簡単に崩れないといえよう。しかし，その裏返しとして，ドルは時として競争通貨へ打撃を与える。今回の危機の過程で，将来ドルに代替するとも言われたユーロは機能不全に陥り，凋落したが，なお不安定である。かつての円も通貨価値上昇で競争力を失った。

表9-7の準備通貨の機能としても，IMF公表の公的外貨準備額で，明細が明らかな外貨準備の中，ドルは現在でも61％と過半を占めるが，報告されていない通貨を含めるとさらに増える可能性もある[11]。準備資産は，その運用の容易さ，安全さが大きな条件となる。大量の外貨準備の運用の容易さ，市場

表9-7 通貨別公的外貨準備と比率

(単位：10億ドル，％)

	2004.I	06.I	08.I	10.I	11.I	12.I	13.I	14.I
総額	3,295	4,523	7,243	8,290	9,706	10,441	11,090	11,864
ドル	67.0	66.1	62.9	61.7	61.0	61.4	61.7	60.9
ユーロ	23.4	24.4	26.5	27.2	26.4	24.8	24.7	24.5
ポンド	2.8	4.1	4.8	4.2	4.0	4.0	3.9	3.9
円	4.5	3.6	3.3	3.0	3.6	3.8	3.9	4.0

(注) 各第一四半期。
(出所) IMF COFER 統計。

---

11) 2013年末の世界の外貨準備は11.7兆ドル，うち外貨の内容の報告は6.2兆ドル，内容不明は5.4兆ドルだが，中国の比重が高い。

での換金や，他の投資物件への振り替えの容易さ，廉価な手数料などだが，資本規制の恐れのないことも大きな条件であり，ドル資産はこの点で良好な投資物件であり，ニューヨークやロンドン市場が好まれる理由である。

ユーロはユーロ危機以来，若干比重を下げ，公的外貨準備は24%の位置を占める。円は，公的外貨準備では90年代8%を占めたが，現在は4%とポンドと同じ地位となっている。人民元は中国人民銀行がスワップ協定を24の中央銀行と結ぶなど，人民元を公的外貨準備に組み入れる努力をしているが，IMFの統計では項目が立っていない。

また，表9-8は米国の累積経常収支赤字と対外純債務を示すが，累積経常収支が2010年には，8兆ドルに対し，純債務に2.2兆ドルに過ぎなかった。これは，米国企業が海外で高い収益を上げ，その資産の評価が高いのに対し，外国企業の米国内での企業収益は低く，その資産の評価が低いことが基本であり，米国の国際収支上の所得収支は，対外純債務に拘わらず黒字であることに示される。しかし，より大きな効果は，米ドルが下落すると，米国のドル表示の対外資産は増加するのに対し，対外債務は変わらないので，純債務は減少する。米ドルの信認下落を緩和する機能がある。但し，ドルがその他通貨に対し，切り上がるとその効果は逆になる。2011年以降の対ユーロ，2013年の対円など，米国の対外債務が増大し，2013年には累積経常収支9.3兆ドルに対し，純債務は5.4兆ドルになった。

表9-8 経常収支と米国の国際投資状況

(単位：10億ドル)

	累積経常収支	米国純債務	※海外資産	米対外債務
1990	－646	－245	2,178	－2,424
2000	－2,262	－1,381	6,238	－7,619
2006	－5,782	－2,140	13,754	－16,294
2009	－7,557	－2275	18,558	－20,833
2010	－8,008	－2,250	20,555	－22,805
2011	－8,463	－3,730	21,636	－25,366
2012	－8,903	－4,568	22,620	－27,096
2013	－9,309	－5,382	23,801	－29,140

(出所) U.S. survey of current business June 2014.

3. ドルが支えた積極的金融・財政政策

3-1 非伝統的金融政策

金融危機の中で米国は大胆，かつ積極的な財政金融政策を行ったが，ドルの強さの上でそれが可能であった。表9-9はFRBのバランス・シートだが，非伝統的と言われる金融政策に印象付けられる。まず，リーマン危機直前，0.9兆ドルに過ぎなかった総資産は2009年1月，2.3ドル兆ドルに膨れ上がった。AIG，GSEへの融資やコマーシャルペーパーの買い入れなど，未曾有の緊急対応としての，民間への金融テコ入れである。それと共に，世界のドル不足対策として，各国中央銀行の「スワップ貸し出し」が6千億ドルを超えて増大したことは，最後の貸し手・世界の中央銀行の姿だった。

次は，QEI終了の2010年6月までだが，この時期の特色は，総資産の増加は大きくなかったが，各国中央銀行のスワップや民間融資などその他資産の返済を，財政赤字対応の長期国債の購入やMBS（住宅ローン担保債）証券の購入増に転換し，景気を支えたことである。

第3は2010年10月から2011年6月までのQEIIだが，財政赤字増大に対応し，金利の低位維持のため，長期国債の保有を6千億ドル増大した。また，ユーロ危機の発生に対し，スワップ貸し出しを復活している。

第4は，QEIIIで2012年9月以来現在まで続いている。当初，FRBはMBS

表9-9 連邦準備制度（FRB）の資産・負債推移　　（単位：10億ドル）

日時	8.8.2	9.1.2	9.3.19	10.8.12	11.12.29	12.7.5	13.2.27	13.12.28	14.11.28
	QEI (-2010.6)				QEII (-2011.6)		QEIII (2012.9-2014.10)		
財務証券	589	496	520	936	1,775	1,754	1,819	2,249	2,461
MBS			226	1,118	847	856	1,025	1,483	1,736
Swap	66	625	330	1	100	28	4	—	
その他	272	1,228	1,022	318	269	296	295	312	340
総資産・総負債	927	2,299	2093	2,368	2,981	2,906	3,139	4,044	8,537
流通紙幣	815	889	898	946	1,022	1,114	1,208	1,229	1,317
その他	112	1,410	1,195	1,422	1,837	1,793	2,484	2,815	3,220

（出所）FRB統計。

の毎月400億ドル購入を決定したが，同年12月，公債と合わせ，購入額を月850億ドルに増加した。2013年の財政の崖の始まりに合わせ，経済を支えた適切な措置といえる。2013年の米経済は景気の回復が明瞭となり，失業率も12月には6.7％に低下した段階で，購入額を100億ドル下げ，月750億ドルとするtaperingが2014年より始まった。2月，就任のイエレン議長もtaperingを継続し，FRBの購入額が0となるのは本年中と思われる。FRBの総資産は金融危機前の0.9兆ドルから，2013年末4兆ドルを超え，tapering終了時には4.5兆ドルになると思われる。その後，積み上がった巨大な資産をどのように正常化するかが課題だが，最近における財政赤字の劇的縮小は正常化の過程を容易にしよう。特に，住宅担保証券の最近の値戻しは朗報である。また，正常な金利政策に移るのは何時かだが，議会予算局は2015年より，金利の上昇を予想している。Tapering開始は新興国などからの資金流入を生んでいるが，表9-5の状況から見ると，Xa（2007）がいうように，世界の貯蓄国にとって，米国は依然最良の投資の国のようである。

3-2　大きく進む財政改善

　米国経済が，2008年9月のリーマンショック後，成長が急落し，2009年には2.8％のマイナス成長となった状況で，財政赤字は2009年度の1.4兆ドルに続き，2010，11年度も1.3兆ドルを続ける状態となり，GDP比では10〜8％の高水準となった。歳入は，2001年以来のブッシュ減税，AMT減税，社会保障税の2％引き下げなどの減税政策によって伸びきった状況の中，経済成長がマイナスに転じ，歳入は2009，10年度ともGDPの14.6％に落ち込む一方，深刻な金融危機対策に対し，支出面での大規模な財政出動が必要となったためである。2008年の「経済緊急安定法」，2009年の「米国再生計画」が実施され，2010年には，更に，「雇用保持・促進法」，「中小企業雇用法」，「減税，失業保険，雇用創出法」が成立し，財政支出はGDPの23〜24％に拡大した（表9-10）。

　2011年8月，赤字削減を義務付ける予算管理法が制定された。2022年度ま

表 9-10　連邦財政及び経済見通し　　　　　　（単位：10 億ドル）

年度	2007	2008	2009	2010	2011	2012	2013	2014	2015
歳入	2,568	2,524	2,105	2,162	2,303	2,450	2,774	3,029	3,305
歳出	2,728	2,982	3,517	3,457	3,603	3,537	3,454	3,543	3,783
裁量的経費	1,041	1,134	1,237	1,347	1,347	1,285	1,201	1,194	1,192
国防費	548	612	657	689	699	670	625	604	603
非国防費	493	522	581	658	648	614	576	590	589
義務的経費	1,450	1,695	2,093	1,913	2,045	2,031	2,032	2,116	2,323
財政赤字	160	458	1,412	1,294	1,299	1,087	680	514	478
GDP（兆ドル）	14.5	14.7	14.4	15.0	15.5	16.2	16.7	17.4	18.4
財政赤字比%	1.1	3.1	9.8	8.8	8.4	6.8	4.1	3.0	2.6
歳入比%	17.9	17.1	14.6	14.6	15.0	15.2	16.7	17.5	18.2
歳出比%	19.0	20.2	24.4	23.4	23.4	22.0	20.8	20.5	20.9
実質成長率%	1.8	−0.3	−2.8	2.5	1.9	2.8	1.7	2.7	3.3
失業率%	4.6	5.8	9.3	9.6	8.9	8.1	7.4	6.8	6.5
市場公債GDP比%	35.1	39.3	52.3	61.0	65.8	70.1	72.1	73.6	73.2

（出所）CBO The Budget and Economic Outlook 2014-24 及び Historical Data.

でに約 1 兆ドル近い削減を裁量的支出から行うことが合意され，約 1.2-1.5 兆ドルの強制削減が 2013 年から，国防費とその他に分担されて執行されることとなった。2012 年の中間選挙の結果，共和党が下院を，大統領・民主党が上院で多数となるネジレとなったが，選挙後の激しい折衝の末，高所得層への税負担復活，社会保障税 2％減廃止や失業保険給付増の廃止などが行われる反面，低所得層減税は継続され，強制削減は 13 年 3 月から実施された。その後，懸念された財政の崖への悪影響は限定的で，13 年 12 月，2014，15 年度連邦予算への両党合意が成立した。

この間，2013 年度歳入は GDP 比 12 年度の 15.2％から 16.7％に増大し，歳出は GDP 比 22.0％から 20.8％への減少したため，財政赤字は大きく改善し，2009 年度の 10％から，13 年度 4％となった。緊急経済安定法や FRB の措置が目的とした，住宅金融証券の回復による，ファニーメイなどからの 900 億ドルの住宅金融返済金が赤字を縮小した。表 9-10 の議会予算局の見通しは，財政赤字は 2015 年度に財政は GDP 比 2.6％に縮小するが，2015 年度以降の財政見通しは，高齢化の進行や医療費の増大など，楽観的ではない。しかし，筆者は，米国の活性的ビジネス，シェールガス革命の影響などを勘案すると，歳入

の上振れはあり得ると考える。

米国政府の公債発行状態は，2007年5兆ドルだった政府債務財高（市場排出政府公債）は，13年度には12兆ドルとGDPの7割に上昇したが，この間，ドルへの懸念は生じていない。むしろ，前述のように金融循環の細るなか，財政赤字は米国を巡る資金循環を支えた面がある。但し，財政赤字の縮小は公債管理を容易にしよう。特に，FRBが今後，財務証券の購入を縮小するのみでなく，さらに，購入した債券を返済する局面となると，赤字公債発行の縮小は公債管理を円滑にしよう。

3-3 米国のISバランスと格差問題

米国の財政状況の改善は著しいが，金融危機の前後では大きな変化が見られる。経常収支は金融危機前，5.8％に拡大後，縮小し，2013年2.6％の水準である。米国の部門別I-Sバランスを見ると，2000年にはプラスの政府（地方政府を含む）が，大きく赤字を増やし，2009年には12％に達し，2013年もかなりの投資超過である。家計の貯蓄は2009年大きく回復したが，最近は再び減少している。注目すべきは，企業のI-Sバランスが金融危機後貯蓄超過に変化していることである。本来，投資超過であるべき企業が貯蓄超過で資金をためているのである。統計の都合上，家計の減価償却分と住宅投資を企業に含ませているので，家計の貯蓄はさらに減少，その分，企業の貯蓄は増加する。

以上のような，政府の赤字，企業の貯蓄超過，家計の貯蓄減は米国のみでな

表9-11 米国の部門別I-Sバランス（GDP比，％）

	企業	家計	政府	海外	総貯蓄・総投資
2000	－6.1	＋2.7	＋0.4	＋3.7	19.3％
2006	－3.3	＋2.4	－3.2	＋5.8	19.1％
2009	＋4.2	＋4.1	－12.0	＋2.6	14.4％
2013	＋1.4	＋3.3	－6.4	＋2.6	18.0％

（注）企業，家計，政府，海外を合計すると0．他に誤差・脱漏。海外の＋は経常収支赤字。
（出所）内閣府統計。

く，欧州，日本など先進国共通にみられる現象である。本年の米大統領教書，経済報告でも格差問題を重要視しているが，生産性の向上が続く中で，1980年代以降，賃金所得が横ばいだと指摘し，金融危機以降，所得格差の拡大が顕著だとしている。すなわち，現状は企業収入が増大し，株の高騰が続く中，賃金は横ばいで，中産階級との格差拡大を指摘する。ドル本位制下のグローバリゼーションの中，資本は高収益を求め，動くことが容易だが，労働の移動は制約されるためである。T. Piketty の『21世紀の資本論』は米国でのベストセラーだが，長期的にみると資本収益は経済成長を上回るので，所得と富の不均衡が高まるのは当然と指摘し，資本への課税，累進課税を提案するが[12]（Piketty, 2014），現実には法人税は多くの国で引き下げの流れである。

かかる状況には中国の世界経済参入の影響が大きい。中国の高度成長は，膨大な西側外資の移動と技術移転，輸出市場開拓など，先進国からの巨大な経営資源の移転によっている。また，100円ショップが典型だが，中国の廉価な製品輸出は，先進国中産階級の不満を和らげる一方，デフレマインドを助長し，不正規労働を増加させ，賃金抑制を促進した。人民元への介入はかかる状況を助長したが，中国は経済調整期に入る一方，人民元の国際化を進めている。

4．人民元の可能性

4-1　中国の高度成長と経済大国としての台頭

中国は30年に及ぶ高度成長の末，2008年の世界金融危機には4兆元対策を打ち出し（実際は20兆元に及んだといわれる），中国の成長を支えたのみでなく，世界経済を支えた。表9-12に見るごとく，2010年には日本を抜いて世界第2位の経済を実現したのみでなく，世界貿易でも2012年米国と並び，以来NO.1の座を獲得している（表9-14）。IMFは，また，PPPベースのGDPの予測を行っているが，2014年4月の改定では，2019年（名目では及ばないが），米

12）　Pikettyは富の不均衡は最近では20世紀1930年代まで高く，第二次大戦後は低くなったが，所得への累進課税と戦争での被害だとする（2014）。

表9-12　IMFによる主要国GDPの予測　　（単位：兆ドル）

	2008	2009	2010	2011	2012	2013	2015	2017	2019
U.S.A.	14.2	13.8	14.5	15.0	16.2	16.7	18.4	20.2	22.1
Japan	4.8	5.0	5.4	5.9	5.9	4.9	5.0	5.4	5.7
Euro地域	13.6	12.4	12.1	13.1	12.2	12.7	14.0	153	16.8
China	4.5	5.0	5.9	7.3	8.2	9.2	10.9	12.9	14.8
world	60.4	56.6	62.2	70.7	72.2	74.0	81.0	90.5	100.8

（出所）IMF: World economic outlook data bases (WEO) Apr, 2014.

表9-13　IMFによるPPPベースの主要国のGDP　　（単位：兆ドル）

	2010	2011	2012	2013	2014	2015	2016	2018	2019
U.S.A.	14.5	15.5	16.2	16.8	17.6	18.4	19.3	21.2	22.1
Japan	4.3	4.4	4.6	4.7	4.8	5.0	5.2	5.5	5.7
Germany	2.9	3.0	3.2	3.2	3.3	3.4	3.6	3.8	3.9
EURO地域	10.8	11.1	11.2	11.4	11.7	12.0	12.5	13.3	13.9
China	10.1	11.1	12.2	13.4	14.8	16.0	17.4	20.6	22.4
India	4.0	4.4	4.8	5.1	5.4	5.7	6.4	7.5	8.2

（出所）IMF (WEO) Apr. 2014.

表9-14　主要国の貿易　　（単位：10億ドル）

	U.S.A.			China			Japan			Germany		
	E	I	E+I	E	I	E+I	E	I	E+I	E	I	E+I
2000	780	1,258	2,040	249	225	474	479	380	858	550	495	1,045
2008	1287	2,103	3,390	1,430	1,132	2,562	781	762	1,443	1,446	1185	2,631
2009	1056	1,559	2,615	1,201	1,006	2,207	581	552	1,133	1,120	926	2,046
2010	1278	1,913	3,191	1,577	1,349	2,926	770	694	1,464	1,269	1,066	2,335
2011	1495	2,239	3,734	1,898	1,743	3,642	785	805	1,590	1,391	1,255	2,646
2012	1561	2,304	3,865	2,049	1,818	3,867	772	845	1,617	1,411	1,169	2,580
2013	1593	2,294	3,887	2,211	1,951	4,161	690	801	1,491	1,726	1,549	3,275

（注）Eは輸出，Iは輸入。E+Iは貿易総額。
（出所）内閣府統計。

国を超えると予測している（表9-13)[13]。実際，中国の生産力の拡大は著しく，鉄鋼6億トン，セメント，造船，化学製品など世界一の実績を誇り，自動車の市場規模も米国を凌ぐ勢いである。軍事費も2ケタの伸びを続け，米国の7千

---

[13] IMFは2013年4月の予測では，2017年PPPベースで中国が米国を抜くとしていたが，2014年4月では2019年に下げたが，今後も，下振れの可能性は十分ある。

億ドルには及ばないが，2千億ドル近い支出があると推定される。A2/AD能力を増強し，2020年には局地的情報戦争を勝利する目標を持っている。表9-3において，中国が軍事力，産業力・貿易力において，大きな影響力を持つとしたが，世界の政治経済の地殻を変動させている。

4-2　調整期の矛盾

しかし，2012年に至り，中国経済は調整期に入った。それは，まず，20兆元対策の付けをどう払うかである。表9-15に示すごとく，20兆元対策は投資の比重をGDPの5割近くまで高めた。もはや，投資を高めて成長を支持する余地は乏しいが，家計消費による拡大効果も大きく期待できない状況であり，最近は，都市化やインフラ投資などにより経済成長を支持している状況である。

実態としては鉄鋼，セメント，造船，化学などの過剰設備を造成したばかりでなく，鉄道，地下鉄，道路，庁舎，住宅などのインフラの巨大な先行投資を行った。投資主体としては，国有企業，民間企業，地方政府などが巨額の資金を調達したが，これをどう回収するか。資金の提供者から見ると，表9-16のように，金融危機の前は4大銀行を中心の貸し出しが多かったが，20兆元対策の後は，銀行貸し出し以外のシャドウバンキング・影子銀行の貸し出しが増え，銀行貸し出しと並ぶようになった。影子銀行の貸し出しは貸出金利が高く，貸出期間が短く，成長減速の事態では，高い利子と元本の返済はしばしば容易でない。

中国政府は以上の状況に対し，過剰生産業種への融資差し止め，地方政府債務の抑制とともに，影子銀行融資の抑制に乗り出している。李克強首相は，当初，不良債権，過剰債務など「この際膿を出す」と強気だったが，その後，hard landingを避けるべく，金融を緩めたり，中小企業対策や鉄道事業へのテコ入れなどを行うが，最近も，金融システムを維持するため，影子銀行の一部は整理されても仕方ないとか強気である。けだし卓見ともいえるが，最近は不動産価格も上昇を止める中[14]，経済指標は調整過程が続いていることを示す

表9-15 中国のGDP構成比

	GDP（名目）			家計消費		政府消費		資本形成		純輸出	
	兆元	前年比%	実質前年比	兆元	構成比%	兆元	構成比%	兆元	構成比%	兆元	構成比%
2001	10.9	10.4	8.3	4.9	47.1	1.7	16.3	4.0	38.5	0.2	1.9
2002	12.0	10.5	9.1	5.3	44.2	1.8	15.0	4.6	38.3	0.3	2.5
2003	13.6	13.4	10.0	5.7	41.9	2.0	14.7	5.6	41.2	0.3	2.2
2004	16.9	17.8	10.1	6.5	38.5	2.2	13.0	6.9	40.8	0.4	2.4
2005	18.7	16.4	11.3	7.3	39.0	2.6	14.0	7.8	41.7	1.0	5.3
2006	22.2	18.8	12.7	8.2	36.9	3.1	14.0	9.3	41.9	1.7	7.6
2007	26.6	19.7	14.2	9.6	36.1	3.6	13.5	11.1	41.7	2.3	8.6
2008	31.5	18.5	9.6	11.2	35.6	4.2	13.3	13.8	43.8	2.4	7.6
2009	34.8	10.4	9.2	12.3	35.3	4.6	13.2	16.4	47.1	1.5	4.3
2010	40.2	15.5	10.4	14.1	35.0	5.3	13.2	19.4	48.2	1.5	3.7
2011	47.3	17.3	9.3	16.9	35.7	6.3	13.3	22.9	48.4	1.2	2.5
2012	52.9	12.0	7.7	19.1	35.6	7.1	13.4	25.4	48.1	1.5	2.8
2013	58.6	9.5	7.7	21.2	36.1	8.0	13.6	28.0	47.7	1.4	2.4

（出所）内閣府統計。

表9-16 中国社会融資規模の総額，銀行貸し出し及びその他

(単位：兆元)

	社会融資総額	銀行貸し出し	その他
2002	2.0	1.8	0.2
2006	4.3	3.2	1.1
2008	7.0	4.9	2.1
2009	13.9	9.6	4.3
2010	14.0	7.9	6.1
2011	12.8	7.5	5.1
2012	15.7	8.2	7.5
2013	17.3	8.9	8.4
2014.1-4月	7.6	3.7	3.9

（出所）中国人民銀行。

状況である。中国の中央政府債務は国債7兆元に，開発銀行などの金融債，鉄道省の債務などを加え16兆元で，地方政府債務の18兆元を含めても36兆元で，GDPの6-7割なので十分対応可能とするが，金融バブルとの戦いは，日

---

14) 中国の景気回復が伝えられる中で，不動産価格の停滞，下落が懸念される。住宅など不動産投資は景気情勢にも大きく影響するが，不動産販売に依存の高い地方政府の債務支払いや関連する影子銀行など，金融問題への影響が大きいからである。

本の経験からも，長期の対応が必要であるとの意見が多い。しかし，今後，中国はこの金融調整にまず直面する。さらにルイスの転換点を迎えたことによる賃金上昇の上に，生産年齢人口の低下，高齢化の進行への対応の必要があるが，焦眉の急は PM2.5 に象徴される環境問題への対策であり，経済成長の鈍化は必至だと考える。

4-3　中華民族復興の夢と人民元

かかる問題への対応は容易でない。先頃の三中全会は改革の深化と共に安定を唱え，市場の重要性とともに，国有企業の主導性を標榜する。習近平総書記は国家主席と軍事委員会主席を兼ねるが，「改革の全面的深化」を推進するため，国家安全保障委員会のほか，経済改革，財政問題，対外問題などを処理する小組の長として，権力を統合し，腐敗問題撲滅にも大きな精力を割いている。政権への過度な権力の集中の感もあるが，中国民族復活の夢を掲げ，「米国との特別な2国関係」を掲げる。表9-4の国際システムから見ると，中国は産業・貿易力は強く，安全保障でも大国の姿だが，国際通貨，国際金融では大きく劣る。人民元の国際化・基軸通貨化は「米中の特別な関係」にも重要であるが，最近の注目は，既存の国際システムからの独自路線の追求である[15]。

中国は，人民元の国際化を進めるべく，香港や上海特別区を利用し，人民元のオフショア取引の拡大を進めているが，周小川人民銀行総裁も金利や資本の自由化を語るが，国内取引との自由化には強い壁を設けている。中国当局が世界一の貿易力，巨額の外貨準備を背景とする投資力，更に，軍事・政治力を動員し，自国の強い立場を利用して，二国間交渉を通じて，人民元取引を拡大している。アセアン諸国やアフリカ諸国が対象であるが，中国は 24 か国の中央銀行と通貨の持合いを行い，ロンドンやアジア諸国での人民元の決済促進に独自の路線を進めている。

---

15)　中国の独自路線の追求は，中国独自の GSP 打ち上げなどの宇宙政策に典型だが，多くの特許や商標申請，更に，BRICS 開発銀行やアジア・インフラ銀行，独自の人民元国際通貨政策に示される。

かかる状況の中で，BRICS 開発銀行の設立は，IMF や世界銀行などの既存の組織への対抗とも見られるが，更に，2014 年の北京開催の APEC を目指してのアジア・インフラ銀行の提案も，アジア開銀への対抗ともみられる。中国が，強い経済力と政治力を利用して，独自路線を追求する目的には，人民元決済圏の拡大があることは明らかである。但し，これらの機関がどのような活動をし，どのようなものになるか，また，中国が金融の自由化や資本取引の自由化を行わない状況では，まず閉鎖的地域通貨にはなり得ても，人民元利用の飛躍的拡大になるかは大きな疑問である。

かつて，Arvind Subramanian（2011）は中国政府が準備通貨の利益を認識したとき，あらゆる困難に対抗して，資本自由化など人民元の国際化を進めるとする[16]。しかし，中国は経済の調整期である以上に，政治の緊張期である。近い将来，中国政府が経済への衝撃を冒しても，大幅な金利自由化や資本取引の自由化を敢行するには慎重である。

お わ り に

以上のように，世界は未曾有の金融危機に対し，米国が大胆な金融・財政政策により，世界を支え，自国経済を回復させたのには，強いドルが原因とした。ドルが強いのは，第 1 に，国際システムから見ると米国の総合的国力はなお抜きん出ており，1930 年代と比較できず，強いて言えば第 1 次大戦前に類似するとした。次に，基軸通貨は国際金融，貿易，投資に主導的役割を果たし，国際決済での圧倒的理由を述べた。更に，基軸通貨はその利便性から，国際システムの中核で，容易なことでは変更できず，覇権の遅行指標とした。

第 2 に，国際通貨システムとしては，ドルは金の束縛を脱してから，幾つかの危機の度に取引を拡大し，むしろ機能を高めてきたと述べた。特に，90 年代から本格化した金融工学を駆使した証券化，金融派生商品は，折からのグロ

---

16) Subramanien は，中国は工業力を始め，基軸通貨国の国力を持ち，中国があらゆる犠牲を排して，人民元の準備通貨化を進めれば，ドルは人民元の陰で，暮らすようになるとする（2011）。

ーバリゼーションに乗り，世界の金融活動を加速させたが，これはドル本位制を定着・浸透させた。世界金融危機もこの流れの中にあり，ドル本位制に乗り，米国は大胆な金融政策，財政政策を発動させ，金融危機を早期に収束し，ドル本位制をさらに浸透させた。

これに関連し，指摘したいことは，第1は金融取引の拡大がドルに優位なことである。現在の世界の金融資産は200兆ドル弱との試算もあるが（世界のGDP50兆ドル，世界貿易40兆ドル），外国為替取引は決済単位が大きければ大きいほどその取引コストは割安になり，その割安さがまた，ドル取引を拡大する。世界外国為替取りの9割を占めるドル決済の取引コスト上利益は決定的だが，その裏として，ドルは時として競争通貨へ打撃を与える。今回危機の過程で，将来ドルに代替するとも言われたユーロは機能不全に陥り，なお不安定である。かつての円も通貨価値上昇で競争力を失った。

第2に，今回の危機で，米財務証券は，優良な投資物件として機能したが，米財務・金融当局が，財務証券と並んで，GSE債やMBS住宅担保証券の価値の維持，回復に務めたことは，米国資本市場の回復に貢献した。今後も，世界の資金循環において米国市場が大きな役割を果たすが，これもドル本位制を支援している。特に，中国のみならず，その他の新興国も外貨準備として，米財務証券を買い込み，今や，先進国の準備を遥かに上回る状況は注目される。

第3に，FRBが行った世界の主要中央銀行へ行ったスワップ供与はその規模といい，速度といい，まさに世界中央銀行の姿であり，ドル本位の維持に大きな貢献をした。これに関連し，アジアではチェンマイイニシアチブの取り決めがあるが，今回の危機でも使用されていない。規模と速度において大きな差があった。

第4に，国際金融・通貨論では為替レートの固定，資本取引の自由，自主的な金融政策の3者を同時に実現できないトリレンマがあるとされ，主要国は資本取引の自由と自主的金融政策を選び，為替レートは変動制である。しかし，世界外国為替の9割を占める米ドルにとって，他の通貨の動きの影響は間接的で，対称的ではない（たとえば円の動き）。しかも，多くの途上国は米ドルにペ

ッグしている。また，特権的通貨創出権は米国の国際収支の状況と米ドルの為替レートを隔離している。米国企業にとって，ドル建て取引が圧倒的で，為替の動きは障害ではない。米ドルの為替レートは，相対的には固定制に近く，国際金融論でのトリレンマを不完全ながら同時に実現しているともいえると考える。

以上のドルの特権的立場への不満は国際的には常に問題とされ，かつては欧州諸国が，現在は中国が問題としているが，ドル本位制の供給する便益が大きいため，その不満は抑えられている。何よりも，ドル本位制に変わる通貨体制が見渡せないからだが，米国経済が金融危機を短期に克服したダイナミズムを示し，シェールガス革命が支え，更に高齢化の影響も相対的に少ないうえに，大きく，ダイナミックな金融市場を抱え，投資機会を持つ状況を見ると，米国への投資は続き，ドル本位制を支えることが予想される。

以上の状況に対し，中国は金融危機の中，日本を抜いて世界第2位のGDPを実現し，世界1の貿易大国，外貨保有国になり中国人民元の国際決済での躍進も著しい。中国はかかる状況に於いて，人民元の国際化，基軸通貨化への独自の路線をも追及している。上記のように，巨大な経済力，更に，政治・軍事力などの影響力を駆使して，人民元取引拡大のため，二国間の決済，通貨スワップ協定，株式上場などを進めているが，最近はBRICS開発銀行，アジア・インフラ銀行などを提案し，多国間の人民元国際化を促進している。これらの措置がどの位効果を生むかは，今後の推移に待つしかないが，人民元を双務的通貨以上のものにするには，国内金融，資本取引の自由化が必須と思われる。国内状況多難の中，この面での進展には多くの制約があることを指摘したい。

参 考 文 献

Bergsten, Fred (1975) *the Dilemma of the Dollar: the Economic and Politics of the United States Monetary Policy*, New York Univ. Press.

Eichengreen Barry (2012) "When currencies Collapse" the Council on Foreign Relations, *Foreign affairs Jan/Feb 2012*.

Eisen, Sara (ed) (2013) *Currencies after the Crash*, McGraw Hill.

Gardner Richard N. (1969) *Sterling-Dollar diplomacy*, McGraw Hill. （村野孝・加藤正一

訳［1973］『国際通貨体制成立史』上下　東洋経済新報社。）
Gilpin, Robert (1975) U.S. Power and Multinational Corporation Basic Book.
Gilpin Robert (1981) *War and Change in World Politics,* Cambridge Univ. Press.
Gilpin, Robert (1987) *the Political Economy of International Relations,* Princeton Univ. Press.
Imlah, A. H. (1958) *Economic Elements In the Pax Britannica*, Harvard Univ. Presss.
Kindleberger, Charles P (1973) *the World in Depression 1929-1939,* Univ. California Press.
　（石崎昭彦／木村一郎訳（1982）『大不況の世界　1929-1939』東京大学出版会。）
Kuaynslie J. (1952) Stüdren zur Geslkilite der Weltuürtsehaft Diez Verlag.
Kucyunski, J. (1952) Stadieren zur Geshihite der Weltwirtschaft, Diez Verlag.
Marris, Stephen (1985) *Deficits and the Dollar: the World Economy at Risk*, International Economic Institute.
Modelski, George（1987）*Long Cycle in World Politics,* Macmillan Press.
Piketty, Thomas (2014) *Capital in the 21st Century,* Harvard Univ. Press.
Richard, James (2012) *Currency Wars,* Portfolio/Penguin.
Schwarz Herman (2014) Banking on the Fed and the Rebalancing of the Global economy.
Shilling, Gary (2013) "The Dollar Remain on First" Eisen, Sara (ed) (2013) *Currencies after the Crash*, McGraw Hill.
Saul, S. H. (1960) *Studies in British Oversea's Trade* Liverpool Univ. Press.
Subramanian, Arvind (2011) *Eclipse: Living under the Shadow of China's Economic Dominance:* Peterson Institute for international Economics.
Xa, Miranda (2007) Global Imbalance and Financial Stability, IMF Working Paper WP/07/III.
福島隆彦（2007）『ドル覇権の崩壊』徳間書房。
入江節次郎編（1980）『講座西洋経済史Ⅲ　帝国主義』同文舘。
西村閑也（1980）『国際金本位制とロンドン金融市場』法政大学出版局。
翁百合（2014）『不安定化する国際金融システム』NTT出版。
坂本正弘（1986）『パックス・アメリカーナの国際システム─パックス・ブリタニカに比較して』有斐閣。
坂本正弘（2001）『パックス・アメリカーナと日本』中央大学出版部。
高田創（2012）『世界恐慌の足音』東洋経済新報社。
高橋琢磨（1990）『マネーセンターの興亡』日本経済新聞社。
徳永潤二（2008）『アメリカ国際通貨特権の研究』学文社。
津上俊哉（2013）『中国台頭の終焉』日経プレミアシリーズ。
吉岡明彦（1981）『近代イギリス経済史』岩波全書。

第 10 章

ユーロ危機と制度改革
——ユーロ 2.0 への発展——

はじめに

　金融パニック続発に彩られたユーロ危機は 2010 年春激化し，2012 年 9 月 ECB の国債購入 OMT（Outright Monetary Transactions）プログラム採択により急速に沈静化した。リーマン危機の震源地米英両国は 2009 年後半には金融危機を克服していたが，ユーロ圏は沈静化までにほぼ 3 年かかった。危機の中で非常に多数の分野で「原初のユーロ制度」（マーストリヒト条約の通貨統合規定により出現したユーロ制度。「ユーロ 1.0」と呼ぶことにする）の改革が始まり，一部は今日なお進行中であるが，改革後の新ユーロ制度，あるいは「ユーロ 2.0」の姿はすでに見えている。本章はその制度改革を危機の複合性に対応させて捉えることを主要な課題とし，併せて一応の評価を行おうとするものである。
　ユーロ危機は，南欧諸国の政府債務危機には違いないが，EU 単一金融市場と共通通貨ユーロを基盤とする欧州金融資本主義の引き起こした「バブル＆バスト（bubble & bust）」プロセスが危機を進行させた。その根底に，西北欧と南欧という経済発展段階も経済政策対応も異なる諸国が統一通貨圏に統合されたことから来る本来的な無理があったことも否定できない（heterogeneous Monetary Union）。さらにユーロ危機の金融パニックが長期間続発した理由の 1

つにユーロ制度の不備欠陥を指摘しないわけにはいかない。ユーロ1.0には深刻な金融・債務危機に対するユーロ圏共同の対策が組み込まれていなかった。

ユーロ危機はこのように，政府債務，金融資本主義，経済発展度，ユーロ制度という「危機の四角形」を構成要素とする複合的な危機であり，様々な危機要因に対応して制度改革も複雑多岐にわたる[1]。しかも，ユーロ危機の引き金となった08〜09年の世界金融危機に対して10年末バーゼルⅢが打ち出され，米英欧は銀行構造改革へ踏み出したために，ユーロ制度改革プロセスはさらに複雑になっている。

本章では銀行構造改革には立ち入らず，ユーロ危機を3つの波・4つの危機要因に分けて検証し，それぞれに対応する形で制度改革・危機対策を分類し，その適格性について議論する。

1でユーロ危機における危機の3つの波とそれぞれの時期の危機対策の概要を述べる。2ではユーロ危機の諸要因を整理する。それに照応させて，3で危機対策・制度改革について分類・説明する。最後に4でユーロ2.0への制度転換を指摘し，危機対策・改革の意義と問題点について要約的に述べる。

1. ユーロ危機の3つの波と危機対策——概　要——

1-1　3波の危機の概要

ユーロ危機は，南欧諸国のソブリン危機（国家が債務を返済できなくなるリスクが高まること）と西欧・南欧双方の銀行危機とが相互に強め合い，金融パニックが続発する形で展開したが，そこに3つの波を区別できる。それぞれの時期，発火点，危機国，主要な危機対策，被支援国を表10-1に掲げている。

〈第1波〉

危機第1波の主要な特徴は次の通りである。①ギリシャ，アイルランド，ポ

---

[1]　「危機の四角形」については拙稿（2013）を参照。またユーロ危機の原因と本質，ユーロ崩壊論の盛行にもかかわらず，なぜユーロは崩壊しなかったのか，危機とユーロ制度の改革，こうしたテーマについて，筆者はすでに議論を重ねてきた。上記資料のほかに，拙稿（2014a，b）（2012）および拙著（2010）を参照。

表10-1 ユーロ危機の3つの波と危機対策―概要

危機	第1波：小国危機	第2波：南欧危機	第3波：体制危機
時期	10年4月～11年4月	11年6月～12年2月	12年4月～8月
発火点	ギリシャ・デフォルト危機	ギリシャ・デフォルト危機	ギリシャとスペイン
危機国	G・I・P	GIPSY (1)，一時コア諸国	GSY・ユーロ圏
主要な危機対策	○財政支援ファシリティ設置 ［G支援1100億ユーロ・「トロイカ」7500億ユーロ］ ○ECBの国債購入（SMP）とCBPPおよびELA ○ユーロプラス協定 ○ヨーロピアン・セメスター	○財政支援強化 ○ギリシャ第2次支援とPSI (3) ○ECBのSMP，CBPPとVLTROおよびELA (2) ○財政条約（TSCG）調印 ○6（シックス）パック	○ユーロ制度改革（銀行同盟等） ○ECBのOMT ○スペイン銀行資本注入（7月合意，12月実施）
被支援国	G・I・P	G	S

(注) 1. G：ギリシャ，I：アイルランド，P：ポルトガル，S：スペイン，Y：イタリア．
2. SMPはSecurities Market Programme，CBPPはカバードボンド・プログラム，ELAは緊急流動性支援，PSIはPrivate Sector Involvement，VLTROはECBの超長期リファイナンシング・オペ，OMTはECBのOutright Monetary Transactions．いずれについても本文の説明を参照．
3. ギリシャ国債を保有する民間債権者の債権カット（ギリシャ政府の債務削減）．11年12月と12年2月に供与された3年満期のLTROを指す．

(出所) 筆者作成．

ルトガルという3つの小国の政府債務危機（デフォルト危機）を原因とする，②これら3ヵ国とも好況期にマクロ経済不均衡を拡大し，リーマン・ショックの波及により，ソブリン危機へと至った，③最初のギリシャ危機への支援体制構築が遅れ金融危機が爆発した，④ギリシャ危機と南欧危機に向けた2つの財政支援措置が10年5月に決まっていたため，アイルランド，ポルトガルへの支援は短期間で発動され，大きな金融危機には至らなかった．

21世紀初頭の世界的なブームの中で，ギリシャとポルトガルは西欧の銀行の大規模な与信を基盤に財政赤字と経常収支赤字を膨らませ，08年リーマン・ショックによって外銀の与信が停止・逆流することにより，ソブリン危機へと到った．09年ギリシャの財政赤字は15.4％に膨張した．格付けは次々と引き

下げられ，市場での国債発行ができなくなりデフォルトに直面し，10年4月EU・ユーロ圏・IMFの「トロイカ」に財政支援を要請した（ポルトガルは11年4月申請）。アイルランドは不動産バブルで，銀行資産がピークではGDPの8倍にも膨張していた。07年夏のサブプライム危機の爆発（BNPパリバショック）によりアイルランドの銀行は資金調達ができなくなり，また巨額の不良債権を抱えた。政府が国有化を含めて支援に乗り出したが，不良債権の規模が大きすぎて2010年11月「トロイカ」に支援を申請した（10年の財政赤字はGDP比32％）。

EU諸国は「安定と成長の協定」（1997年発効）により毎年の財政赤字をGDP比3％以下に維持する義務を負っている。ギリシャ政府は毎年EUへ虚偽の財政赤字報告を行っていたことが露見したため，ドイツなどが反発してユーロ圏の救援措置がまとまらず，2010年4月末から5月にかけてユーロ圏と世界の金融市場は激烈な金融パニックに襲われ，ようやく支援措置が決まった[2]。「トロイカ」の財政支援によってこれら3カ国の危機は沈静化した。

〈第2波〉

11年6月から半年余り続いた危機第2波の特徴は次の点にある。①ユーロ圏の大国スペインとイタリアが投機筋の標的となり，危機は拡大・激化した，②10月以降ベルギー，オーストリア，フランスにも一時危機が波及した，③スペイン，イタリアは財政支援を受けず，ギリシャが第2次財政支援（1300億ユーロ）と債務カット（民間のギリシャ国債保有者の債券の53％カット，いわゆるPSI：Private Sector Involvement）による支援を受けた，④危機は実体経済に波及し，南欧諸国は不況の2番底へ，ユーロ圏も11年第4四半期から6四半期連続のマイナス成長となった。

---

2) ドイツの支援決定の遅延には同国憲法裁判所の判決があった。ファンロンパイEU首脳会議常任議長は2010年6月20日の講演において，ギリシャ危機への対応が遅れた3つの理由の一つに，「ドイツ憲法裁判所がユーロ圏諸国間の財政支援に非常に厳格な解釈を下したため，ユーロ圏全体の安定が危機に陥って初めてドイツの介入が可能になった」ことをあげている。これについては拙著（2010）214ページを参照。

スペイン危機は10年続いた好況期に膨張していた不動産バブルが破裂し，09年財政赤字がGDP比2桁となって投機筋の標的となった。しかし危機前は財政黒字で，政府債務のGDP比はドイツより低かった。イタリアは世界金融危機により政府債務はGDP比102％から120％に上昇したが，財政赤字は小さく，プライマリーバランスは黒字であったから，危機第1波の3小国やスペインと事情はまったく違っている。にもかかわらず，危機に巻き込まれた。この両国への危機波及については，後ほどイギリスと比較する形で検討したい。

イタリアとスペインのGDPはユーロ圏3位と4位，合計するとユーロ圏の28％を占め，デフォルトすればユーロ圏は支えきれない（too big to bail-out）との懸念が広がった。

ギリシャ危機ですでに盛り上がっていたユーロ崩壊論が世界を席巻した。これに対してユーロ圏首脳会議は，11年7月と10月にギリシャ第2次支援や同政府の債務カット策，またEFSFの資金額増大や支援先の拡張（銀行支援など）を取り決めたが，当時のギリシャ首相パパンドレウの国民投票宣言などでかえって混乱し，危機沈静化の効果はほとんどなかった。またECBはSMPにより両大国の国債を買い上げ，10年末735億ユーロから11年末には2100億ユーロまで国債保有を増やしたものの，投機筋の巨額の売り攻勢に対抗するだけの効果を発揮することはできなかった。

しかし，スペインとイタリアは「トロイカ」の財政支援を要求せず，各国毎に財政緊縮や労働市場柔軟化など，金融市場の要求を反映する改善措置を進めた。だが，これら個別の措置で危機克服はできなかった。結局，11年11月就任のドラギ新総裁の下でECBが12月末と翌12年2月，ユーロ圏の800の銀行を相手に金利1％，期間3年の資金を，銀行の求める額に応じるFRFA（Fixed Rate Full Allotment）方式により，合計約1兆ユーロ供与した[3]。この超長

---

3) FRFA方式は固定金利で銀行の差し出す担保に対して無条件に資金を供給する（Full Allotment）。そこでは，ベースマネーのコントロールは中央銀行から銀行制度へと移転する。なぜなら，銀行は必要とする中央銀行流動性にアクセスできるからである。Claeys/Darvas/Merler/Wolff (2014), p. 8 参照。

期リファイナンシング・オペ（VLTRO）により金融パニックは12年初めに沈静化，金融市場はその信用供与を「ドラギ・マジック」と囃した。VLTROは資金調達に直面していた銀行（とりわけ南欧の）破綻の危惧を取り除き，またスペイン，イタリア等で銀行は利回り6％の自国国債を大規模に購入したため，利回りが急激に低下した。しかし，危機の中でバランスシートに問題を抱える銀行の民間への貸出を増加させる効果はほとんどもたなかった。

〈第3波〉

だが，安定は3カ月と続かなかった。危機第3波は12年4月，ギリシャ離脱危機・スペイン銀行危機として勃発し，イタリア国債もスペインとほぼ同じ高い利回りとなった。ギリシャ，ポルトガル，アイルランドの国債利回りも急騰した。

まずギリシャであるが，12年3月民間債権団に国債額面53.5％の債権カット（Private Sector Involvement：PSI）がEUとIMFの支援の下に実施され，また「トロイカ」の第2次支援1,300億ユーロが政府与党との交渉により合意された。ところが，12年5月6日のギリシャ総選挙に向けたキャンペーンにおいて，「トロイカ」の構造改革などの支援条件を拒否し再交渉を掲げる急進左翼連合（SYRIZA）への支持が広がり，選挙では第2党に躍進，支援受諾を決めていた連立与党（NDとPASOK）が惨敗したため，ユーロ圏離脱が現実味を帯びた。もっとも，総選挙直前の世論調査で国民の80％はユーロ圏残留を希望していたのではあったが。

4月にはスペインでも銀行危機が勃発した。スペイン不動産バブルの主要な与信主体であった地方の貯蓄銀行（カハ）7行を政府主導で合併させて形成された貯蓄銀行バンキアが，内部に巨額の不良債権を抱えて破綻の危機に瀕したのである。スペインの銀行危機は第2波の中で深刻化していた。危機前の好況期にスペインに流入した民間資本は危機第2波激化の11年8月頃から急激な逆流出に移り，年末以降さらに加速した。GDP比約40％を超えていた流入ストックは，この逆流出によって12年6月にはGDP比10％にまで劇的に縮小したのである[4]。経営状態は悪くないスペインの大銀行といえどもインターバ

ンク市場から資金調達ができなくなった。VLTRO で銀行に供与された 1 兆ユーロのうちスペインの銀行は 3,000 億ユーロとシェア第 1 位，2 位はイタリアの 2,550 億ユーロであった。

第 3 波危機によりスペイン政府がデフォルトに向かえば，経済規模からいって救援は容易ではない。また，ギリシャ・スペイン両国で預金が大規模に引き下ろされてドイツに流入するなど，ユーロ圏分裂の様相が明確となった。第 2 次危機は一方で危機国各国毎の財政緊縮・労働市場柔軟化などの政策により，また最終的には「ドラギ・マジック」によって沈静化させたものの，根本的な危機解決策は採用されていなかった。危機終熄の展望をもてない中で，ユーロ圏全体にまたがる危機（預金流出など）となり，大国スペインが巻き込まれたために，EU やユーロ圏の政策担当者はユーロ制度存亡の危機（systemic crisis）との認識をもつに至った。

ギリシャでは 6 月 17 日の再選挙で連立与党が勝利して危機は去ったが，金融パニックはおさまらず，6 月 29 日ユーロ圏首脳会議の「銀行とソブリンの悪循環を止めるのが至上命題」という判断へと導き，銀行同盟創設などユーロ制度の抜本的改革合意を引き出したのである。だがそれでも，金融市場は沈静化しなかった。

7 月 26 日，ドラギ ECB 総裁がロンドンで「われわれに与えられた権限の範囲内で，ECB はユーロを守るために何でもする用意がある（Within our mandate, the ECB is ready to do whatever it takes to preserve the euro.）」と演説した。金融市場は"whatever it takes"を重視し，それを ECB が危機国スペインの国債を無制限に購入する「国債 LLR」の決意表明と受け止め，危機ムードが取り払われた（詳細は後述）。ロンドン市場で Euribor 金利は低下を始めた。8 月初めに ECB は OMT プログラムを公表し，危機国の短期の国債（満期 3 年まで）を無制限に購入するとの決意を明らかにした。もっとも，危機国は ESM（欧州安定機構）に支援を申請する（したがって，そのコンディショナリティを実施する）という条件

---

4) Merler & Pisani-Ferry (2012), p. x および拙稿（2014a）Ⅴを参照。

が付けられていたが，市場はそれに神経質になることはなかった。9月6日ECB は，ドイツ連銀ワイトマン総裁の反対を押し切って，OMT プログラムを採択した。これを機に危機国国債の市場利回りは急激に低下し，ユーロ危機は最終的に沈静化していったのである。

6四半期続いたユーロ圏のマイナス成長も 13 年第 2 四半期にはプラス成長へ転じ，危機沈静化への確信が徐々に市場に戻り，ギリシャを含めて南欧諸国に米国の投資家などの資金が流入するようになった。

2. ユーロ危機の諸要因

2-1　西欧・北欧と南欧との間の非対称的ショック
　　　──最適通貨圏の理論を援用する──

ユーロ危機はこのように複合的な危機であったが，その原因をどのように捉えるべきであろうか。

危機の基盤となった根源的な要因として，最適通貨圏の理論にいう「生産の多様化（production diversification）」（言い換えれば経済発展度の近似性）を指摘できる。発展度にギャップのある西欧・北欧と南欧とが統一通貨圏に共存したことの問題性である。

最適通貨圏の理論は 1960 年代に作られており，「100 年に一度」といわれたリーマン危機のような危機を想定していない。「非対称的ショック」といってもジュグラー循環的な普通の不況を想定していた。また，国際金融情勢の安定した 60 年代には「バブル＆バスト・プロセス」は存在せず，今次の欧州危機を最適通貨圏の理論によって分析できるとは考えていない。それでも，その理論が非対称的ショックの可能性の高低を判断する材料としていた「生産の多様性」といった判断基準，また非対称的ショックに対する調整機能などは，ユーロ圏の非対称的ショックを考察する上で一定程度参考になる[5]。

5）　最適通貨圏の理論として，ここでは，過去の諸理論を総括して理論化した Baldwin & Wyplosz (2012) Chapter 15 を援用する。

リーマン・ショックの波及に対して EU 加盟国は一律に不況深刻化に備えなければならなかったという点でそれは対称的ショックだったのだが，「100 年に一度」という特殊性において，西欧・北欧先進国と南欧新興国に非対称的なショックとなった。先進国は大きなマイナス成長に陥りながらも 09 年第 2 四半期から回復を始めたが，南欧諸国はユーロ危機に直撃された。危機前の不動産バブル，経常収支大幅赤字，継続した財政赤字などが突然に持続不可能となり，急性の金融危機・政府債務危機をもたらしたからである。

　この非対称性の根源にある経済発展段階格差は危機前にユーロ圏諸国間のマクロ不均衡の拡大として現れていた。21 世紀初頭に南欧諸国のインフレ率は 3% 超，ドイツのインフレ率は 2% 以下であった。ユーロの短期金利は一つであり，ユーロ圏経済の平均をメドに政策金利が決められる。ドイツには高すぎ，南欧諸国には低すぎて，南欧諸国ではすでに 20 世紀末に始まっていた不動産ブームが強まった。南欧諸国は 1990 年代に 2 桁の長期金利の国が多かったので，歴史的な感覚からもユーロの低金利にとりわけ強く印象づけられたと思われる。好況と不動産ブームは税収を引き上げるので，アイルランドをはじめ南欧諸国は公務員を増やし公共事業を拡大するなどして，好況を後押しした。物価安定のドイツなど北部欧州諸国の競争力は南欧に対して年々高まり，西欧諸国の経常収支黒字と南欧諸国の赤字が拡大していった。

　欧北（西欧・北欧を包括して欧北と呼ぶことにする）と南欧との間にインフレ格差が固定的に存在すれば，一本しかないユーロの短期金利はその中間に来るので，南欧の実質金利はマイナスとなりやすく，インフレを助長することになる。これは EU 通貨同盟の根本的矛盾であって，最適通貨圏の理論に照らせば，単一の通貨同盟にこれら 2 つのグループを併存させるのが間違いである。しかしそれでも併存するならば，非対称的ショックに対する調整機能の高さが次に問題となる。マンデルの労働力移動，その代替的要因である賃金の柔軟性の 2 つがそうした調整機能に当たる。労働力移動という調整機能はユーロ圏には存在しない。

　賃金の柔軟性については，それを含めた構造政策・競争力政策の重要性が通

貨統合以前から強調されていた。同一金利になるので，インフレ率がユーロ圏平均より高く経常収支の赤字が拡大する国は，労働市場柔軟化によって賃金を切り下げ，財政措置によって経済成長を押し下げ，さらに産業の強化等競争力引き上げの政策を強めることにより均衡を回復する，という処方箋は，たとえば欧州委員会が強調していた。実際にも，ユーロ導入以前に南欧諸国は，ユーロ加盟を目指して政府・使用者団体・労働組合が一丸となって賃金上昇を抑制しインフレ率を切り下げるのに成功した実績がある[6]。つまり賃金の柔軟性がユーロ圏に存在しないとはいえないのである。だが，そのような処方箋は条約に取り入れられてはおらず，またユーロ導入後南欧諸国はその方策をまったくとることなく，ギリシャとポルトガルは財政赤字3％をほぼ毎年超過してさえいたのである。ここから，財政赤字だけではなく構造改革・競争力政策を赤字国に促す規制・強制の必要性が浮かび上がる。それは，「ユーロ・プラス協定」に具体化されるのである（後述）。

2-2 ユーロ危機を演出した西欧銀行のクロスボーダー与信

　ユーロ危機の基盤に南北欧州格差の問題があったが，それを現実のユーロ危機へ展開した主要な要因として，西欧を中軸とするユーロ圏規模のクロスボーダー銀行行動を指摘できる。不動産バブルを爆発させて巨額の不良債権を抱え込んだ南欧諸国の銀行の国内での与信行動が一方にあるが，それらの銀行の資金調達を支えたのは，アイルランドにおいてはロンドン金融市場とアイルランドに進出した英独の銀行の与信であった。南欧諸国においては西欧大銀行のクロスボーダー与信が同じ役割を果たした。そして，アイルランドではサブプライム危機が，南欧諸国においてはリーマン・ショックが，急激な資本引き揚げの引き金となり，その資本逆流出が住宅価格の下落や金融危機を増幅した。

6）　スペイン，ポルトガルなど周縁国においてユーロ導入以前に実施された構造改革について，吉國眞一氏は現地で強く印象づけられたと述べている（吉國・小川・春井（2014）10ページ）。それは当時周縁国を観察していた筆者の印象と一致している。

西欧の大銀行は収益率の高い南欧に巨額の与信（証券投資・融資等）を行ったので，南欧諸国の金利は低下し，民間・政府共に資金調達が容易になった。それはEUが単一金融市場を形成した目的に沿ってはいるのだが，21世紀初頭の問題は，①与信増大のペースが余りにも急激，②受取国側が競争力・輸出力強化にではなく財政赤字・消費・不動産投資に資金をつぎ込んだ，③危機により資金流入が突然停止あるいは逆流した，ことにある。このような「バブル＆バスト・プロセス」を生み出す金融機関の行動は東アジア通貨・経済危機とも共通するが，ユーロ圏ではフランスの大銀行がイタリアやギリシャの現地銀行を買収してその支店網を手に入れて与信を増やすなど，東アジア危機を超えるレベルの多国籍銀行行動があった。ただし，スペインなどで東アジア通貨危機のタイなど東南アジア諸国のような急激な経済収縮・経常収支赤字の逆転が起きなかったのは，ユーロ圏に共同の中央銀行システムが整備されていたからである[7]。

欧州（ほとんどは西欧）の銀行の南欧5カ国への与信額は05年第1四半期から08年第2四半期までに2倍から3倍にも増加し，南欧諸国の住宅ブーム・バブルを膨張させ，財政赤字や経常収支赤字をファイナンスしたのである[8]。南欧諸国の経常収支赤字は好況の中でGDP比2桁を超えた。このような国際与信の動向により，インフレ格差から生じる不均衡は増幅され，バブルが膨張した。パリバ・ショック，リーマン・ショックによって資金流入は突然停止し（"sudden stop"），逆流出に転じ，民間も政府も資金繰りに窮して，ほぼ同時に金融危機・ソブリン危機に陥った。

それゆえに，ソブリン危機の南欧諸国だけを責めることはできない。もっともギリシャは別であって，西欧銀行の与信に支えられたとはいえ，財政バラマキの隠蔽を繰り返した政府が，財政と経常収支の大幅赤字の元凶となり，外国資金のサドン・ストップによりソブリン危機と国際収支危機に落ち込んだ。開

---

7) この点については，拙稿（2014a）Ⅴを参照されたい。
8) 西欧大銀行による南欧諸国への与信動向については，拙稿（2013）および同（2014b）を参照して頂きたい。

発途上国で見られる典型的な国家債務破綻である。労働組合も EU や IMF の支援に感謝するどころか、デモや暴動を繰り返した。ギリシャは危機の3つの波すべてで火付け役となった。

2-3 ユーロ制度の不備欠陥

危機の長期化・激化の原因として、EU 基本条約の定めたユーロ制度の不備欠陥があった。ユーロ制度は 1960 年代から 80 年代までの比較的安定した金融システムの時期を想定して設計されており、リーマン危機のような「100 年に一度」とか「1930 年代以来」といわれるような激烈な金融危機を予想していなかった。一言でいえば、グローバル金融資本主義を想定していなかったのである。

EU 単一金融市場とユーロによって、EU では西欧大銀行の支配体制が完成した。グローバル金融資本主義の一環を占める欧州リージョナル資本主義と名付けることができる。リーマン危機の本質がグローバル金融資本主義にあるように、ユーロ危機の本質はリージョナル金融資本主義にある。それへの備えが 91 年末に合意されたマーストリヒト条約にはまったくといってよいほどなされていなかった（マーストリヒト条約は今日リスボン条約の EU 機能条約に引き継がれているので、以下ではそちらの条項で表示する）。

第1に、デフォルト危機に直面する諸国には財政を通じる支援が必須だが、EU 基本条約はユーロ圏各国の自己責任制を原則としており、国相互間の財政的支援を禁じている（EU 機能条約第 125 条）。危機第1波のギリシャ支援が遅れたのは、こうした条約の影響が大きかった。

第2に、条約は銀行監督と危機対応をユーロ加盟国の権限とした。各国毎に分断された銀行監督（母国監督制）はクロスボーダー与信に対応できず、各国管理制度は広域の危機に無力であった。単一金融市場とユーロによりヨーロッパの金融は国を超えてリージョナル化しており、危機はユーロ圏全体に広がったが、対策はユーロ圏首脳会議に委ねられ、国益の対立などから対症療法的な対応を繰り返すこととなった。ようやく合意した場合でも、11 年 11 月初めの

ギリシャのパパンドレウ首相の国民投票宣言などにより喜劇的な展開になることさえあった。危機に対する専門機構の欠如，素人政治家の主導権，これらの機構的欠陥が危機の激化と長期化をもたらした。

第3に，中央銀行の金融安定権限の問題があった。EU機能条約第123条第1項は各国中央銀行とECBによる国債の直接購入を禁じている。財政ファイナンス（中央銀行の国債購入。マネタイゼーションともいう）は過去にインフレの原因ともなったので，インフレ抑制を至上命題とするユーロ制度では禁止されたのである。普通の国では，政府が財政危機に陥り万が一の事態になれば中央銀行が国家への財政ファイナンスにより危機を救う。だが，ユーロ圏では直接購入を禁じられていたため，ソブリン危機に有効に対処できなかった。中央銀行の「最後の貸し手（Lender of Last Resort：LLR）」機能は，古典的には流動性危機に陥った銀行の救済であったが，1980年代の米国で株価暴落による金融市場危機にFRBが巨額の融資を行って危機を防ぎ，それもLLRと考えられるようになった（「LLR2」）。今日ではさらに中央銀行によるソブリン危機救済もLLRに含められている（「LLR3」）。ソブリン危機に彩られたユーロ危機の際にその機能が阻害されていたのは致命的だった。

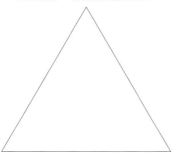

図10-1 ユーロ制度欠陥の3角形

銀行監督・破綻処理権限なし

国家LLR禁止　　　　　　　　財政共同責任禁止

（注）1．国家に対するLLR禁止は機能条約第123条第1項，財政共同責任禁止は同125条，金融安定に関する条項は第127条である。
（出所）筆者作成。

以上3点を,「ユーロ制度欠陥の3角形」として表示すると図10-1のようになる。

上述したように，ECBはギリシャ危機の10年5月上旬からギリシャ等の国債買い取りを開始し，10年末までに約735億ユーロ，11年末にはスペインとイタリアの国債購入により2,100億ユーロに達した（「証券市場プログラムSMP」と呼ばれる）。条約は「直接購入」（発行国債の直接購入）を禁じているが，流通市場での購入は許されると解釈して，ギリシャ金融パニックを皮切りに出動した。小国危機ではきわめて有効で，市場から高い評価を得たが，危機第2波でスペイン，イタリア国債の投機売りに対抗するには購入規模が小さすぎ，効果がなかった。ドイツ連銀やドイツ世論が条約の規定を楯にとって国債購入に反対したことも，ECBの活動を抑制した[9]。たとえばメルケル首相は，ECBに政府に対するLLR機能を付与するという意見が強まった第2波危機の最中の11年10月，危機国国債購入反対を公言し，ドイツ連銀総裁も批判を続けた。仮にスペインがデフォルトしECBが購入した同国国債の返済ができなくなれば，ユーロ圏各国が資金拠出してECBの損失を補償することになろう。そうなればドイツが最大の資金拠出国となる。そのような懸念も念頭に置いた発言だが，危機の火に油を注いだ。ドイツの圧力もあり，SMPは11年末で打ち切られてしまった[10]。

2-4 LLR3機能の役割――英西伊3カ国の比較から――

スペインとイギリスの財政状況を比較すると，リーマン危機から第2波に至る時期の財政赤字状況はぴったり一致し，政府債務はスペインの方が良好であ

---

9) 国債購入額が制限されているという限界と並ぶSMPのもう一つの問題点は不胎化である。SMPで買い上げた国債と同じ額の流動性を市場から取り除くために，銀行の中銀預金を預金ファシリティに移して使用できないようにするのである。インフレを懸念するドイツ連銀の反対をすり抜けるための措置であるが，危機の中でインフレ懸念を強調するのも市場流動性を絞るのも賢明な措置とは思われない。
10) 11年末のSMPの国債残高2100億ユーロはその後満期償還により，14年4月時点では1,600億ユーロとなった。

った（図10-2）。図10-2にはイタリアも取り上げているが，同国の財政赤字は非常に小さく，基礎的収支（プライマリーバランス）は黒字であって，ソブリン危機が起きる状況ではなかった。しかし政府債務はGDP比120％と高く，借換えを含めると国債発行額は大きかった。政府の危機対応は一貫性を欠き，投機筋の攻撃によって利回りが6％を超えて上昇すると，大規模に発行される国債の利払いに不安がかきたてられ，ソブリン危機が激化していった。

　話をスペインとイギリスの比較に戻そう。財政状況は両国で類似していたのに，スペインはユーロ危機に席巻され続け，イギリスは09年後半以降金融パニックに襲われることはなかった。14年春からスペインの長期金利は危機前水準に低下したが，それまでは，5％以上の期間が長く，同じ時期にイギリスの長期金利は2％台であった。財政の状況は類似していたのに，この差異はどこから生じてきたのか。

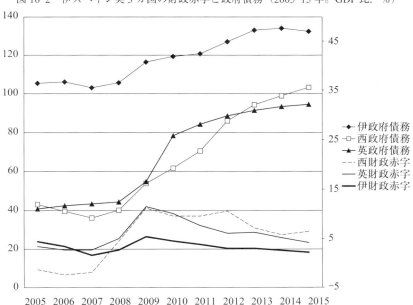

図10-2　伊スペイン英3カ国の財政赤字と政府債務（2005-15年。GDP比，％）

（注）2013年以降は推計値，予想値。
（出所）欧州委員会統計より作成。

この疑問は，気鋭の経済評論家 Martin Wolf がフィナンシャル・タイムズにおいて複数回取り上げ，政府に対する LLR 機能の有無が決定的との評価を行っていた。これは非常に重要な点であると思われる。その論点を敷衍すれば，ECB が危機の初期から LLR 機能を十全に発揮できていれば第 2 波のスペインとイタリアの危機は防止できた，ということになるからである。

金融市場には，イギリス政府が窮地に陥れば，イングランド銀行が LLR 機能を果たすという了解があったので，09 年後半以降に金融パニックは起きなかった。ところが，ECB やスペイン銀行に対して EU 機能条約第 123 条第 1 項が国債の直接購入を禁止しているので，金融市場はスペインのデフォルトを不安視して，そこから金融パニックや長期金利の高位水準が定着した。もし ECB が「無制限の国債購入」を宣言して両国を支えていれば，第 2 波危機はギリシャに限定され，ユーロ危機の展開やポスト危機の経済状況はまったく違ったものとなったであろう。イギリスとスペインの間には労働市場の柔軟性や銀行危機など別の違いもあったので，財政状況のみの比較ですべてを割り切るわけに行かないのだが，それにしても金融市場の格差が余りに大きすぎるのであり，LLR 機能を考慮に入れないわけにはいかない。

13 年 7 月のドラギ総裁のロンドン演説と 9 月の OMT 採用がユーロ危機を終了させた。ここに，ECB の LLR 機能を制限したユーロ制度（とドイツの保守主義）の問題点が映し出されている。

3．危機対策と制度改革

3-1　財政支援措置

〈財政支援措置の導入〉

ギリシャ危機による世界の金融市場パニックに手が付けられなくなる前ぎりぎりの 10 年 5 月 9 日深夜，EU はついに 2 つの財政支援措置を決めた。

第 1 は 5 月 2 日財務省理事会で合意していた合計 1,100 億ユーロのギリシャ支援の実施である。ユーロ圏諸国 800 億ユーロ，IMF300 億ユーロ，支援期間は 3 年間（2 年半後に市場復帰して国債発行再開を予定），利子 5% 超のローンを供

与する。この高い金利には，危機を引き起こしたギリシャ政府への懲罰という意味があった。ギリシャの構造改革（民営化，税制改革，労働市場改革，財政緊縮など）が支援の交換条件（「コンディショナリティ」）であり，改革の進展を評価した上で原則として3カ月に一度支援する。財政赤字削減は，2010年中にGDP比4％分カット，さらに財政緊縮を続行して2014年2.6％に引き下げる。

第2は被支援国を特定していないが，事実上スペイン，ポルトガルを念頭に設定された，合計7,500億ユーロ（当時の為替相場で約85兆円）の財政支援措置であった。資金内訳は，EFSF（欧州金融安定ファシリティ）4,400億ユーロ（ユーロ加盟国），EFSM（欧州金融安定化メカニズム）600億ユーロ（欧州委員会），IMF2,500億ユーロ（いずれも上限額）。

EFSFはユーロ圏諸国が市場でトリプルA格の債券（EFSF債）を発行して資金を調達し，危機国にローンを供与する。払い込み方式の「基金Fund」ではなく，ファシリティ（Facility）なのである。ユーロ圏諸国のトリプルA格の国のみが連携して発行する。資金供与の担当は，EU（欧州委員会が代表）・ユーロ圏（ECBが代表）・IMFからなる「トロイカ」と呼ばれる合議体である。

もし危機国が返済できなくなれば，ユーロ圏各国政府はECBに払い込む株式資本のシェアに応じて負担する。ローン金利も原則としてそのシェアに従って受け取る（ECBへの払い込みシェアはほぼGDPに比例するが，イギリスやポーランドなどがある程度負担するケースもあり，シェアはその分弾力的）。ギリシャ支援はユーロ各国がギリシャ政府にバイラテラルに支援する形だが，実際には共同して債券を発行して資金を調達し，欧州委員会を中核とする「トロイカ」が改革進展に照らして供与を決める。

EFSMは国際収支困難に陥ったEU加盟国支援のためにすでにEUに設置されていたが，資金枠を拡充した。EU予算を担保に欧州委員会がトリプルA格の債券を発行して資金を調達する。IMF融資はIMFの規定に従い，ギリシャにはSBC（スタンド・バイ・クレジット），その他にはEFF（Extended Fund Facilities）で供与した。EFSFの4,400億ユーロはユーロ加盟国のGDP比で約5％である。合計7,500億ユーロという膨大な額が設定されたのは，大国スペインへ

表 10-2　GIP3 カ国に対する財政支援プログラムの概要

項目／国	ギリシャ		アイルランド	ポルトガル
	第一次支援計画	第 2 次支援計画	―	―
期間	2010.05～13 年央	2012.03～14 年末	2110.12.～13 年末	2111.05.～14 年央
支援規模	1100 億ユーロ	1645 億ユーロ	850 億ユーロ	780 億ユーロ
支援額 (E：ユーロ)	IMF 300 億 E EA 800 億 E	IMF 198 億 E EFSF 1447 億 E	IMF 225 億 E EFSF 177 億 E EFSM 225 億 E EU3 カ国 48 億 E アイルランド 175 億 E	IMF 260 億 E EFSF 260 億 E EFSM 260 億 E

(注) 1. EA はユーロ圏。EU3 カ国はイギリス 38 億，スウェーデン 6 億，デンマーク 4 億ユーロ。
2. IMF の支援はギリシャ第 1 次が SBA（スタンドバイ・クレジット）―短期国際収支問題国への支援―，その他は EFF（Extended Fund Facilities）―中期長期の国際収支問題国への支援で基礎的な経済改革を要求―。ギリシャ第 2 次計画で IMF は 15, 16 年に合計 82 億ユーロを予定。
3. アイルランドは同国財務省と国民年金準備基金から拠出。

(出所) Pisani-Ferry/Sapir/Wolff (2013) p. 40 などから作成。

の危機の飛び火にも対応できると市場に安心感を与えようとしたためである。

　ギリシャ支援や EFSF は 3 年期限の暫定的措置であり，危機国は支援を受けて 2 年半後には金融市場に復帰し，市場での資金調達により自立することが求められていた。だがギリシャは約束を守れず，12 年 2 月に民間債権団の債権カット（額面の 53.5％）により政府債務を切り捨てた上に，12 年 3 月から第 2 次支援が発動されている。アイルランドは約束の 13 年末に金融市場復帰を決め，ポルトガルも 14 年 5 月に支援からの自立を宣言した。これら 3 カ国への財政支援プログラムの概要を表 10-2 にまとめている。

〈恒久的な支援機構 ESM への発展〉

　EFSF は 2012 年 10 月，常設の ESM（欧州安定機構）に引き継がれた（13 年 6 月まで併存）。ESM はユーロ圏諸国の政府協力機構で，ESM 条約によりルクセンブルクに設置された。資金規模 7,000 億ユーロである。内訳は払込資本 800 億ユーロ（ユーロ圏諸国が 160 億ユーロずつ 5 年間 2017 年まで払い込み），請求後払込資本金（callable capital）と保証（guarantees）が 6,200 億ユーロ，合計 7,000 億ユーロである。貸付規模は 5,000 億ユーロ，ESM 債を発行して資金調達を行

うが，最高の格付けの維持のため融資限度が絞り込まれている。最大2兆ユーロまでの資金調達は可能との説もある。なお，最大融資規模は12年3月，EFSFのコミットメント残高2,000億ユーロを加えて7,000億ユーロとなった。

EFSFの貸付け先は危機国の政府なので，危機国の政府債務がそれだけ増加し，財政赤字も拡大する。ESMはユーロ加盟国政府への融資も当然実施するが，流通市場で国債を直接に（加盟国政府を介さないで）購入でき，このケースでは支援が危機国の財政赤字を増加させることはない。

ESM参加国（ユーロ圏諸国）が発行する国債には集団行動条項（Collective Action Clauses：CACs）が付く。ESMから支援を受けるユーロ加盟国が資金を返済できなくなった場合，当該国の国債に投資した民間投資家に対して元利の返済繰り延べ（「リスケジューリング」）や元金の一部削減などの形で負担を求める交渉を行うことができる。

ESMはまた，危機に陥ったユーロ圏の銀行を直接支援できる。後述する銀行監督のECBへの一元化が実現する14年11月から，ESMは危機に陥った銀行に直接に（政府を通さずに）資本注入することができる。支援の上限は600億ユーロ，対象国に支援の余力がない場合の最終手段として実施する。ただし，当該銀行の債権者は債務の8％を負担しなければならない（ユーロ圏18カ国により14年6月11日に合意）。

ESMへの資本払い込みのシェアはユーロ圏における各国のGDPにほぼ比例しており，ドイツ27.146％，フランス20.386％，イタリア17.914％，スペイン11.904％などである（国民一人当たり所得がEU平均の75％以下の国には若干の優遇措置）。

銀行危機・財政危機に対処する常設機関の設置は，財政の相互支援を禁止したEU機能条約第125条の欠陥を是正する重要な一歩と評価できよう。自己責任原則による財政支援禁止という条約の規定はESMによって事実上乗り越えられたと見ることもできる。

3-2 マクロ経済的不均衡の予防・是正とガバナンス強化の諸改革

　西北欧と南欧との経済発展経済格差・政策選好の違いなどから，ユーロ圏は最適通貨圏ではないという点では意見が一致していたように思われる。ユーロ危機によってそのことは実証されたといってよい。だが南欧諸国の世論調査ではユーロ支持の割合が高く，最適通貨圏へ転換することはありそうにない。

　もともと最適通貨圏の理論は，統一通貨圏を形成する以前にそのコストとベネフィットを比較して，「最適圏」の範囲を判定するのが役割である。ユーロ圏の場合，最適範囲を超えて形成されたとはいっても，統一通貨圏を維持するとユーロ圏加盟国は決意しているのだから，今更「最適通貨圏ではない」といっても仕方がないのである。

　米国でさえ最適通貨圏ではなく，金融地域，工業地域，農業地域などに留意して6地域に分ける方が最適通貨圏の定義に沿うことになるという研究もある。それにもかかわらず，共通の政府，共通の中央銀行制度が米国を統一通貨圏として維持し，通貨ドルの「規模の経済」を保証している。

　ユーロ圏は最適通貨圏ではないが，それでも，制度構築によって安定的な通貨圏へと向かうことは可能かもしれない。このように考えると，最適通貨圏の理論に照らして問題となる欧北と南欧との経済発展格差とそこから生じてくるマクロ経済的不均衡への対処をポスト危機のユーロ圏がどのように行おうとしているのかが重要になる。

〈SGP強化と財政条約〉

　危機前からユーロ加盟国は「安定と成長の協定（SGP）」によって，財政赤字毎年3%以下，政府債務60%以下（GDP比）を守る義務があった（60%の方はその水準に徐々に近づくことでよい）。この協定は02年から4年続きで独仏伊のユーロ圏3大国が違反したが（伊は5年続き），財務相理事会は罰金などの処罰を実施せず，ギリシャなどの違反を助長したと言われている。そこで，この協定を強化して財政政策健全化措置を徹底する方針がユーロ危機の初期に打ち出されたのは当然であった。さらに，マクロ経済的不均衡（とりわけ経常収支不均衡）対策，経済成長と構造改革，という3次元の改革が2011年から13年にか

表10-3 マクロ経済不均衡などに関する改革一覧

	6（シックス）パック	ユーロプラス協定	財政条約	2（ツー）パック
財政政策健全化	SGPの能力引き上げ（EUの規則5, 指令1による）	財政規制の導入を各国に義務づけ	○各国に財政規制義務づけ（財政ブレーキ） ○財政赤字是正措置（逆多数決）	○共通の財政計画 ○財政赤字監視 ○財政危機国への監視強化（EUの2つの規則による）
マクロ経済不均衡対策	マクロ経済監視とMIP導入			
経済成長と構造改革	ヨーロピアン・セメスター	競争力と雇用促進の義務づけ		
発効	2011.12.13.	2011.03.25.	2013.03.01.	2013.05.
非参加国	なし。制裁措置はユーロ圏諸国のみに適用。	チェコ、ハンガリー、スウェーデン、イギリス	チェコ、イギリス	ユーロ圏諸国以外のEU加盟国

（注）1. SGPはStability and Growth Pact（安定・成長協定）。
2. IPはMacroeconomic Imbalance Procedure（マクロ経済不均衡措置）。
3. アン・セメスターは経済政策と財政政策の協調強化を含む。

（出所）Sachverstaendigenrat (2012), Jahresgutachten（ドイツ経済白書）。

けて次々に実施に移されている（表10-3）。

6（シックス）パックはEUの6つの法令によって，財政健全化・マクロ経済不均衡是正・成長と構造改革を目指す。財政赤字3％を出し続ける国への罰金賦課などを定めたEU機能条約第126条（SGPの法源）が財務相理事会によって無視された点を反省し，EU＝欧州委員会による監視と是正の能力を引き上げた。財政赤字予防のため各国は毎年EUに財政報告を提出，財務相理事会はヨーロピアン・セメスターにおいて毎年前半に各国の翌年の財政計画を相互に検討し，過剰赤字国には是正手続きを通知，国毎の改革プログラムと勧告を採択する。各国はそれをもとに翌年度予算を策定し，議会に提出する。3％を超える赤字を出し続ける国には勧告が出され，是正されない場合は最大GDP比0.5％までの罰金を賦課する。

マクロ経済不均衡についてはMIP（Macroeconomic Imbalance Procedure）が適用

されている。EU 各国の経常収支赤字，名目単位労働コスト，実質実効為替相場など 10 項目のチェックを欧州委員会が行い，国毎に不均衡是正の年限を指示する。制裁措置として GDP 比 0.1％までの資金積立があり，欧州委員会が制裁措置を提案すると，それを EU 理事会が覆すには特定多数決が必要となる（逆特定多数決）。欧州委員会の提案をユーロ圏加盟国＝財務相理事会が拒否するのはまず不可能であり，欧州委員会の力が強まっている。

財政条約（TSCG：Treaty on Stability, Coordination and Governance）は 2011 年 12 月の EU 首脳会議にメルケル首相が提案し，イギリスとチェコを除く EU25 カ国が条約に調印，13 年 3 月に発効した。ユーロ圏諸国の構造的財政赤字（景気変動の影響を除外した財政赤字）を GDP 比 0.5％以下に抑えることを目的に，この「財政ブレーキ」を各国の憲法レベルの国内法とする。ルールを逸脱した場合には是正メカニズムが適用され，違反には制裁が科される。

〈ユーロ圏の競争力格差問題とユーロ・プラス協定〉

21 世紀初頭の好況期に北部欧州と南欧との間に現れた，インフレ格差，賃金上昇率格差，労働生産性上昇率格差は，国際競争力の指標となる単位労働コスト（生産物 1 単位当たりの労働コスト。賃金上昇率を生産性上昇率で割り算して得られる。）の格差となった。単位労働コストはドイツではほとんど上昇しないのに，南欧では毎年上昇し，2000 年基準で 08 年には 30％から 40％もの格差となった。製造業の単位労働コスト格差はさらに大きかった。

こうした競争力格差は各国が自国通貨を保持していれば，北部欧州諸国の為替相場切り上げ，南欧諸国の切り下げで調整されることになるが，ユーロでは為替相場変更はできない。その結果，経常収支不均衡（北部欧州諸国の黒字と南欧諸国の赤字）は年々拡大し（仏伊両国はほぼ均衡），ユーロ圏の「リージョナル・インバランス」となった。2002～06 年の赤字の年平均値（GDP 比）は，ギリシャ 11.8％，ポルトガル 8.6％，スペイン 6％，黒字国は，オランダ 7.5％，フィンランド 5.9％，ベルギー 4.5％，ドイツ 4.2％，オーストリア 2.4％，であった。

ユーロ・プラス協定（The Euro Plus Pact）は 11 年 3 月，ユーロ圏首脳会議に

おいて合意された。ユーロ圏諸国の競争力格差是正のために経済政策を協調し，併せて雇用促進，財政と金融の安定を目指す（ユーロ加盟国のみの協定として提案されたが，ユーロ未加盟国が協定に参加したため，ユーロ・「プラス」協定と名称変更）。欧州委員会が各国の賃金上昇と生産性上昇とをきめ細かくモニターし，年2回各国首脳が責任をもって調整することになっている。

南欧諸国の経常収支は2013年黒字に転じたが，ギリシャ，スペインなどでは不況による輸入減少と輸出増大の効果が大きく，南欧諸国の経済が正常化する時期に，ユーロ・プラス協定の方式でどこまで競争力格差の是正が可能なのかは，未知数である。

3-3　銀行制度改革と「真の経済・通貨同盟」

世界金融危機を受けて，世界規模で新しい規制監督政策の時代が始まった。

金融危機対策はバーゼル銀行監督委員会が2010年12月に公表した第3次国際統一基準（「バーゼルⅢ：より強靭な銀行および銀行システムのための世界的規制の枠組み」）を中心に置いて，米英欧スイスなど先進各国それぞれが独自の規制強化の法律を採択・実施してきた（バーゼルⅢは13年から段階的適用，19年に完全実施）。各国の規制の細部はまだ決まっていないものも多い。内容は多岐複雑詳細である。ここではユーロ圏に限定して，概要をごく簡単に記すにとどめる。

〈新たな銀行規制政策〉

バーゼルⅢが公表されると，欧州委員会はそれをEUに適用するため，2011年7月第4次資本要求指令（Capital Requirement Directive IVCRDIV）のパッケージ案，いわば「EU版バーゼルⅢ」を公表した。銀行の自己資本は，危機時のバッファーの役割を果たすので，それを厳格に規定し，その資産に対する比率を大幅に高めた。欧州委員会はまた，2012年6月に銀行再建・破綻処理指令（Bank Recovery & Resolution Directive：BRRD）を呈示し，翌13年6月，EU理事会で合意，最後に14年4月，任期満了間際の欧州議会が法案を採択した。今次の危機では銀行支援に巨額の税金が投入された（資本増強だけで4,730億ユーロ

という)。新指令では，銀行破綻の際の債権者負担原則（ベイルイン：銀行の債権者がまず損失を負担する—まず株式，次いで劣後債，さらに一般の債券，……などと序列が決められている—）を前提に，ユーロ加盟国は，ベイルイン以降の損失をカバーするため，各国で銀行が付保預金の1%を8年間積み立て，550億ユーロをもつ単一破綻処理基金に移行する。非常事態では，厳密な条件を置いて，公的資金の使用も法案に組み込まれた。BRRDは後述のSRMの構成要素となる[11]。

銀行に対する規制政策を審議するために欧州委員会は専門家委員会を立ち上げ，12年10月「EU銀行業部門の改革に関する最終報告書（座長名から通称「リーカネン報告」)」が公表された。報告は，欧州銀行業の伝統であるユニバーサルバンキング（商業銀行と投資銀行の兼営）を受け入れつつも，金融危機の原因となった自己勘定のトレーディング業務を商業銀行（公衆から預金を受け入れ融資や決済サービスを行う）から切り離し銀行グループ内部の別事業体とする，など多くの提案を行った[12]。これを受けて，欧州委員会は14年1月，自己勘定取引は原則禁止としつつ，一部のトレーディング業務は認める旨の規則案を発表した。規制強化によって銀行にバブルを作らせないという，きわめて重要な施策であるが，欧州委員会が規則案を提出した段階であり，具体化はこれからである[13]。

〈真の経済・通貨同盟〉

危機対応を念頭に置いて，2012年6月のユーロ圏首脳会議にファンロンパイ常任議長は，EUの他の3人のPresidents（欧州委員会，ECB，ユーログループ）とともに，「真の経済・通貨同盟（genuine EMU)」を提案した。現在まで経済・

---

[11] 本章では銀行構造改革には立ち入らない。中空／川崎（2013)，翁（2014）などを参照されたい。
[12] リーカネン報告の邦訳は，ヨーロッパ金融研究会訳（田中素香監訳）（2014）を参照。
[13] 欧州委員会の規則案の解説として，神山哲也（2014）がある。なお独仏はすでに独自に法律を定め，イギリスも法令化が進展しているが，EU規則は国内法に優先する。

通貨同盟とは「単一市場＋単一通貨＋SGP」と考えられていたが，ユーロ危機により既存の枠組みでは危機に対応できないことが明らかとなり，「真の経済・通貨同盟」へと発展させるというのである。「真の経済・通貨同盟」の構成要素は，①銀行同盟，②3つの「枠組み（framework）」（財政枠組み，経済政策枠組み，政治枠組み），である。この②にユーロ制度諸改革を当てはめると，14年春時点で実施段階に入った改革のうち，ESMは「財政枠組み」，上述した「不均衡の予防・是正およびガバナンス強化」は「経済政策枠組み」に該当し，そこで発揮されるEU・ユーロ圏の加盟国に対する強制力は「政治枠組み」の一環とみなせる。銀行同盟は14年11月のスタートを前に，現在ECBが直接監督する128の銀行を中心にAQR（資産クオリティレビュー）とストレステストを実施している。

　もう少し立ち入って説明しよう。銀行同盟は，基本的にユーロ圏レベルに，①単一銀行監督機構（Single Supervisory Mechanism：SSM），②単一破綻処理機構（Single Resolution Mechanism：SRM），③預金保険制度（Deposit Guarantee Scheme：DGS），の3つの制度を形成し，金融制度の安定化を実現しようとする。12年6月，ユーロ圏首脳会議が銀行同盟案を承認し，同年9月に欧州委員会が提案を行って，以後具体化へ動いている。

　ただし③は，2010年7月の欧州委員会提案では，ユーロ圏各国の付保預金の1.5％を10年積み立てて基金を作り，国を超えて小口預金者に保証する制度とされているが，独仏などで積み立てられた資金がギリシャの預金者保護に移転することとなり，反対が強く，具体化は困難である。もっとも，10万ユーロまでの預金を保険で保証する制度をEU各国は導入済みであった。14年4月，欧州議会採択の法令により，税金ではなく銀行の積立資金を預金保証に使う，保証金の払い戻しを銀行破綻から7日以内に行う，一時的な大額預金（住宅販売代金など）は10万ユーロ超でも3カ月保証される，なども決まり，各国はそのための制度作りを義務づけられた。

〈SSM〉

　SSMは，ECB（に新設される銀行監理事会）とユーロ圏各国の銀行監督当局

からなる（ユーロ未加盟国も希望により参加可能）。ユーロ圏には約6,000，EUには約8,000の銀行があるが，ECBは国際的に活動する大銀行やSSM参加国の主要銀行など128の銀行を特定して直接監督し，その他の中小銀行は各国当局が監督する。しかし，統一的な監督責任はECBがもち，問題があれば，中小銀行の監督にも介入できる。リーマン危機・ユーロ危機において，各国当局による銀行監督や当局間の協力が有効でなかったため，EU機能条約第127条第6項に基づいて，ECBが監督業務を担うことになった[14]。

ECBには新たに監督理事会（Supervisory Council）が設置され，すでに800人のスタッフを抱える。監督理事会議長（President）はフランス銀行（中央銀行）で銀行監督部門のトップを長年勤め，バーゼル銀行監督委員会の事務局長5年間の経験をもつダニエル・ヌイ，副議長はドイツ連銀副総裁から14年1月ECB専務理事に就任したザビーネ・ラウテンシュレーガー（ドイツ連邦金融監督局（BaFin）の元総裁）が担当する。共に女性である。任期は5年，再任はない。SSMの政策案にはECB政策理事会の承認が必要となる。

今日，巨大銀行の資産額は一国のGDPを大きく超えるほどの規模になっている。リーマン・ショックを挟んで，アイスランド，アイルランド，スイス，ベルギーなど小国では「大きすぎて救済できない」規模であり，ユーロ圏レベルで監督・救済制度を組織するのは理に叶っている。米国と西欧の巨大銀行の資産額はほぼ1兆〜2兆ユーロ，母国GDP比では米国に比べて西欧の方がはるかに高いが，ユーロ圏GDP比では格差は非常に小さくなる。

欧州大陸では「国家＝銀行相互依存」が伝統であった。大銀行は自国国債を大量購入する見返りに国の保護を受ける。米英に比べて資本市場が未発達なので，政府は国債の消化は銀行に依存せざるを得ないわけで，この「相互依存」に合理性はあるのだが，銀行監督は甘くなり，銀行は流動性危機やソルベンシー危機に陥りやすい。政府は国債発行が容易なので過大な財政赤字や政府債務に陥りやすく，財政危機は国債価格下落を通じて国家と国債保有の銀行双方に

---

14) 機能条約第127条については，拙稿（2014b）において詳しく述べた。

打撃を与える[15]。SSM は監督権限において，この国家=銀行相互依存から大銀行を引き離す役割を担うのである。

　ユーロ危機の中で銀行間市場が機能不全に陥り，南欧諸国の銀行は資金調達に難儀したが，北部欧州諸国の銀行監督局が「危険な国への与信は慎重に」と指導していた。たとえば，健全経営のスペイン大銀行の在ドイツ子会社も指導により本社への送金が難しかった。ユーロ圏銀行間市場の機能不全を各国当局が助長していたのである。このような弊害も SSM によって改善されよう。

　ECB は非常に重大な課題を引き受けることになった。金融政策と監督行政とのトレードオフが指摘されている。だが何よりも，巨大銀行 128 行の直接監督自体が大変な業務である。現在 ECB が進めている大銀行の健全性レビュー（Asset Quality Review：AQR）においても，南欧諸国の大銀行の抱える不良債権比率の高さなどから，14 年 11 月の SSM の順調なスタートを懸念する声もある[16]。

〈SRM〉

　SRM は，破綻に直面した銀行の再建と破綻処理をユーロ圏レベルで審議・決定し，破綻処理を実施する制度である。履行のための基本組織は単一破綻処理委員会（Single Resolution Board：SRB）であって，委員長（Executive Director），副委員長，欧州委員会，ECB，各国破綻処理当局代表者により構成され，総務，予算関連の事項を単純多数決で決定する。破綻処理関連の議決は特別委員会により行われ，当該銀行の所在するすべての国の当局代表者が出席し，本国 1 票，他国所在国代表が 1 票を分割保有する。

　ECB は銀行を監督し，問題のある銀行について破綻処理の必要性を SRB に連絡する。それを受けた SRB は欧州委員会に評価を依頼し，その評価について SRB の特定多数決で破綻処理を決定し，当該国当局に破綻処理の実施を指

---

15) この「相互依存」体制については，Pisani-Ferry（2012）が参考になる。
16) 2013 年に企業が損金処理（write off）した不良債権額は 3,500 億ユーロ，年収の 3％，14 年には 3.1％，3,600 億ユーロにのぼるという（FT, 2014.05.12.）。また南欧諸国の銀行の不良債権は債権比 20％から 30％にも達すると報道されている。

示する。破綻処理を履行するのは各国当局である。ベイルイン，優良資産売却と不良資産処理，事業の売却などが行われ，必要資金は銀行本店所在国の基金から払い出される。

　SRM 提案は 13 年 7 月に欧州委員会が公表，12 月に財務相理事会が合意したが，破綻処理と基金使用について理事会が承認・拒否の権限を留保するとした。とりわけドイツがこだわった。これに対して欧州議会は煩雑な手続きは緊急の処理を妨げるとして，財務相理事会の関与は欧州委員会が基金の使用額について変更を加えるか SRB 案が公益を損なう場合に限り，24 時間に限定して異議申し立て・協議が可能と修正した。各国の政治圧力は制限され，速やかな対応が可能となった。SRM は 2015 年稼働を開始し，翌 16 年ベイルイン破綻処理が機能するようになる。

　SRM も，SSM とともに，国家＝銀行相互依存を断ち切りユーロ圏レベルで金融危機に対処する制度作りである。EU は 1990 年代から単一金融市場の構築を開始したが，金融制度は各国ベースのままに超国家的銀行活動を促進し，リーマンとユーロの 2 大金融危機に翻弄され，実体経済も甚大な打撃を被った。銀行同盟は過去 20 年間放置されてきた金融制度改革であり，真のユーロ圏金融制度へ向けた大きな前進である。とはいえ，破綻処理基金の積立や破綻処理履行は依然として各国当局が担う。準備される破綻処理基金は，ベイルインが組み込まれたとはいえ，リーマン危機後の銀行救済額（EU 主要国のみで 1 兆 8,000 億ユーロを準備）と比較して余りにも小規模である。バーゼルⅢ関連の法令，EU 規則や各国法令により銀行の自由行動にはすでに縛りがかかっているので，リーマン危機における銀行救済額などとの比較は適切とは思われないが，このような制度作りを銀行がしっかりと受け止めて対応するかが鍵を握る。また，上述した ECB の資産レビューやストレステストによる対策も重要である。

　今次の銀行同盟は，納税者負担の回避が大原則であり，銀行に 8 年掛かりの基金積立を行わせているが，大銀行破綻となれば，公的資金の投入は避けられないであろう。SRB の能力も今は未知数であり，実際の破綻対応において試

される。ユーロ危機に対して無力だった各国バラバラの金融安定機能が是正され，次の銀行危機に実地に対応できるユーロ圏レベルの制度が創設された点を第一に評価すべきであろう。

4. 危機対策・制度改革の意義と問題点

以上に説明した一連の危機対策・ユーロ制度改革を図10-3に示しておこう。本章では銀行構造改革については簡単に触れただけであるが，図には主要な改革を記している。銀行構造改革は銀行危機の再発防止を第1目標に，また仮に再発しても納税者の負担を極力小さくすることを目的として設計されている。図10-3から，ユーロ危機がいかに複雑で多様な要因から構成されていたか，したがって是正措置も同じように多種多様な対策と機構作りを包摂しているかが分かる。

財政関連についてのみ一言しておこう。債務ブレーキやSGP強化によって財政赤字を抑えるのは，高齢社会化の進むユーロ圏諸国にとって必要なことであるが，リーマン危機やユーロ危機のような大きな危機の際には財政赤字は危機救済と税収減によって避けられない。米国は州に財政均衡義務を課している

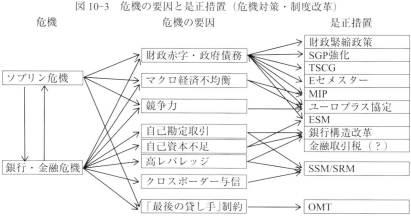

図10-3 危機の要因と是正措置（危機対策・制度改革）

（注）矢印は因果関係ではなく関連を示す。欧北と南欧の経済格差関係は「競争力」に一括している。
（出所）筆者作成。

が，連邦財政が危機救済を引き受ける。ユーロ圏には連邦財政はなく，5,000億ユーロ規模のESMに頼るしかない（最大2兆ユーロまで貸付規模を拡大できるともいわれる）。約10兆ユーロのユーロ圏GDPに対して5％（2兆ユーロなら20％）の規模であるが，リーマン・ショック後の銀行危機救済だけで西欧諸国は1.8兆ユーロ規模の手当を準備した（保証を含める）。バーゼルⅢやEU・ユーロ圏の銀行構造改革が動いているので，リーマン危機の規模の銀行・金融危機は再発しないかもしれないが，ECBが初めて乗り出すSSMの機能について，またとりわけSRMによる破綻処理についての不安は残る。銀行制度改革による危機の抑制，銀行同盟，ESMとOMTの弾力的な運用，これらがうまくかみ合って金融危機の抑え込みに成功する場合にのみ，TSCGは維持できるのであろう。

　EU機能条約に関わるユーロ制度の3大欠陥は制度改革によっていずれも是正されている（図10-4）。国家に対するLLR機能はECBのOMTプログラム，財政相互支援禁止はESM，銀行監督・破綻処理については銀行同盟（SSMとSRM）といういずれもユーロ圏レベルの措置・機構によって克服されているのである。もっともESMはユーロ圏諸国の政府間協力機構であるから，中間的な性格といえるが，財政相互協力禁止をユーロ圏レベルで乗り越えた機構とい

図10-4　ユーロ1.0からユーロ2.0への転換

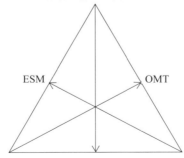

（注）三角形の頂点はユーロ1.0の原則，矢印の先はそれを乗り越えたユーロ2.0の機構（ないし措置）を示す。
（出所）筆者作成。

う点では図 10-4 の表示は許されよう。

　ユーロ圏レベルに諸制度が整備されたのは画期的な進展だが，なお多くの問題を残している。一時議論されたユーロ共同債や加盟国間の恒常的な財政移転の制度は着手されていない。次の危機への対処において今次の改革の意義と限界が試され，さらに制度構築が強化されるのであろう。

　紙数の関係で，危機対策・制度改革の評価にこれ以上立ち入ることはできないが，今回の危機対策，とりわけ ECB の OMT プログラムに示されたドイツの批判を締めくくりとしよう。財政相互支援禁止とソブリン LLR 禁止を条約に挿入した主役はドイツであった。そのドイツはこのような原則の転換をどのように見ているのであろうか。2013 年のドイツ経済白書（いわゆる 5 賢人委員会による年ごとの診断書 Jahresgutachten。政府に提出される）はそれを判定する好適の材料といえる。上記のユーロ 1.0 の原則を記した条約は改正されておらず，依然として有効である。しかし，実態はユーロ 2.0 へ大改革された。この事態を「白書」は，財政政策はユーロ圏加盟国責任の領域であり，そこでは相互支援禁止・GSP 強化・財政ブレーキという財政政策原則が貫徹する。銀行同盟は EU（ユーロ圏）レベルの責任，そして危機対応メカニズムはユーロ圏諸国責任と EU 責任の双方が関与する領域，に 3 分して，理解している[17]。このような分類によってユーロ圏レベルの ESM を承認している。他方，OMT プログラムについては，それが危機沈静化に果たした役割を説明する一方で，ドイツ憲法裁判所の判決，「ESCB の国債購入プログラムは権限乗り越えあるいは禁止された通貨的国家融資（マネタイゼーション）である」という結論を引用して，厳しく批判している[18]。OMT は ECB へのマンデイトの範囲外のことである。国家に対する LLR 機能を ECB が果たすことにより，通貨政策と財政政策の区別がつかない「新世界」へと進入し，そこでは財政赤字国の規律を弛緩させる，というのである[19]。

---

17)　Sachverstaendigenrat [2012], S. 160.
18)　Sachverstaendigenrat [2013], S. 118.
19)　Sachverstaendigenrat [2013], S. 120-121.

米英日の中央銀行が金融経済危機・危機後の低成長に直面していずれも非伝統的措置の採用を余儀なくされている。それは財政政策が縛られる中で中央銀行が従来の枠を超えて活動し，経済成長を支持しようというのである。OMTは米英日に比較すると非常に控えめな措置に過ぎない。それさえも原則論で厳しく批判するとすれば，ユーロ圏はデフレと長期的な低成長とに追い込まれるであろう。本文でもユーロ危機の深刻化・長期化にドイツが悪い意味で貢献した点を指摘したが，伝統と原則の通用しない長期経済停滞とデフレへの配慮があまりに不足している。OMTは，ドイツ連銀ワイトマン総裁の反対を押し切って，ECBが採択したのだが，ユーロ圏の主導国ドイツの過度に原則的でかたくなな態度がユーロ圏を長期停滞とデフレに追い込まないかが懸念される。

　危機対策と制度改革は一応メドが付き，ユーロ2.0へと進展するが，そこにドイツおよびオランダ，フィンランドなど欧北諸国とその他諸国との対立がある。いわば魂が入っていない。ここをどう切り抜けるのか。すでにユーロ圏の最大の課題はユーロ危機ではなく，デフレを防ぎ経済成長を軌道に乗せることにある。財政政策が強く縛られている時にECBの大胆な出動に欧北諸国が反対すれば，現在の窮状からの脱出方法が見えなくなる。ここに今日のユーロ圏の最大の問題がある。

参 考 文 献

Baldwin, Richard/ Charles Wyplosz (2012), The Economics of European Integration (fourth edition), McGraw Hill education.

Claeys, Gregory/Zsolt Darvas/Silvia Merler/Guntram Wolff (2014), Addressing Weak Inflation：The European Central Bank's Shopping List, Bruegel Policy Contribution, May.

Merler, Silvia & Jean Pisani-Ferry (2012), Sudden Stops in the Euro Area, Bruegel Policy Contribution, March.

Pisani-Ferry, Jean (2012), The Euro Crisis and the New Impossible Trinity, Bruegel Policy Contribution, January.

Pisani-Ferry/A. Sapir/G.B. Wolf (2013), EU-IMF assistance to euro-area countries: an early assessment, Bruegel Blueprint 19.

Sachverstaendigenrat (2012), Jahresgutachten.

Sachverstaendigenrat (2013), Jahresgutachten.

エルッキ・リーカネンを座長とするハイレベル・エキスパートグループ著（ヨーロッパ金融研究会訳（田中素香監訳）（2014），『EU銀行業部門の改革に関する最終報告書―リーカネン報告―』，経済学論纂（中央大学）第55巻第1号。
翁百合（2013），『不安定化する国際金融』，日本経済新聞出版社。
神山哲也（2014），「自己勘定取引の禁止とリングフェンスを求める欧州委員会の銀行構造改革案」，野村資本市場クオータリー，Spring。
中空麻奈・川崎聖教（2013），『グローバル金融規制の潮流―ポスト金融危機の羅針盤―』，きんざい。
田中素香（2010），『ユーロ　危機の中の統一通貨』，岩波新書。
田中素香（2012），「ソブリン・金融危機とユーロ制度の変容」フィナンシャル・レビュー（財務省財務総合政策研究所），第3号（通巻第110号）。
田中素香（2013），「ユーロ危機と問題点」，地銀協月報，2月号。
田中素香（2014a），「ユーロ危機への欧州中央銀行の対応― LLR（最後の貸し手）機能を中心に―」，商学論纂（中央大学）第55巻第3号。
田中素香（2014b），「ユーロ危機と2つの金融資本主義」，経済学論纂（中央大学）第54巻第5・6号。
吉國眞一・小川英治・春井久志編（2014），『揺れ動くユーロ―通貨・財政安定化への道』，蒼天社出版。

第 11 章

ユーロ危機[1]と独仏体制

はじめに——統合と危機

　1999 年導入され，2002 年その使用が一般化したユーロは，合意的統合過程によって成立した完全通貨同盟という史上初の通貨的現象であった。しかし，ユーロが導入される前から多数の論文が EMU の設計ミスを指摘しており，筆者も欧州通貨同盟に内在する問題点に言及し，統合過程上の不完全構造がシステム撹乱を発生させ，強固な統合理念によってのみ問題は克服されると論じたが，残念ながら 2009-12 年の欧州経済危機[2]は大方の考察通りの展開となった[3]。

　危機発生時，経済理論は停止し政治主導が始まる。15 年前の分析通り，瀕死状態のユーロシステムは，欧州統合の政治的理念に基づく独仏協力が中心と

---

[1]　2009 年以降の，ユーロ圏を中心とした欧州危機は，一般的にユーロ危機と呼ばれているが，金融危機，通貨危機，財政危機などすべての危機要素が含まれており，総合的に欧州経済危機と呼ぶことができよう。
[2]　ユーロ危機には 2008 年リーマンショックなどが影響しているが，ギリシャ財政危機などで危機が本格化したのは 2009 年，支援策および構造改革案などで一応収束したと認識されるのは 2012 年後半である。したがって本章では 2009-12 年の 3 年間をユーロ危機期間と規定する。
[3]　この分析については金（2013），2 章を参照すること。

なって難局を乗り越えることになる。通貨統合の潜在的リスクがグローバル・ショックによって顕在化するとき，通貨同盟はそれ自体を持続するための方便として中心・周辺の分化を図り，中心勢力の主導による対応過程が進行する。2009年以降の独仏体制は，1960年代欧州の国際関係論的2国間協力体制が，1990年代の通貨同盟上の中心勢力に化した結果であり，通貨統合の現実主義的展開といえる。

グローバルな経済危機において，完全通貨統合システム（たとえばEMU）も，不完全通貨統合システム（たとえばERM）と同じ脆弱な構造を露呈し，財政統合によって昇華されなければならない必然性をもつ。

本章では，総体的経済危機に直面した通貨共同体の自己克服および発展過程を照明することで，上記の強固な統合理念の本質を究明することを目的とする。危機時にその特徴がはっきり現れる，EU，ユーロ圏における独仏体制の特性および両国政治経済の比較分析を通じて，欧州統合体制の可能性と問題点を分析し，それによってEU自体の持続可能性を考察することに本章の意義がある。

1. 通貨統合と条件的不整合性

1-1 統合の条件的特性

地域統合は動学的発展過程であり，政治統合へ完結するまでは不安定性が内在する。統合の発展段階上の構造の問題である。市場統合は通貨統合によって，通貨統合は財政統合によって補完されなければならない。通貨統合を完全と不完全に分ける場合，完全通貨統合は不完全通貨統合に比べて一歩進んではいるが，上位の財政統合の観点からみて相対的な不安定さが残る。地域通貨統合過程における内在的問題に，域外からのショック，すなわちグローバル・リスクが加わる場合，統合システム内の不安定さが増大する。通貨的形式性と財政的内容が乖離し，統合過程が撹乱してしまう。したがって，通貨統合は自らを安定させるために財政統合を必要条件として要請する。

通貨統合への段階的移行には2つの条件的特性が現れる。統合推進における

必要条件的特性と経済力量の十分条件的特性である。欧州通貨統合において前者は収斂条件という統合政策的概念に要約され，後者は最適通貨圏理論によって説明される。収斂条件は政策基準をクリアするための尺度であるが，各国経済の長期的，構造的特性を一定の共通基準に当てはめるのは至難の業である。そして最適通貨圏（OCA，Optimum Currency Area）は，非常に狭小な通貨空間を除いては，一般的には存在しない架空の概念である。欧州は他の地域に比べて相対的に経済格差が低いが，それがOCAを形成するほどの通貨圏的安定性を提供するに十分であるとはいえない。地政学的統合圏が形成され，その加盟国から通貨圏への参入が増大する可能性がある場合（EU加盟国の多数がユーロ圏のような通貨圏を形成する場合），最適性概念はさらに脆弱化し，OCAは現実的，理論的根拠が希薄なレトリックに化する。

このように，一般的に通貨統合上の十分条件性と必要条件性は必ずしも一致しない。通貨統合における不整合的特性である。そこで条件上の乖離を埋めるために理念的補完の必要性が発生することになる。理論的特性と理念的特性が補完的に作用することで，通貨統合の政治経済的特性が現れる。

1-2　通貨統合と外部ショック

通貨統合は各国に対して経済政策，とくに金融政策の裁量権を制限あるいは剥奪しながら，その代償を保証しない。各国は，リージョナルな統合目標を追求するなかで，ナショナルな経済的損失を被る。したがって，リージョナルな統合の理想は，克服されなければならないナショナルな現実問題を胚胎する。この2つの政策目標間の乖離は，財政統合へ昇華しない限り長期的には持続不可能である。

通貨圏内部の問題で通貨圏自体の危機は生じにくい。通貨圏の存立をめぐる撹乱が発生する原因は，域外からのショックである[4]。グローバルなショック

---

[4]　ERMもEMS創設以来10年以上堅調であったが，外部ショックでそのメカニズムが崩壊する。

が発生し，リージョナルな通貨システムに影響を及ぼすとき，それがナショナルな対応の違いを引き出し，リージョナル・システムを撹乱する。

グローバルなショックに対してリージョナルに対応できるほど統合が進んでいるなら，問題は比較的単純であろう。しかし，リージョナルな統合を遂行する移行段階において，経済的パフォーマンスに対する最終的な責任はナショナルにあるという，過渡期における統合過程の構造的特性が問題を増幅させる。そして通貨統合圏でショックが発生するとき，それは通貨圏の完全性（非可逆システム）と不完全性（可逆システム）を問わずに，通貨圏の撹乱をもたらすという実例を提供した点において2009年以降の欧州危機には通貨統合史的意義がある。

欧州通貨統合過程においては2つの通貨同盟形態が出現し，両方とも危機を経験する。ERM（不完全通貨同盟）危機とユーロ（完全通貨同盟）危機である。1992-93年，欧州を取り巻く経済危機が通貨統合メカニズムを揺るがし，欧州為替レート・メカニズム（ERM, Exchange Rate Mechnism）は変動幅を上下30％に拡大することによって，実質的に崩壊する。しかしその2年後，欧州通貨単位（ECU, European Currency Unit）はユーロに名称を変え，経済通貨同盟（EMU, Economic and Monetary Union）第3段階への日程は持続する。

1995年のマドリード欧州理事会での決定と，1992-93年の欧州通貨危機との間には，通貨統合上の不連続性が存在する。1993年の変動幅拡大という通貨システムの実質的崩壊を乗り越えるために，1995年理念的ジャンプが行われたとしかいえない。2009-12年のユーロ危機は，後述通り独仏協力によって乗り越えられる。このように通貨危機の克服方式は非経済的であり，経済が失敗したところで政治が介入するという歴史的共通点をもつ。

統合の過程論からみれば，完全・不完全を区分するのは絶対的意味がない。まだ過渡期的段階にある不完全通貨統合と完全通貨統合は，財政統合以前の段階として，本質的に同じ問題を抱える。形式的非可逆性が通貨システムの実質的保障手段にならず，不完全通貨同盟の可逆性と同じ結果を発生させる可能性が潜在するという認識は理論的・政策的に衝撃を与える。

2. ユーロ危機と独仏体制の対応

2-1 危機における統合体制の変容

2-1-1 危機の認識

危機は解決すべき難題とその解決手段との格差の異常な大きさを意味する。

ユーロ危機は，前述通りグローバルに発生した金融危機がナショナルな財政危機に飛火し，リージョナルな通貨危機を深化させることで，グローバルとナショナルの間でリージョナルが動揺した現象である。3次元の経済現象が重層的に存在，相互対立化する過程で，地域統合の動学的過程において過渡期的な不完全状態にあったヨーロッパは，その問題の複合性ゆえに，解決策に困っていた。

一方2009年以降発生した欧州経済危機は，潜在化していた統合リスクが表面化した事態であり，特性上，多重危機でもあった。ユーロ圏は構造的に3つの深刻かつ密接に相互連関した危機に直面した。国債危機，銀行危機，マクロ経済危機である（図11-1）。とくに懸念されるのは，これらの危機が相互強化し，通貨同盟自体の存続が疑われる信頼の危機に陥ることであった。危機は公的部門における通貨統合，民間部門における金融ネットワークによって，国を超え欧州全域に拡大するリスク構造をもっており，したがってその解決も欧州全体的なものでなければならなかった。

危機の最中，欧州では，繰り返し，個別国のEMU脱退問題が提起され，北方ユーロと南方ユーロ間の分離も議論された。金融市場の目からみれば，一国でも脱退する場合，根本的なレジーム変化を引き起こす可能性がある[5]。脱退

---

5) 投資決定をするとき，投資家たちは，債務者の返済可能性だけでなく，返済時，債務国が域外の通貨圏にあり，もはやユーロ圏の一部でないリスクまで考慮する。そのような恐怖は資本の再割当てを触発させ脱退国の金融システムにおける条件がいっそう悪化し，自己充足的予測への転換が生ずる。この過程は連鎖反応を引き起こし，さらに通貨圏のコアにまで進行し，その過程の終わりに，独仏さえも通貨政策で分裂するかもしれない。したがってドイツにとってユーロ圏の統制不能な崩壊は大きなリスクをはらむ（German Council of Economic Experts (2012), p. 7）。

図 11-1　欧州経済危機の構造

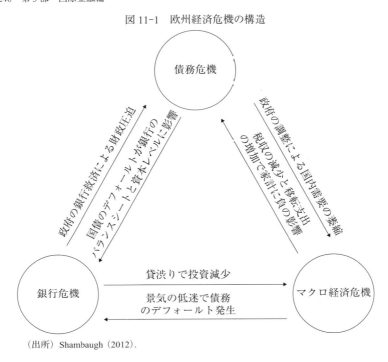

（出所）Shambaugh（2012）．

と同時に通貨切下げを並行した場合，購買力損失とインフレ率の上昇，国債の実質的デフォールト同然の結果を招くという経済的負の側面だけでなく，政治論争を引き起こし，EU からの脱退が想定されるなどの政治的負の側面を招く恐れがあり，しかもそれは脱退国だけでなく，ユーロ圏全体がかなりの代償を負うことになる[6]と想定されていた。

　ところが，2009 年以降の危機の初期段階において欧州指導者は，危機の深刻性を認識できず対応が遅れる。危機対応の問題点は 3 つの誤りとして要約される。

(1) 慎重すぎる危機診断：欧州中央銀行（ECB, European Central Bank）と欧州議会の警告を受け入れず，政治指導者たちは危機のシステム的特性を認識せ

---

[6]　レグリング，デルース，フェルケ他（2009），68-69 ページ．

ず，EMUの抜本的再建を怠った。
(2) 一方的な経済分析：経済的決定は分散的に行われるべきだという欧州政治家たちの信念は，マクロ・インバランスを補正する必要性を十分に考慮していない。成長と財政規律の矛盾は，単純な経済観の証拠であり，したがって克服されるべきである。
(3) 欧州理事会志向の，権威主義的な危機対応方式：欧州全体の議論を阻害し，民主主義の赤字を助長した，最大の誤りであった[7]。

　欧州指導者たちも次第に危機の深刻性に気づき，EU存立に関わる重大問題と認識する発言が相次ぐ。2011年11月，欧州理事会議長ファン・ロンパイは，「我々は皆，ユーロ圏とともに生存するために頑張らないといけない。ユーロ圏が生き残らないと，欧州連合も存続できないからだ」と述べる。2011年12月新年教書の中でニコラ・サルコジ仏大統領も「ユーロの終焉はヨーロッパの終焉である」と宣言した[8]。ドイツのメルケル首相も，「ユーロが失敗すると，ヨーロッパが失敗する」と繰り返し述べている[9]。このような危機意識から，ユーロは通貨統合の完成であるだけでなく，欧州統合全過程の象徴であると同時にその現実であることが理解される。

2-1-2　危機と中心・周辺関係の展開

　欧州統合におけるアプローチを分類すると，欧州全体主義と差別化主義に大別できる。欧州全体主義は統合が目的であると同時にその方法論でもある，強力な理念的立場である。差別化主義は，現実状況を考慮した中心（core）・周辺（periphery）の方法論的分離主義である。差別化統合（differentiated integration）方式は，可変形（variable geometry），ツースピード（two-speed）主義あるいはマルチスピード（multi-speed）主義として現れ，統合を前提とした域内の方法論的分離，すなわち中心・周辺関係を正当化させる。

---

[7]　Goulard (2012), p. 2.
[8]　Mourlon-Druol (2011), pp. 7-8.
[9]　Schild (2013), p. 28.

欧州統合は，発展―維持―危機の状態が螺旋形に反復する動学的過程である。危機時には，平時とは異なる強力なリーダーシップが要請され，防御的イニシアティブが一部加盟国に集中する現象がみられる。統合システムの存続という大命題の下で，統合上の方法論的制約が緩むからである。

とくに 2009 年以降の危機においては，周辺国が危機を招いた債務国と重なるという状況認識から，中心国の主導権強化は強い反対なく黙認された。危機発生の主因は，過去 10 年間ユーロ圏周辺国への資本の流入とそれに続く公共債と民間債の蓄積であった。周辺国が国民通貨からユーロに移行することによって，その国債スプレッドが劇的に縮小し，ユーロ圏コア国の伝統的により強い経済の金利に収斂していく。しかし，周辺国の公私両部門が，新しい，安い信用へのアクセスはできたが，流入資本は，債務を返済できる資源を生み出す生産的投資に十分に活用されなかった。結果として，債務水準が上昇する。財政管理が杜撰だったギリシャの場合，公共部門に負債が集中した。この文脈で，周辺国は，高い国債レベル，大きな政府赤字，持続する貿易不均衡の影響で，市場圧力が加えられていた国であり，中心国は一般的に強い経済を有する，国債水準が低く，財政赤字規模が小さいあるいは黒字を計上し，貿易黒字を記録していた国であった。2009 年以降，たいてい南欧グループ（ギリシャ，アイルランド，イタリア，ポルトガル，スペイン）がユーロ圏の周辺国，北欧グループ（オーストリア，ベルギー，ドイツ，フィンランド，フランス，ルクセンブルク，オランダ）がユーロ圏中心国に該当する[10]。独仏 2 国はこのような分離的現実主義を背景として，ユーロ圏そして欧州連合の中で危機克服の中核として機能した。

危機を引き起こし，しかもそれを解決する能力のない周辺国の問題性が，中心国が危機解決と関連したユーロ圏運営の主導権を確保することに対する抵抗意識を弱め，ユーロ圏危機の際の迅速性と効率性への要求が，リージョナルな方式から 2 国間方式へ意思決定方法を変えた。厳しい時間的制約下の意思決定

---

10) Belkin et al. (2012), p. 4. 表 11-4 を参照すること。

は，中心国間の非公式的なコミュニケーションと交渉チャンネルを利用することによって，時間を消耗する，分離されたマルチレベルの EU 権力構造における正規の意思決定過程を迂回させようとする強いインセンティブを与えた。いわゆる中心国の中で独仏両国が前面に出たのは，このような方法論上の効率性とともに，戦後欧州統合史の伝統，政治経済的規模に起因する。ドイツとフランスは，過去の通貨統合主導経験とその国力の面で，中心国としてのリーダーシップ行使にふさわしい国であった[11]。極端に言えば，欧州統合それ自体が独仏の主導によって本格的に軌道に乗ったといえる。すなわち，独仏が欧州の枠に包含された存在でなく，欧州が独仏の国際関係論的交渉の中で規定されてきたと考えることもできよう。

以上の内容を図式で概念化すると，図 11-2 のように表すことができる。世界は N, R, G の三層構造となって互いに影響を及ぼしている。統合が進んでいる地域（R）は，平時において，大国（N）と小国（n）が統合機関（E）を中心として平等に共同体を構成する。そこでグローバル（G）なショックが地域と国に対して影響するとき，比較的小国である n が対抗できず，まだ発展途上

図 11-2　危機時の中心・周辺の分離と 2 国体制の出現

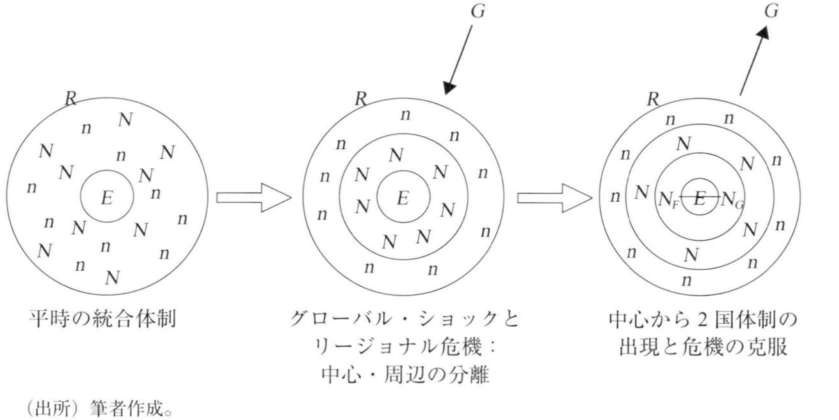

平時の統合体制　　グローバル・ショックと　　中心から 2 国体制の
　　　　　　　　　リージョナル危機：　　　　出現と危機の克服
　　　　　　　　　中心・周辺の分離

（出所）筆者作成。

---

11)　Schild (2013), p. 27.

の地域機関 E も対応できない状況の中，地域は相対的大国 N と小国 n が分離し，中心・周辺の構造が出現する。さらに，中心の中で地域強国である 2 つの国（たとえば欧州におけるフランス N_F とドイツ N_G）が協力体制を形成し，E における意思決定に影響を及ぼし，G への対応を主導する。

この概念図で，地域共同体は，平時は N と n の調和として統合論的に描かれる。しかし危機時に N と n が対立的に分離し，N および n の性格が国際関係論的に変容する。その中で中心国のコアとして 2 国連合が出現し，R の政治経済的実存を維持するという統合論への回帰を図る。以下，具体的に，独仏を中心とした固い連帯と協力の内円[12]が成立した過程を述べる。

2-2　ユーロ危機における独仏体制の形成と機能

2-2-1　独仏体制の形成

シャルル 5 世とフランソワ 1 世の時代から，欧州に共同体が創出されるまで，フランス・ドイツの間には，23 回も戦争が発生したという事実は，独仏が，長い間互いに宿敵（hereditary enemies）であったこと[13]を物語っている。

一方，独仏は，たとえば通貨の面で，ECU，ユーロ以前にも互いに深く関わっており，中世以来長い共通通貨圏の伝統をもっていた。シャルルマーニュ（Charlemagne, Karl der Große）は全帝国に共通勘定単位を創設するよう発令したが，それは現在の独仏領土の大部分を含めるものであった。同システムはほぼ 1000 年間の長期にわたって実施された[14]。

戦後，両国は運命共同体として，地域統合の中核となる。この独仏の格別な関係を表す言葉は，カップル，ペア，主軸，タンデム（tandem），優遇パートナーシップ，エンジン，モーター，機関車，要，同盟内の同盟，起爆剤など，枚挙に暇がない。

---

12) Juppe, Alain (1995), 'Quel horizon pour la politique etrangere de la France?', speech, Paris, 30 January 1995.
13) Germond and Türk (2008), p. 1.
14) Trichet (1997), p. 1.

戦後 70 年間地域統合をめぐり起伏があった現代の独仏両国関係は，エルハルト任期中のノン・カップル（non couple）あるいはアンティ・カップル（anti couple）の時代もあったが，概して，ドゴール−アデナウアー，ポンピドゥー−ブラント，ジスカール−シュミット，ミッテラン−コール，シラク−シュレーダー，サルコジ−メルケル[15]など，両国首脳によるパートナーシップの歴史であった。モレとアデナウアー・カップルは EEC 創設に決定的な役割を果たし，実質的な独仏主軸の誕生をもたらす[16]。とくにドゴールとアデナウアーの間で結ばれた 1963 年のエリゼ条約は，独仏協力体制の礎となった。エリゼ条約の目的は重要懸案に対する両国の対話を促進することであり，そういう意味で同条約は完全な成功であった[17]。欧州の意思決定における独仏両国の打合せの先行性の伝統は，ドイツのアデナウアーとそのフランス・パートナーから始まっている。

1982 年以来，ミッテラン−コールは 10 年間 115 回も会同しており，シラク−コールは 1996 年以来，6 週に 1 回非公式会合を開くことを決定した[18]ほど，独仏隣国同士の頻繁な対話基調は，国際政治史上，類例がない。

1974 年の欧州理事会，1979 年の EMS の創設時には，ジスカール・デスタン大統領とヘルムート・シュミット首相がリーダーシップ・カップルを務めた。ミッテラン大統領とコール首相は，域内市場と欧州単一議定書（1986）によって統合アジェンダを進め，マーストリヒト条約の安全保障と防衛，そしてユーロの分野で緊密な協力を行った。マーストリヒト条約以後，1990 年代は，ドイツが再統一のために奔走し，フランスがポスト冷戦と拡大 EU の中での自国のポジションを探っていたため統合は進まなかったので，1995-2001 年のシラク−コール・カップルはそれほど緊密な関係ではなかった。その後 2002 年，

---

15) Fabre und Lechevalier (2012), p. 7.
16) Germond and Türk (2008), pp. 6-7.
17) Durand and Schwarzer (2013), p. 1.
18) Boyer (1996), p. 243. コール首相は，「私にとって独仏関係はヨーロッパより重要である」と述べる（*Ibid.*, p. 251）。

シュレーダー–シラクの共通農業政策に関する合意と憲法会議での共同提案は，独仏関係の協力モードを回復させた[19]。

このような両国首脳の関係は，ユーロ圏危機に際して，より緊密化することになる。2011年6月17日2国間会合で始まり，2011年7月欧州理事会を準備する過程で，メルケルとサルコジは欧州レベルの意思決定過程を主導し，メルコジの異名を得る[20]。

2009年以降のユーロ圏危機において独仏体制が定着した背景には，幾つかの理由があった。

(1) EMU決定は，独仏が主導的役割を演じる，ハイレベルのリーダーシップ交渉の，入れ子ゲーム（nested game）の一部である。
(2) 独仏は経済大国であり，その連結GDPとECB資本の割合はユーロ圏の48%[21]に上っている。
(3) 共同体機関の，一般的に遅い運営は，高い政治的コストと幅広い政治的影響をもたらす。

こうして，強い加盟国がリードする強力な欧州委員会の役割が要望されることになる[22]。

欧州委員会が，テクニカルに，政治的に，素早くリードをとって行動することが困難な状況下で，独仏両国はユーロ圏危機管理システムの中核を担ってきた。

欧州委員会委員長は，リスボン条約の結果，欧州理事会議長と競合する，仲裁者に格が下ってしまった。EU機関とその指導者たちが危機時に実権をもってユーロ圏の舵取りができないなか，独仏は，EUあるいはユーロ圏に迅速か

---

19) Valant (2012), p. 2.
20) Schild (2013), p. 34.
21) ユーロ圏危機において独仏の特別な関係は，政治だけでなく経済においても欧州統合過程の基底を構築した（Fabre und Lechevalier (2012)）。2013年，独仏のGDPシェアはユーロ圏の半分を超える50%であった（ドイツ28.5%，フランス21.5%）。表11-4を参照すること。
22) Valant (2012), p. 3.

つ決定的なリーダーシップが必要なとき，必要不可欠な危機管理の協働国として機能することになる。

独仏には，定期的に非公式的なリーダーシップの連携を図れる，他のユーロ圏あるいは EU 加盟国のグループがとくにない。たとえば欧州政治においてそのようなグルーピングであったベネルックスの消滅は，EU から，欧州統合に深い経験をもつ中小国の影響力を低下させてしまう[23]。

このような諸般の理由によって，独仏体制は EU あるいはユーロ圏内の危機状況において，その正当性を認められる非常管理体制として確立される。独仏リーダーシップ以外には適切な代案がなかったといえる。

リスボン条約，危機管理，経済ガバナンス改革の同時実行は，EU の政治機能を著しく変化させた。権力の中心は欧州理事会，中でも巨大加盟国に移った。そのシステムの核心には，欧州金融安定基金（EFSF, European Financial Stability Facility）と将来の欧州安定メカニズム（ESM, European Stability Mechanism）の保証国ドイツがある（28％のシェアをもつ）。ドイツは過去数年間，ユーロ地域で最大の経済パフォーマンスをみせてきており[24]，理事会議長ファン・ロンパイにもっとも直接的かつ影響力のあるアクセスができるのは同国首相である[25]。

危機解決の方法に関して，メルケル首相とフランス大統領はともに政府間ソリューションを望んでいるが，それは欧州機関（委員会，議会，ユーログループ）を周辺化し，連邦システムへの発展を阻害することでもある。基本的に，両国首脳は危機への対応として個別国でその実行が必要な政策に合意している[26]。図 11-2 でみるように，R 内部の再構築過程において，統合論が後退し，国際関係論的現実主義が優位を占めているのである。

独仏協力は「欧州統合の中核あるいはエンジン」として描写されており，そ

---

[23] Guérot and Klau (2012), pp. 2-7.
[24] 表 11-4 の GDP，経常収支，政府収支を参照すること．
[25] Schwarzer (2011), p. 16.
[26] Mistral et al. (2011), p. 12.

の使命は「独仏の共同提案によって欧州統合を前進させること」[27]にある。この文脈で読み取れるのは，EUにおける独仏体制の位置づけと，機能の典型としての共同提案である。2009年経済危機に際して，まさにこの2つの特性が危機からの脱出を主導してきたといえる。独仏体制が危機期間中，欧州意思決定の中核として機能していたことは，表11-1の内容から確認できる。

表11-1の2010年から2012年までの期間中，42回の会合が開催された。そ

表11-1 ユーロ危機時のEU意思決定における独仏体制の先行性

日付			会議間隔	場所	参加者	分類	会合の形態・内容
年	月	日					
2010	2	4	7	パリ	メルケル・サルコジ・独仏閣僚	BF	独仏閣僚理事会
2010	2	11		ブリュッセル	EU 27	EI	非公式欧州理事会
2010	3	25-26		ブリュッセル	EU 27/ EU 17	EF	欧州理事会・ユーロ圏サミット
2010	6	14	3	ベルリン	メルケル・サルコジ	BI	非公式会合
2010	6	17		ブリュッセル	EU 27	EF	欧州理事会
2010	9	16		ブリュッセル	EU 27	EF	欧州理事会
2010	10	18	10	ドービル	メルケル・サルコジ	BI	非公式会合
2010	10	28-29		ブリュッセル	EU 27	EF	欧州理事会
2010	12	10	6	フライブルク	メルケル・サルコジ・独仏閣僚	BF	
2010	12	16-17		ブリュッセル	EU 27	EF	欧州理事会
2011	2	4		ブリュッセル	EU 27/EU 17	EF	欧州理事会・ユーロ圏サミット
2011	3	11		ブリュッセル	EU 17	EF	
2011	3	24-25		ブリュッセル	EU 27	EF	欧州理事会
2011	6	17	6	ベルリン	メルケル・サルコジ	BI	非公式会合
2011	6	23-24		ブリュッセル	EU 27	EF	欧州理事会
2011	7	20	1	ベルリン	メルケル・サルコジ・トリシェ；ファン・ロンパイ（電話）	BI	非公式会合
2011	7	21		ブリュッセル	EU 17	EF	
2011	8	16		パリ	メルケル・サルニジ	BI	非公式会合
2011	10	9		ベルリン	メルケル・サルニジ	BI	非公式会合

[27] Ross (2010), p. 219.

第 11 章　ユーロ危機と独仏体制

年	月	日	間隔	場所	参加者	分類	内容
2011	10	20	3, 5	フランクフルト	メルケル・サルコジ・トリシェ・ドラギ・バロゾ・ファン・ロンパイ・ラガルド・ショイブレ・バロワン	EI	トリシェ ECB 総裁退任式の際の非公式会合（フランクフルト・ラウンド）
2011	10	23		ブリュッセル	EU 27	EF	欧州理事会
2011	10	25		ブリュッセル	EU 17	EF	ユーロ圏サミット
2011	11	2		カンヌ	メルケル・サルコジ・バロゾ・ファン・ロンパイ・ラガルド	PI	G20 前の非公式会合（フランクフルト・ラウンド）
2011	11	24		ストラスブール	メルケル・サルコジ・モンティ	PI	イタリア首相モンティとの非公式会合
2011	12	5	3	パリ	メルケル・サルコジ	BI	非公式会合
2011	12	8-9		ブリュッセル	EU 27/EU 17	EF	欧州理事会・ユーロ圏サミット
2012	1	9		ベルリン	メルケル・サルコジ	BI	非公式会合
2012	1	30		ブリュッセル	EU 27/EU 17	EI	非公式欧州理事会・ユーロ圏サミット
2012	2	6		パリ	メルケル・サルコジ・独仏閣僚	BF	独仏閣僚理事会
2012	5	16		ベルリン	メルケル・オランド	BI	非公式会合・就任後訪問
2012	6	22		ローマ	メルケル・オランド・モンティ・ラホイ	PI	モンティ・ラホイとの非公式会合
2012	6	27		パリ	メルケル・オランド	BI	非公式会合
2012	6	28-29	1	ブリュッセル	EU 27/EU 17	EF	欧州理事会・ユーロ圏サミット
2012	7	7		レン	メルケル・オランド	BI	1962 年 7 月ドゴール・アデナワーのレン会談記念
2012	8	23		ベルリン	メルケル・オランド	BI	非公式会合
2012	9	22	16	ルトビヒスブルク	メルケル・オランド	BI	1962 年 9 月ドゴールのドイツ青年への演説記念
2012	10	18-19			EU 27/EU 17	EF	欧州理事会
2012	11	23		ブリュッセル	EU 27	EF	欧州理事会特別会合
2012	12	13-14		ブリュッセル	EU 27	EF	欧州理事会
2013	1	21-22		ベルリン	メルケル・オランド・独仏閣僚・独仏議員	BF	独仏閣僚・エリゼー条約 50 周年記念
2013	2	5	2	パリ	メルケル・オランド	BI	非公式会合
2013	2	7-8		ブリュッセル	EU 27	EF	欧州理事会

＊会議間隔は，先行する独仏会議と後続する欧州会議との間の日数を意味する。
（分類記号）B：2 国間会合，E：欧州全体会議，P：2 国を超える欧州の部分会合，I：非公式会合，F：公式会合
（出所）Schild（2013）を修正補足して筆者作成。

の内訳は，欧州全体規模の会合が50％，それより小規模の部分的会合が50％であった。また公式会合（52％）と非公式会合（48％）もほぼ同率であることがわかる。

2国間非公式会合14回（33％），2国間公式会合4回（10％）であり，両方合わせて欧州全体の公式会合18回（43％）と同率である。その他に，部分非公式会合3回（7％），欧州全体の非公式会合3回（7％）である。

欧州公式会合と，（独仏）2国間会議との間隔は平均5.5日である。すなわち，独仏2国間会議が開かれたおよそ一週間以内に欧州全体の意思決定が行われたことになる。2国間会議18回は欧州全体の公式会合の18回と同数で，結果的に両者が1対1対応をしていることが分かる。これは独仏体制が欧州全体の意思決定に深く関与している，大きな証左として考えられる。

2-2-2　独仏体制の機能

両国の2国間協力関係は具体的にどのように欧州危機に対応したのだろうか。2010年前後の財政危機に際して行われた独仏リーダーシップの類型は以下のように分類できる。

(1) 統合の促進

独仏はユーロ圏の経済ガバナンスのルールと構造への変化を進めるなかで統合を深化させてきた。たとえば，2010年9月，欧州委員会のシックスパック（six pack）案の路線に沿って，ユーロ圏ルール改革を承認した。

(2) 危機管理

欧州理事会，経済・財務相理事会（ECOFIN, Economic and Financial Affairs Council），ユーロ圏サミットが，救済案，2国間信用，信用保証，長期貸付ファシリティを決定する際，独仏はその交渉テーブルで中心的役割を演じた。ギリシャに対する2国間信用に関する決定，短期支援基金（政府間EFSFおよび欧州金融安定化メカニズム（EFSM, European Financial Stabilisation Mechanism））と，長期的貸付ファシリティESMなどが決まる。またアイルランドとポルトガルの状況が悪化した際，ドイツのマーケットを鎮静化させ，伝染を防止するために，独仏

は両国に対して EFSF を活用するよう圧力を加えた。

(3) 連合の形成，サブグループの創設

独仏共同提案に対する反対を乗り越えるために，両国は加盟諸国のサブグループ創設を進める。財政協定はその典型的な例となる。

独仏は，条約が合意されない場合，消極的な国を条約の枠から外すと圧力を加える。実際，独仏によって孤立したキャメロン首相が条約の枠を離脱することになり，当時 EU27 カ国のなかでイギリスとチェコを除いた 25 カ国が賛成する。ツースピード・ヨーロッパの出現である。

(4) アジェンダ設定と共同提案

共同声明と具体的な提案を通じて，他の加盟国にアジェンダを提案する。

この共同案は，EU 機関，主要人士，他の加盟諸国政府などに対して主要な参考となる。

(5) 代理による妥協

独仏のリーダーシップには，2 国間の相互譲歩によって両国の選好の差を乗り越える能力が含まれる。2 国間の代理交渉と妥協は，複雑な多国間交渉の取引費用を引き下げ，効率性の利得を提供する。危機時の意思決定における厳しい時間制約は，このタイプの 2 国間事前交渉をより受け入れやすくする[28]。

表 11-2 は，欧州経済危機に際して行われた支援策と，長期的構造改革を含めている。この表から，独仏が経済危機の最中，ユーロ圏の救済に中心的役割を担ったことが浮かび上がる。

救済活動の性格は本文の説明通り，危機管理のための国家特定的な支援から，欧州全体の構造改革のための長期的計画に至るまで多岐に亘る。両国の協力関係に基づく共同リーダーシップは，ユーロ圏の意思決定と実行の原動力になっていることが理解できる。

---

28) Schild (2013), pp. 30-36 を参照。

表 11-2　欧州経済危機における独仏体制の役割

項目	実施時期	規模(億ユーロ)	独仏の関与	分類
ギリシャ支援	2010 年 5 月	1,100	ギリシャ救済案における核心的役割	CR
	2012 年 2 月	1,300		
	2012 年 3 月			
	2011 年秋		ギリシャ政府に国民投票を放棄するよう圧力	CR
アイルランド支援	2010 年 11 月	850		CR
ポルトガル支援	2011 年 5 月	780		CR
EFSM	2010 年 5 月	600	EFSM 創設における核心的役割	CR
EFSF	2010 年 5 月	4,400	EFSF 基金使用をアイルランド（2010 年 11 月），ポルトガル（2011 年 5 月）に慫慂	CR
	2011 年秋		EFSF の拡大に核心的役割	CR
ESM	2010 年 10 月		ドーヴィル・サミットで ESM 設置と民間部門参加を許容した条約改正案を提案	AG, CP
	2011 年 7 月	5,000	長期的貸付ファシリティ ESM の促進。ESM は政府間の EFSF と EFSM を 2013 年 7 月まで代替	IN
シックスパック	2011 年 12 月		安定成長協定のフレームワーク強化と過度な不均衡是正手続きに関するシックスパック案の強い支持	IN
財政協定	2012 年 3 月		安定，協調，ガバナンス条約（TSCG, Treaty on Stability, Coordination and Governance）フレームワークにおける緊縮財政ルールの促進	IN
			連携戦略：ESM 基金への優先権を付与することによって，TSCG 批准を促進	CR
			TSCG を促進し，イギリスの条約改正への抵抗を克服	SU
			主に，サブグループを創出し，イギリスとチェコのような消極的な国を排除する連帯構築	CO
	2011 年秋		財政条約案	AG, CP
ユーロプラス	2011 年春		ユーロプラス条約の促進	SU, AG, CP
均衡予算ルール	2011 年 8 月		各国憲法に均衡予算ルールを包含する案を共同推進	AG, CP
その他	2011 年 8 月		ユーロ圏サミットの制度化とファン・ロムパイ議長案	AG, CP
			短期危機管理要素と「経済政府」要素を財政ルール強化案と結びつけ，南側と北側諸国間の格差を是正した 2 国間取引	CN, PR
			より強化された協力案において金融市場取引税の導入を促進	SU

* 分類　AG：アジェンダ設定，CN：コンセンサス造成，CO：連帯構築，CP：共同提案，CR：危機管理，IN：統合促進，PR：代理合意，SU：サブグループの創出

(出所) 参考文献の資料と Schild（2013）を修正し，筆者作成。

3. 独仏体制の問題点

　上述の通り，独仏体制は欧州統合を先導してきた地域統合の中心的存在である。とくに危機時における2国の協働的イニシアティブは，共同体を存続させてきた原動力であった。しかし，この体制は共同体の中の位置，機能，政策哲学，時代の変化にともなう政治経済的特性の変質が原因となって，様々な問題点を抱えることになった。

3-1　独仏体制に対する反応

　独仏主導に対して，欧州ではおおむね肯定的反応が示されている。ドイツとフランスの準備作業は，2大加盟国の専横という認識はなく，ブリュッセルでは歓迎された[29]。

　しかし総合的な観点からみて，独仏が危機管理の臨時政府として行動することの意義は理解されたけれども，それで2国の地位あるいは評判が高まったわけではない。サルコジとメルケルの共同歩調が増大しているなか，他の諸加盟国の間には独仏両国がEUおよびユーロ圏機関を迂回する分裂的，支配的で軽率な行為をしているという認識が広まる[30]。そして群小国は独仏イニシアチブの必要性をやむを得ず受け入れてはいたが，欧州リーダーシップ・サークルから排除されているという疎外感も現れていた。

　過去の独仏リーダシップの時とは違って，両国は，後続する欧州サミットに上程する前に，他の加盟国と相談しない。歴代欧州委員長たちも同じ行動をしており，とくに新しい現象ではないとはいうものの，理事会議長はドイツ首相とフランス大統領と緊密に協議するけれども，中小加盟国首脳には配慮しない。こうした大国の支配的役割に対して，中小加盟国の懐疑的，批判的態度もますます強まってきており，2010年，ユーロ圏改革に対する独仏のドービル

---

29) Gillespie (2011), p. 1.
30) Guérot and Klau (2012), p. 2.

協商は，他の加盟国，中でも輪番で議長国を担当する国々からの批判を惹起させた[31]。

欧州への関与に強い関心をもっているが，意思決定から外れた国々の疎外感は大きい。イギリスとポーランドは強国といえども，ユーロ圏加盟国に制限された意思決定過程には関与できない[32]。欧州連合理事会の議長国を務めて以来，ポーランドはユーログループの議論に参加する機会を要求したが，無駄だった。そんななかで，ユーロ圏以外の国には，疎外されたくないあるいは債務国のために金を浪費したくないという懸念が広がる。ユーロ圏内外を分ける，新しい線が欧州連合（EU）の分割を拡大しているのである[33]。

したがってハードコアの容認は緊急処方的なものであるが，統合理念に反する措置でもあるという二重の意味をもつ。統合過程を維持するために，統合理念を阻害するという矛盾が発生しているのである。一方では独仏体制に期待を寄せながら，他方独仏の主導に不快感をもつのは二律背反的態度であり，小数国リーダーシップは共同体的理念に照らして持続可能性が低い。要するに，中心国主導は共同体の危機のような特殊状況においてのみ容認できる中短期的レジームといえる。

いずれにせよ，緊密な独仏協議が，他組織，会議に優先して，EUの実質的意思決定機構として作用してきたということは，エリゼ精神の持続性を表すと同時に，統合過程と並行する2国主義の実体性を証明するものである。危機時，欧州委員会，ECBなどの欧州機関は無力化し，統合活動は後退し，2国体制が有力な現実主義的代案として浮上する現象は，幕末明治期の近代化的国家統合に直面した日本が，実質的に薩長という2大雄藩のリーダーシップによって統治されていたことと類似した構造をもつといえる。

---

31) Schwarzer (2011), p. 17.
32) Speck (2012), p. 1.
33) Mistral et al. (2011), p. 17. たとえば北欧・バルティック・サミットは，独仏連帯とバランスをとるために存在するともいえる（Guérot and Leonard (2011), p. 6）。

3-2 独仏危機対応の違い

独仏体制は危機時にその本領を発揮するレジームであり,実際 2009-13 年危機からユーロ圏を救ったのはこの体制であるといえる。ところが同体制の危機対応には,少なくない問題点が潜在していた。

ユーロ圏においては,上述した図 11-1 に対する 3 つの対応策が危機の全体構造の中で相矛盾する。緊縮は赤字を削減するが,成長が犠牲になる。銀行の自己資本比率は銀行倒産の恐怖を鎮めることはできるが,貸付と成長が犠牲となる。長期資金供給オペレーション(LTRO, Long-term Refinancing Operations)は銀行流動性問題を緩和することはできるが,銀行が国債を買い入れると,銀行-政府の関係はいっそう癒着する[34]。一側面を強調するとき,問題解決構造の全体性が損なわれる。危機自体が全域的・構造的特徴をもっているだけに,危機に対する対応も独仏主軸による欧州主体の総合的アプローチが必要となる。

ところが中心国として救済する側に属していた独仏両国には,それぞれ経済状況の違いによる,対応の差が現れた。たとえば,フランスのオランド大統領は,イタリア,スペイン,ギリシャとともに緊縮緩和と経済刺激策を要請した。彼はまた,いわゆるユーロ債発行によるユーロ圏国債プール案を擁護した。欧州債の相互化は,鮮明な共通通貨サポートのシグナルを送り,市場圧力を軽減するだけでなく,各国の経済改革が実を結ぶために必要な空間と時間を提供する。しかしメルケル政府は,ユーロ債あるいは類似した方法によるユーロ圏加盟国負債の保証案に頑なに反対した。ドイツは長期的な財政緊縮によって財政赤字と債務レベルを引き下げるよう求めた[35]。

このような対応の差の背景には,危機前の両国の異なる経済状況があった。フランスが金融危機に突入したとき,構造的財政赤字は GDP の 3.3% であり,ユーロ圏の平均値 2.1% を超えるものであった。危機発生から,フランスは景気浮揚策をとり,赤字は 2009 年と 2010 年,7% 台に膨張した。ドイツは,均

---

34) Shambaugh (2012), p. 200.
35) Belkin et al. (2012), p. 9.

衡予算状態（0.1%の赤字）から金融危機に入り，財政赤字は2009年には3%程度で，2010年には4%を若干超えるくらいであった。ドイツの成長は貿易の産物であり（2008-13年，対GDP比，平均6.7%），フランスは家計消費に支えられていた。2002年以降，フランスの経済成長に対する貿易の寄与度はマイナスであった（2008-13年，対GDP比，平均-1.5%）。結果的にドイツが，フランスより積極的に，グローバル需要低下に立ち向かい，対応せざるをえなかった[36]。

一方，ユーロ救済をめぐる独仏制度あるいは政治的慣行上の違いが独仏体制における問題点として提起される。ドイツがギリシャ救済に迅速に乗り出せなかった背景には，以下の理由があった。

(1) パパンドレウ首相の改革日程を促すためには，ギリシャ政府に対する大衆の圧力を強化する必要があった。
(2) 敵対的世論である。ドイツにも利益があるという点を大衆に納得させることが難しかった[37]。

ドイツは，224億ユーロを3年間で，ユーロ圏救済プランの一環としてギリシャ経済に貸し付けることを内容とする緊急法案を通過させたが，その結果ドイツ憲法裁判所への提訴が多発する。同救済法が欧州条約と同裁判所が固守してきた非救済条項に反するものであったからである。フランスにとってマーストリヒト条約125条（非救済条項）は，緊急状況においては政治的連帯に譲歩すべきものであったのに対して，ドイツにとってユーロ救済活動は成長を阻害する，大きなリスクを意味した。リスボン条約は加盟国のデフォルト・メカニズムを盛り込んでおらず，したがってEU，他の加盟国あるいはECBによる救済メカニズムがない。しかし，122条は，自然災害あるいは例外的事態によって発生した重大危機に晒された加盟国を支援するよう求めている。

ドイツはギリシャ債務危機が全ユーロ圏を危険に陥れるシステム危機と宣言して，この条項を喚起し，非救済条項の精神に反してないと主張した[38]が，

---

36) Glomb (2011), p. 17. 表11-4を参照。
37) Schwarzer (2011), pp. 7-8.
38) Semmler and Young (2011), p. 5.

銀行を倒産から救済し，破産国家支援を活性化するために権限を拡大する，金融安定の番人であったECBの変身は，ドイツに心理的打撃となる[39]。こうして，ユーロ救済活動の初期段階は独仏協力に対して大きなプレッシャーを与えた[40]。

独仏のリーダーシップへの概念的アプローチも，大概相反するものであった。危機時までのドイツの立場は，独立的中銀，安定成長協定による超過赤字処理手続き，財政およびより広範な経済政策に関しては各国の競争ベースという三本柱の安定的通貨システムに焦点が合わさっていた。ドイツは，危機期間中，経済・財政政策に対するより厳しいEU監督への合意を導き出した中心的な存在であった。一方フランスは，銀行ライセンスとEFSFのECB基金への無制限アクセスをサポートした[41]。

3-3　通貨統合上の独仏哲学の対立

上記の危機における対応の問題は独仏両国に存在する制度の違いだけでなく，その背景にある政治哲学，経済原理の対立に起因する。それによる政策スタンスの相違は，将来の独仏体制を不安定化し，さらにはユーロ圏，EUの発展を毀損する要因として作用する恐れがある。

両国の間には，何よりも経済政策観における根本的違いがある。

ドイツでは，第1に，ケインズ主義は禁句であり，供給サイド経済学と財政緊縮が，ドグマとなっている。第2に，ブンデスバンクは，労働市場など経済状況に関わらず，一途に物価安定を追求してきた[42]。一方，フランスにはケインジアンの伝統がある。フランス経済思想の中心には，物価安定のような経済目標と雇用，そして経済成長の間には，トレードオフ関係が存在するという信念がある。厳格な財政政策は，経済成長の促進，失業の減少，社会保障のた

---

39) Guérot and Klau (2012), p. 3.
40) Glomb (2011), p. 15.
41) Valant (2012), p. 3.
42) Bibow (2013), p. 9.

めの政府支出を制約する。いいかえれば特定の状況において，フランスは，経済および国民に利益になるなら拡大政策を考慮し，必要な場合それを国際信用によって賄える。

このような立場の違いは EMS, EMU を通して持続した。独仏政策思想の対立はユーロ・システムの設計当時から存在しており，当システムは錯綜した合意の産物であったといえる。

伝統的にフランスは，通貨，財政政策は，政治的および社会的目標の一手段であるとみてきた。国民によって直接選出された政治家こそ，究極的かつ合法的な意思決定者と考えられる。結果的に，通貨，財政手段は，非選出の中銀の金融専門家でなく政治家が担当すべきである。したがってフランス銀行はブンデスバンクより独立性が低かった。長年，フランスはテクニカルなレベルでない政治的レベルに意思決定を移転するために，欧州通貨政策立案の制度的構成を政治化しようとした[43]。

独仏の方法論的差はユーロ危機においてはっきり現れる。ギリシャ危機は，EMU を揺るがし，ユーロ圏諸国の財政・経済監督の欠陥を露呈した。ドイツとフランスは，ギリシャを引き留めることによってユーロ圏の崩壊を防止するという点において一致していたが，具体的方法論においては異なるアプローチをとっていた。独仏両国のヨーロッパの経済政策への異なる方法論は「経済政府論」をめぐって対立した。フランスが EU に経済政府あるいは経済ガバナンスの権限を与えるという伝統的思考を復活させようとしたのである[44]。経済に対する政治の優位を信じる計画経済的伝統である。欧州理事会とユーロ圏サミットをユーロ圏の経済政府として機能させる，政策裁量的アプローチを堅持したフランスに対して，ドイツはルールベースの立場を固守した[45]。ドイツが思想的に，単一市場はもちろん，市場の開放と競争を促進するオルドリベラル（ordoliberal）[46]なアプローチをとってきたことに対して，フランスは積極的

---

43) van Esch and de Jong (2011), pp. 6-7.
44) Glomb (2011), p. 23.
45) Schild (2013), p. 28.

需要管理とマクロ政策協調に対してより肯定的であったといえる。フランスの主張する経済政府構想は，ユーロ財務当局より各国政府による統制が介するため，ECBの確固たる独立的ポジションを支持するドイツの気分を逆撫でるようなものであった[47]。

ところが，欧州財政危機が深まるなか，ドイツは事態収拾のため，経済政府案に歩み寄る。独仏リーダーシップのもう1つの形が，2010年6月のメルケル・サルコジ間の共同2国間妥協であるが，メルケルは同会議で欧州理事会を経済政府として機能させるという考え方を披歴した。27カ国と単一市場の分裂を避けるためであった。ユーロ圏における経済ガバナンスに向けたこの政治的シフトは，ドイツにとって重要な変化である。ドイツのフランスへの譲歩によってメルケルは，金融相レベルの非公式クラブに，ユーロ・グループの機能を制限するという立場とともに，欧州理事会が意思決定の中心になることを拒んだマーストリヒト政府間会議以来のドイツの立場を変えたことになる[48]。

考えてみれば，欧州統合史は独仏論争によってその節目を記録してきた。独仏両国は1960年代すでに共通貿易政策をめぐって対立し，1970，80年代は，通貨ヨーロッパ，産業政策，マクロ経済協調，1990年代からは通貨同盟の構造と，安定・成長のトレードオフについて議論を重ねてきた。

独仏アプローチは欧州議論の構造を形成してきた両極である。そういう意味で，独仏の違いは，両国が欧州を前進させるための一構成要素でもある[49]。概して，フランスは理想主義，ドイツは現実主義という理念的側面をもっており，それが，欧州統合のアプローチにおいてそれぞれ急進論と段階論，政策的には政策裁量とルールベースとして現れる（表11-3を参照）。

フランスが理想的立場を固守する背景には，戦後独仏の政治経済的位相の変

---

46) 1940年代，ドイツでヴァルター・オイケン（Walter Eucken）によって主唱された，社会的市場主義系列の自由主義経済思想。
47) Bibow (2013), p. 11.
48) Valant (2012), p. 4.
49) Uterwedde (2013), p. 3.

表 11-3　ユーロ危機と関連した独仏の立場の相違

	ドイツ	フランス
基本的価値観	現実主義	理想主義
統合推進方式	小グループ主義	共同体主義
統合スピード	段階論	急進論
政策基調	ルールベース	政策裁量
経済思想	オルドリベラリズム	ケインジアン
ECBと経済政策	ECBの独立性擁護	ECBへの干渉容認

（出所）筆者作成。

化がある。肥大化したドイツの政治経済的比重は，一方主義に転ずる危険性と力量を同時に有している。フランスはその存在意義を希釈化させるために，共同体全体としての統合推進という理想論を前面に出していると解釈できる。肯定的にみれば，独仏協力は，独仏2国中心体制という枠が維持される限り，理想主義と現実主義の対立の調整を通じて，欧州統合をリードしていくであろう。

3-4　独仏不均衡の拡大

独仏の間には，長年，ホフマン（Stanley Hoffmann）のいう「非対称の対称（symmetry of asymmetry）」たるものが存在していた。政治的にリードすると認識されていたフランスと，経済の面でより強かったドイツの間で，ある種のバランスが存在し，これが両者の安定化特性として作用した。政治的に自信のあるフランスと経済的に自信のあるドイツの間で生じる均衡感によって，両国は多数の覇権争いを乗り越えることができた。しかし次第に増大する両国の経済パフォーマンスの乖離が格差感を強めている[50]。

グローバルな視点をもって，グローバルな役割を演じ続けている仏英とは違って，ドイツは域内活動に満足していた。ドイツはそのパワーを世界において戦略的に駆使しようとする野望はもっていない[51]ようにみえる。福祉国家と

---

50)　Guérot and Klau (2012), p. 3.

労働法を整備し，破産した東独の統合による長期的危機を克服したドイツはEU最大の経済成功国としての優位を強化した。フランスは軍事，政治の面でグローバル強国ではあるが，サルコジの危機管理でイタリア，スペインのような境遇は避けられたものの，ユーロの対外レートの上昇で加速した工業部門の急速な減縮は，不安と喪失感を生じさせた[52]。こうした経済格差は，危機時の責任をドイツに加重させ，独仏間の負担の衡平が崩れる。

　ドイツはナショナルな経済成長とリージョナルな責任負担の狭間で，自国の立地の曖昧さに気づく。ドイツは，長期的な貿易黒字，非移転・非救済通貨同盟，そして「純潔な」独立中銀を同時に有することはできない。ドイツが直面した「ユーロ・トリレンマ」[53]である。外部ショックに対する地域の依存性，脆弱性を減少させることがフランスのユーロへの希望であることに対して，欧州域内での競争力喪失に対する防御がドイツの希望であった。それが域内貿易不均衡を助長する結果となる。結果としてドイツと欧州の南諸国との大きい貿易不均衡により，ドイツは「欧州の中国」と呼ばれ，批判の対象となってきた。ドイツ経済政策に対するフランス内の批判は，両国の経済ドクトリンに対する深い不一致を表すものである[54]。

　危機時，独仏体制の持続・強化の裏には，相手の対応に対する批判的態度が隠れていた。フランスは，ドイツの連帯欠如を非難したが，ドイツは連帯と責任間のリンクを確立するのが関心事であった。フランスは，ドイツがギリシャ処罰を望んでいると思ったが，ドイツ側から見れば，それは主に，金融援助と関連したモラルハザードの危険に対する警告であった。メルケル政府は欧州全域に緊縮を強制すると非難されたが，ドイツにとってそれは財政再建の問題であった。さらに，ドイツ輸出モデルのエゴイズムは，不均衡とユーロ圏危機の原因だと批判され，ドイツはヨーロッパを回避すると疑われ，「ドイツのヨー

---

51)　Speck (2012), p. 4.
52)　Guérot and Klau (2012), p. 3.
53)　Bibow (2013), p. 22.
54)　Glomb (2011), p. 24.

ロッパ」[55]を構築するという非難も現れた。すなわち相互非難と不安という2つの否定的要素が独仏体制の障害となっている。

　独仏関係の現状は，このように独仏体制の必要性に必ずしも整合的に展開してはいない。ユーロ危機が欧州政治を圧倒し，制度構築，マクロ政策の分野に関わっているので，独仏が欧州重要政策の全般において協働しているような印象を受ける。しかし厳密に観察すると，複雑な側面が現れる。フランスは経済問題に関してさえ，ドイツの最初の協議相手ではない。ドイツと，よりタカ派的オランダ財務省間の業務上の連携は数世紀間続いたものである。フランスは欧州の中でドイツの最側近のパートナーというより，EU政策に全般的影響を及ぼす妥協をする際のパートナーである[56]。皮肉にも，これこそエリゼ条約の基本内容である。

　これを反証しているかのように，両国関係の相互認識に関する世論は，独仏体制論に対する危惧を表している。ドイツ人の18％とフランス人の31％が欧州統合において互いを優遇的パートナーとして考慮すべきだと述べているのに対して，ドイツ人の58％とフランス人の44％は他の加盟国と同じ扱いをすべきだと答えている。これは2国間の優遇的パートナーシップの意義が今日において，とくにドイツの場合，はっきり認識されていないということを物語っている[57]。

　独仏パートナーシップの動学のためにユーロゾーンが危機管理の解決戦略を見つけたとしても，このパートナーシップは両国間の均衡が存在する場合のみ長く機能する[58]。

　フランスの均衡機能は欧州統合過程のキーストーンである。たとえ，ドイツ側からみて，フランスのパートナーとしての力量が懸念されても，2国体制におけるその存在意義は軽視できない。フランスとのパートナーシップの形で発

---

55) Uterwedde (2013), p. 1.
56) Guérot and Klau (2012), pp. 2–3.
57) Fourquet et al. (2011), p. 34.
58) Mistral et al. (2011), p. 12.

信した方が，ソフトなイメージを与える．ドイツ一方主義への傾斜を牽制し[59]，EU 加盟国に安心感を与え，諸加盟国に存在する多数の異見を独仏論争の中で簡素化する，そして違いを通じて相互補完するといった独仏体制の役割は，30 に近い加盟国をもつ EU の維持・発展に緊要なものである．フランスも EU における既存の発言力を維持するには，ドイツとのパートナーシップが必要である．ドイツのないフランスの未来，そしてフランスのないドイツの未来はありえない[60]のである．

3-5　ドイツと欧州の乖離

フランスと緊密に協力してイニシアチブを発揮し，中小加盟国をサポートし，欧州委員会と欧州議会を強化し，惜しみのない金融支援を行うなど，ドイツは欧州統合において特殊な役割を演じてきた．しかし，再統一後 20 年が経った現在，ドイツは EU との関係を 4 つの点において再考する必要がある．

(1) 独仏協力体制はバランスを失い，ドイツの比重が増してきた．
(2) ドイツは，欧州委員会による共同体方式（community method）より，政府間の連合方式（union method）にシフトする．
(3) ドイツは，ますます小国を軽視するようになった．
(4) ドイツは，もはや，公式的代表性は他の加盟大国と同じレベルに制限されているにも関わらず，欧州への支援だけ拡大することは容認しない[61]．

東西ドイツの統一以降，東への拡大にともなって EU の中心は独仏国境から独波（ポーランド）国境へと東漸することになる．同じ独仏体制であっても，「パリ・ボン」枢軸と「パリ・ベルリン」枢軸はその地政学的意味が異なる．

---

59) EC 統合の推進力の一項目である，「欧州の中央におけるドイツの自然な優勢がもたらす構造的問題」と関連し，フランスは欧州の平和を維持するためにドイツを自己のコントロール下に置こうとし，これと経済的一体化を図るために EC という仕組みを利用しようとしたという Peter Ludlow の考察は，戦後の状況において妥当な分析であろう（舛山他（1993），43 ページ）．
60) Joseph Rovan, interview, *Le Figaro*, 17 May 1995.
61) Guérot and Leonard (2011), pp. 4-5.

こういう変化を背景にドイツ覇権論が囁かれている。仏波の中間に位置したドイツは，ワイマール・トライアングル（Weimar Triangle）[62]が再現するなか，単独で欧州の中心を確保することが容易になった。20世紀から21世紀への転換期以来，ドイツ一方主義の可能性が台頭したのである。

2000年代半ば，ドイツ政治には世代シフトが起こり，父母世代の戦時経験が薄くなったドイツ指導者たちはEUへの情感的側面が減り，国益計算に[63]傾斜する。より一般的にいえば，ベルリンの壁の崩壊以来政治意識が形成された世代は，旧世代と異なる態度をとっている。このようなドイツの統合離れは，1990年代以来の地政学的変化にともなって進んでおり，政治，経済両面で展開している。経済的イニシアティブはドイツの独自路線への誘惑をさらに強める。

ドイツの独自路線の裏には，ドイツが欧州単一市場を超えているという認識がある。ドイツの経済ベースもヨーロッパからBRICSへ移り，「ドイツにはPIIGSよりBRICSが必要である」と，EU離れを印象付ける[64]。

2011年8月の世論調査によると，ドイツマルクへの帰還を支持する人がユーロを支持する人とほぼ同じである。ドイツ市民のEUへの信頼は10年前の49％から2011年には25％に低下しており，EUへのさらなる主権移譲に賛成するドイツ人は28％に過ぎないことに対して，60％が反対している。

過去の歴史を背景にして，このようなドイツの「脱欧」的志向と一方主義に対しては根強い欧州人の反感と不安が存在する。それはドイツ単独覇権論に対する警戒でもある。

---

62) Germond and Türk (2008), p. 8.
63) European Union Center of North Carolina (2012), p. 1.
64) 欧州企業連盟のビジネス・ヨーロッパの元会長セイィェル（Ernest-Antoine Seillière）は，「ドイツは多極化世界で独自の道を歩みたいという誘惑に駆られる。ドイツは，グローバル競争力，安定した社会構造，東欧およびロシアとの良好な関係，機械分野においては世界最大の輸出国というグローバルな評判をもつ最大の経済国である」と，欧州に属しながら欧州を越えている同国の位相を述べる（Guérot and Leonard (2011), pp. 2-4）。

2000年代に入って欧州の強力な指導国に浮上したドイツは「第4帝国」とまで呼ばれる。欧州におけるドイツの新しい影響は，ユーロ危機解決に特定的なものであり，欧州におけるドイツパワーの一般的な浮上を反映するものではない[65]かもしれないが，欧州内のドイツの経済的地位が上昇していることに逆比例して，政治的立場は微妙に孤立的傾向が強まっているようである。

また，ドイツの緊縮および統制論は，ドイツを欧州内の帝国勢力として，憎悪の対象にしてしまうかもしれないが，その主張が受け入れられない場合，ドイツは欧州をますます放棄するだろう[66]というディレンマがある。

おわりに――二人三脚ゲームの行方

通貨同盟は共同中央銀行の下で共通金融政策を実施する組織であり，二人三脚ゲームに比喩することができる。体を支える2本の脚は，それぞれ，経済を支える金融政策と財政政策に例えることができよう。二人が紐で真ん中の金融政策という共通の脚を固定し，財政政策という残りの自由な脚とともに，3つの脚でゴールまで速く到達するのがゲームのルールである。しかし，両者のスピードの間では格差が存在する。とくに残りの財政の足に大きな差があって，速い者と遅い者がバランスをとれない場合，その組は途中で倒れ，最後まで完走できないかあるいはさらに時間がかかるであろう。

20ヵ国に近い加盟国をもつユーロ圏には，多様なスピードが存在する。問題は非可逆的固定と呼ばれてきた完全通貨同盟にも，紐を解いて解体される可能性が存在するという点である。共通通貨から単一通貨に昇華されたEMUは，2009年の経済危機の時点で17カ国に膨らみ，最適通貨圏概念を超え，非経済的通貨共同体に変貌する。

二人三脚ゲームの比喩でみるように，スピードの差は，肥大化した同盟において域内差別化を必然化する。独仏体制のリーダーシップはこのような背景の

---

65) Speck (2012), p. 1.
66) European Union Center of North Carolina (2012), p. 5.

表 11-4　EU・ユーロ圏

	GDP						
	経常価格，百万ユーロ						
	2008	2009	2010	2011	2012	2013	割合(2013)
EU28	12,548,546	11,815,748	12,337,093	12,711,210	12,970,181	13,075,215	136.2%
EU27	12,501,008	11,770,969	12,292,670	12,667,019	12,926,499	13,031,902	135.7%
EURO18	9,265,902	8,939,986	9,185,701	9,443,973	9,505,181	9,600,471	100.0%
EURO17	9,243,012	8,921,465	9,167,662	9,423,762	9,482,924	9,577,099	99.8%
ベルギー	346,375	340,669	355,791	369,258	375,852	382,692	4.0%
ブルガリア	35,431	34,933	36,052	38,505	39,927	39,940	0.4%
チェコ	154,270	142,197	149,932	155,486	152,926	149,491	1.6%
デンマーク	235,133	223,576	236,334	240,487	245,252	249,125	2.6%
ドイツ	2,473,800	2,374,200	2,495,000	2,609,900	2,666,400	2,737,600	28.5%
エストニア	16,235	13,970	14,371	16,216	17,415	18,435	0.2%
アイルランド	180,250	162,284	158,097	162,600	163,939	164,050	1.7%
ギリシャ	233,198	231,081	222,152	208,532	193,347	182,054	1.9%
スペイン	1,087,788	1,046,894	1,045,620	1,046,327	1,029,002	1,022,988	10.7%
フランス	1,933,195	1,885,762	1,936,720	2,001,398	2,032,297	2,059,852	21.5%
クロアチア	47,538	44,778	44,423	44,191	43,682	43,313	0.5%
イタリア	1,575,144	1,519,695	1,551,886	1,579,946	1,566,912	1,560,024	16.2%
キプロス	17,157	16,854	17,406	17,878	17,720	16,504	0.2%
ラトビア	22,890	18,521	18,039	20,211	22,257	23,372	0.2%
リトアニア	32,414	26,654	27,710	30,959	32,940	34,631	0.4%
ルクセンブルク	37,372	35,575	39,303	41,730	42,918	45,478	0.5%
ハンガリー	105,536	91,415	96,243	98,921	96,968	98,071	1.0%
マルタ	5,964	5,956	6,449	6,694	6,880	7,186	0.1%
オランダ	594,481	573,235	586,789	599,047	599,338	602,658	6.3%
オーストリア	282,744	276,228	285,165	299,240	307,004	313,197	3.3%
ポーランド	363,175	310,681	354,616	370,851	381,480	389,695	4.1%
ポルトガル	171,983	168,529	172,860	171,126	165,107	165,666	1.7%
ルーマニア	139,765	118,196	124,328	131,478	131,579	142,245	1.5%
スロベニア	37,244	35,420	35,485	36,150	35,319	35,275	0.4%
スロバキア	64,414	62,794	65,897	68,974	71,096	72,134	0.8%
フィンランド	185,670	172,318	178,724	188,744	192,350	193,443	2.0%
スウェーデン	333,256	292,472	349,945	385,451	407,820	420,088	4.4%
イギリス	1,836,126	1,590,858	1,731,809	1,770,910	1,932,702	1,908,540	19.9%

＊ GDP 項目の割合（2013）は，ユーロ圏 18 カ国を基準にした各国の 2013 年 GDP 規模を表す。
（出所）Eurostat.

なかで出現する。

　エリゼ条約以降，独仏体制は，欧州統合の牽引車として EU の発展を先導してきており，2009-12 年危機の克服においても決定的な役割を果たしたと思料される。欧州統合理念は独仏協力という国際関係論的な現実主義に支えられ，金融・財政危機を克服したと解釈できる。経済論理が破綻したとき，政治的飛

第 11 章 ユーロ危機と独仏体制　273

の基礎統計

経常収支						政府収支					
対 GDP 比（％），3 年平均						対 GDP 比（％）					
2008	2009	2010	2011	2012	2013	2008	2009	2010	2011	2012	2013
						-2.4	-6.9	-6.5	-4.4	-3.9	-3.3
						-2.4	-6.9	-6.5	-4.4	-3.9	-3.3
						-2.1	-6.4	-6.2	-4.1	-3.7	-3.0
						-2.1	-6.4	-6.2	-4.1	-3.7	-3.1
0.8	0.0	0.0	0.1	-0.4	-1.5	-1.0	-5.6	-3.8	-3.8	-4.1	-2.6
-22.0	-19.1	-11.2	-3.4	-0.7	0.4	1.7	-4.3	-3.1	-2.0	-0.8	-1.5
-2.8	-2.9	-2.8	-3.0	-2.6	-1.8	-2.2	-5.8	-4.7	-3.2	-4.2	-1.5
2.4	2.5	4.0	5.1	5.9	6.4	3.2	-2.7	-2.5	-1.9	-3.8	-0.8
6.6	6.5	6.2	6.4	6.9	7.3	-0.1	-3.1	-4.2	-0.8	0.1	0.0
-13.5	-7.5	-1.2	2.5	0.9	-0.3	-3.0	-2.0	0.2	1.1	-0.2	-0.2
-4.8	-4.4	-2.3	0.0	2.3	4.1	-7.4	-13.7	-30.6	-13.1	-8.2	-7.2
-13.6	-13.6	-12.1	-10.4	-7.5	-3.8	-9.8	-15.7	-10.9	-9.6	-8.9	-12.7
-9.5	-8.1	-6.3	-4.3	-3.1	-1.4	-4.5	-11.1	-9.6	-9.6	-10.6	-7.1
-1.1	-1.4	-1.5	-1.5	-1.8	-1.8	-3.3	-7.5	-7.0	-5.2	-4.9	-4.3
-7.5	-6.9	-4.8	-2.2	-0.5	0.1	-1.9	-5.4	-6.4	-7.8	-5.0	-4.9
-1.9	-2.0	-2.7	-2.8	-2.2	-0.7	-2.7	-5.5	-4.5	-3.7	-3.0	-3.0
-11.5	-12.7	-12.1	-8.0	-6.7	-4.0	0.9	-6.1	-5.3	-6.3	-6.4	-5.4
-19.4	-9.0	-0.5	3.1	-0.6	-1.8	-4.4	-9.2	-8.2	-3.5	-1.3	-1.0
-12.7	-7.9	-3.0	0.0	-1.3	-0.8	-3.3	-9.4	-7.2	-5.5	-3.2	-2.2
8.6	7.6	6.8	7.2	6.7	5.9	3.2	-0.7	-0.8	0.2	0.0	0.1
-7.3	-4.9	-2.4	0.1	0.5	1.4	-3.7	-4.6	-4.3	4.3	-2.1	-2.2
-6.8	-6.6	-6.6	-5.2	-1.6	0.9	-4.6	-3.7	-3.5	-2.7	-3.3	-2.8
6.8	5.4	5.6	7.2	8.7	9.7	0.5	-5.6	-5.1	-4.3	-4.1	-2.5
3.7	3.7	3.7	2.6	2.5	2.2	-0.9	-4.1	-4.5	-2.5	-2.6	-1.5
-5.5	-5.5	-5.2	-4.7	-4.6	-3.3	-3.7	-7.5	-7.8	-5.1	-3.9	-4.3
-11.1	-11.2	-11.4	-9.5	-6.5	-2.8	-3.6	-10.2	-9.8	-4.3	-6.4	-4.9
-11.8	-9.7	-6.7	-4.3	-4.4	-3.3	-5.7	-9.0	-6.8	-5.5	-3.0	-2.3
-3.8	-3.4	-2.0	-0.1	1.2	3.3	-1.9	-6.3	-5.9	-6.4	-4.0	-14.7
-6.4	-4.7	-4.2	-3.4	-1.8	0.2	-2.1	-8.0	-7.5	-4.8	-4.5	-2.8
3.7	2.9	2.0	0.6	-0.5	-1.3	4.4	-2.5	-2.5	-0.7	-1.8	-2.1
9.0	8.2	7.2	6.2	6.1	6.1	2.2	-0.7	0.3	0.2	-0.6	-1.1
-2.2	-1.5	-1.7	-1.8	-2.7	-3.1	-5.0	-11.4	-10.0	-7.6	-6.1	-5.8

躍＝理念的ジャンプが発生する．空疎な観念としてではなく，現実政治的基盤が復元力のベースとなる．独仏体制はまさにこのような理念を内包した現実主義といえよう．

　独仏両国の関係は，統合上，一定の政治経済的必要性に対する一時的対応組織として，とくにグローバルな影響下で，地域システムが瓦解し，ナショナル

状態に回帰する可能性が高い危機時に2国連合的性格をもって登場する。欧州理事会に先行して開かれる独仏会合において，欧州政策上の重要意思決定が行われるという事実は，欧州統合が独仏主軸をベースとしているという点を強く反証する。エリゼ条約の2国関係が地域主義の枠を超え，非公式主義が公式意思決定方式を圧倒するEUの慣行は，とくに危機時にはっきり観察される。この場合，EUを支配しているのは地域統合論でなく，国際関係論の論理である。

問題は，この両国体制が一枚岩でなく，近年地政学的，経済的側面からその存続可能性が低下している点である。ユーロ圏，さらにEUの解体を防いだ主体が独仏体制であったことを勘案すれば，独仏体制の弱化はEU自体の実質的脆弱化を意味する重大な変化としてみることができる。そういう観点から，通貨危機後，財政統合への発展線上にあるEUにおける2国関係を鋭意注視する必要があるであろう。

参 考 文 献

Belkin, Paul, Derek E. Mix, Rebecca M. Nelson and Martin A. Weiss (2012) "The Eurozone Crisis: Overview and Issues for Congress", September 26, 2012, Congressional Research Service.

Bibow, Jörg (2013) "On the Franco-German Euro contradiction and ultimate Euro battleground", *Working Paper*, No. 762, April 2013, Levy Economics Institute of Bard College.

Boyer, Yves (1996) "France and Germany", in Berte Heurlin (ed.) *Germany in Europe in the nineties*, Macmillan Press.

Bulmer, Simon (2013) "Germany and the euro-zone crisis: between hegemony and domestic politics", *Paper for the SPERI conference on 'Austerity vs Growth: The Future of the European Political Economy'*, University of Sheffield, 1-3 July 2013.

Durand, Mathilde and Daniela Schwarzer (2013) "Germany, France, EU: acting together", *Viewpoint*, 21 January 2013, Jacques Delors Institute.

van Esch, Femke and Eelke de Jong (2011) "Culture Matters: French-German Conflicts on European Central Bank Independence", *Discussion Paper Series* 11-23, Tjalling C. Koopmans Research Institute, Utrecht School of Economics.

European Union Center of North Carolina (2012) "The New Germany: Abandoning Europe?", *EU Briefings*, June 2012.

Fabre, Alain und Arnaud Lechevalier (2012): Lerne sparen, ohne zu schrumpfen

Haushaltsdisziplin vs. Wirtschaftswachstum? Ein französisches Streitgespräch zur Schuldenkrise,: in DGAP analyse, März 2012 N° 3, Forschungsinstitut der Deutschen Gesellschaft für Auswärtige Politik e. V.

Fourquet, Jérôme and Joachim Poß (2011) «Crise de l'euro, crise de l'Europe? Regards franco-allemands», *Les essais*, June 2011, Jean Jaurès Fondation.

German Council of Economic Experts (2012), "After the Euro Area Summit: Time to Implement Long-term Solutions", 30 July 2012, Special Report.

Germond, Carine and Henning Türk (2008) "Old foes and new friends", in Germond and Türk (eds.) *A history of Franco-German relations in Europe*, Palgrave.

Gillespie, Paul (2011) "The Euro Crisis: Ins and Outs – Multi-Speed Europe?" *Working Paper*, No. 3, Winter 2011, Institute of International and European Affairs.

Glomb, Wolfgang (2011) "The Franco-German tandem, confronts the Euro crisis", The Fondation pour l'innovation politique, February, 2011.

Goulard, Sylvie (2012) "France and Germany in face of the Euro Crises: Diagnosis and Strategy in Doubt", *DGAP analyse 6* , Mai 2012.

Guérot, Ulrike and Thomas Klau (2012), "After Merkozy: How France and Germany can make Europe work?", *Policy Brief*, European Council for Foreign Relations.

Guérot, Ulrike and Mark Leonard (2011) "The new German question: How Europe can get the Germany it needs", *Policy Brief*, April, 2011, European Council for Foreign Relations.

Jean-Francois Jamet, Frank Lirzin, Joachim Schild and Daniela Schwarzer (2013): Das duetsch-franzosische Krisenmanagement in der Eurozone,:in Claire Demesmay, Martin Koopmann and Julien Thorel (Hrsg.) (2013): Die Konsenswerkstatt. Deutsch-franzosische Kommunikations- und Entscheidungsprozesse in der Europapolitik: Nomos.

Juppe, Alain (1995), 'Quel horizon pour la politique etrangere de la France?', speech, Paris, 30 January 1995.

Kreile, Michael (1996) "Will Germany assume a leadership role in the European Union ?" in Bertel Heurlin (ed.) *Germany in Europe in the nineties*, Macmillan Press.

Mistral, Jacques, Philippe Moreau Defarges, Françoise Nicolas, Vivien Pertusot, Yann-Sven Rittelmeyer, Hans Stark et Nele Wissmann (2011) «L'UE face à la crise. Faut-il plus d'intégration?», *Note de l'Ifri*, December 2011, French Institute of International Relations.

Mourlon-Druol, Emmanuel (2011) "The EURO Crisis: a historical perspective, Strategic Update", *LSE Ideas*, June 2011.

Roos, Ulrich (2010) Deutsche Außenpolitik, VS Verlag.

Scenario Team Eurozone 2020 (2013) "Future Scenarios for the Eurozone: 15 Perspectives on the Euro Crisis", March 2013, *International Policy Analysis*, Friedrich Ebert Stiftung.

Schild, Joachim (2013) "Leadership in hard times: Germany, France and the management of the European crisis", *German Politics and Society*, Issue 106, Vol. 31, No. 1, Spring 2013.

Schwarzer, Daniela (2011) "The Political Economy of Germany in the Sovereign Debt Crisis" Paper prepared for Resolving the European Debt Crisis, a conference hosted by the Peterson Institute for International Economics and Bruegel, Chantilly, France, September 13-14, 2011, German Institute for International and Security Affairs (SWP).

Semmler, Willi and Brigitte Young (2011) "The European Sovereign Debt Crisis: Is Germany to Blame?", *German Politics and Society*, Issue 97, Vol. 29, No. 1 Spring 2011.

Sevilla, Christina R. (1995) "Explaining the September 1992 ERM Crisis: The Maastricht Bargain and Domestic Politics in Germany, France, and Britain", Presented at *the European Community Studies Association, Fourth Biennial International, Conference*, May 11-14, 1995, Charleston, SC.

Shambaugh, Jay C. (2012) *The Euro's Three Crises,* Brookings Papers on Economic Activity, Spring 2012.

Speck, Ulrich (2012) "Why Germany is not becoming Europe's Hegemon", N° 126, April 2012, *Policy Brief,* Fride.

Trichet, Jean-Claude (1997) Speech by the Governor of the Bank of France, M. Jean-Claude Trichet, on the occasion of the fiftieth anniversary of the Land Central Bank of Rheinland-Palatinate and the Saarland in Mainz on 2/6/97.

Uterwedde, Henrik (2013) "Franco-German cooperation: productive tension", *European issue*, sn° 281, 4th June 2013, *Policy Paper*, Foundation Robert Schuman.

Valant, Peter (2012) "The Franco-German couple: Potentials and limitations", Conference Background Paper, Theseus Conference, Brussels, Dec. 06-07, 2012.

金俊昊（1999）「欧州通貨統合の不整合構造と EMU 以後の問題」『日本 EU 学会年報』第 19 号。

金俊昊（2013）『国際統合論』日本評論社。

舛山誠一，キャシー・サベージ，マイケル・フリードレンダー（1993）「「92」年を超えた欧州統合の展望」『財界観測』58 巻，10 号，野村證券金融経済研究所。

レグリング，デルース，フェルケ他（2009）『フィナンシャル・レビュー』第 5 号（通巻 97 号），2009 年 12 月，財務省財務総合政策研究所。

第12章

中国における人民元の国際化戦略

はじめに

　中国政府は，2013年9月に上海に「上海自由貿易試験区」を設置した。そこでは，外国企業の進出，生産・貿易活動だけではなく，資本取引についても自由化が打ち出されている。先ごろ，試験区に限定した資本取引規制の緩和によって，一定の条件の下ではあるが，試験区内の企業は海外拠点との間で，決められた枠内での外貨建ておよび人民元建て貸付・借入ができるようになり，かつ試験区以外の中国本土内の拠点との間でも双方向の資金の融通ができることになった。つまり，企業はこの試験区を通すことによって，中国本土と海外のグループ企業全体の資金融通・管理が一定範囲内で可能となったといえる。

　2009年7月から，中国は人民元の国際化に意欲的に取り組み始めたが，中国本土の金融市場，外国為替市場に大きなショックを与えないように独自の基本方針，戦略に基づいて遂行している。「上海自由貿易試験区」での人民元に関する国際化措置も，その基本方針と戦略に基づいて，少しずつ中国本土と海外の間に設けられた壁を低めて行くためのものとして理解することができる。

　目覚ましい経済成長を遂げてきた中国経済は，内外の環境変化に直面し，転換点を迎えている。基本的には，「外資導入による輸出主導型経済成長戦略」が矛盾や限界をきたしており，政策的転換を余儀なくされつつあるといえる。

とりわけ，立ち遅れの目立つ金融面では改革の必要性が高いが，その一環として人民元の国際化も考察しなければならない。

そこで本章では，まず第1節で，中国における人民元の国際化の経緯と現状を観察することから始めたい。そのうえで，第2節では，現在までの人民元の国際化の具体的なやり方を分析し，そこに見られる特徴を抽出することにしたい。とりわけ，資本取引に関する規制に加えて，さらに人民元の国際化をどのようにコントロールしているかを明確にしたい。最後の第3節では，中国の人民元の国際化戦略を分析してみたい。そこでは，中国の経済政策運営上，人民元の国際化はどのように位置付けられるのかという観点，すなわち中国の経済政策運営の中で，人民元の国際化は他の経済政策とどのような関連性，意義を持って遂行されているのかを検討してみたい。

1. 人民元の国際化の経緯と現状

1-1　人民元の国際化の基本的背景

中国は，2010年に日本を抜いて世界第2位の経済大国に躍り出，2013年には世界最大の貿易大国へと躍進した。このように，世界経済において，実物経済面での実力や影響力が増しているにもかかわらず，国際金融や通貨面でのプレゼンスは乏しいままである。

特定の国の国民通貨が国際通貨，さらには基軸通貨になるためには，すでに基軸通貨となっている通貨に働く「慣性」を打破しながら，世界経済・貿易における影響力，通貨価値の安定性や通貨への信認，経常収支の黒字，効率的で開放的な金融市場の存在などを背景に，「国際経済取引において，その通貨が使用されたり，非居住者によってその通貨が資産として保有されること（国際通貨の定義）」というニーズが高まらなければならない。

ようやくにして，中国の人民元は国際通貨になるための条件が相当程度整ってきたことにより，国際化へと歩み出すべく，政策・制度面での対応を開始したといえる。その直接的動機は，周知のように2008年にアメリカ発の世界金融危機を経験し，ドルへの信認低下やドルの不安定性への懸念を高めたことに

より，ドルに大きく依存した対外取引，巨額な外貨準備におけるリスクを強く認識したことにある。すなわち，ドルへの過剰依存に伴うリスク軽減を図るべく，人民元の国際化へと踏み切ったといえる。

　しかし，それだけではない。近年，中国では研究者の間で，人民元の国際化問題が盛んに議論されているし，日本における円の国際化の経験を学びたいという中国からの留学生も多くなっている。そこでの関心事は，国際化のための実務的，政策的対応のみではなく，国際通貨体制やアジアの通貨システムのあり方とそこでの人民元の役割にまで及んでいる。実物経済面を中心に経済大国化した中国が，次に国際金融・通貨面で果たすべき役割や方策へと関心を向け始めたといえる。

　そうした認識は研究者の間にとどまらず，2009年3月の周小川中国人民銀行行長が国際的な準備資産として，SDRの活用を促したり，同年4月のG20で胡錦濤国家主席（当時）が，「国際通貨システムの多元化を推し進めるべき」といった発言をしたことにも滲み出ている[1]。今のところ，中国の通貨当局は人民元の国際化に関するタイム・スケジュールを持ち合わせていないようであるが，人民元の交換性の拡大，さらには国際通貨，とりわけアジアでの中心通貨を目指しての取り組みを始めたということも看過してはならない。

　ところで，中国における人民元の国際化というと，2009年7月の貿易におけるクロスボーダー人民元決済の試行が注目されることが多い。しかし，厳密にはそれ以前から一部で国際化は始まっていた。上記の通貨の国際化の定義でいう国際経済取引での使用という点では，国境を接する周辺国との人民元（キャッシュ）での取引がある。それだけではなく，非居住者による人民建て資産保有という点では，適格外国機関投資家（QFII）制度によって，外国人が人民元建て金融資産を保有することは一定の範囲内でできたからである。それも含

1）　Zhou Xiaochuan（2009）参照。なお，李暁（2011）によれば，周小川行長の発言は，G20などでのアメリカとの交渉を有利に進めるための政治的狙いが強かったという。確かに，その意図が強いとは思われるが，通貨当局の有力者が現在のドル1極基軸通貨体制に疑問を抱いていることもうかがわれる。

めるが，人民元の国際化にとって意義の大きい国際経済取引における人民元の使用，すなわち経常取引，さらには資本取引におけるクロスボーダー人民元決済（表示・契約通貨と決済通貨機能）を中心に，現状を概観することから始めたい。

1-2 経常取引における人民元の国際化

2008年12月に，国務院常務会議は広東省・長江デルタ地区と香港・マカオ間の貿易取引，広西チワン族自治区・雲南省とASEANとの間の貿易取引について，人民元での決済を試験的に導入することを決定した。その後，国内の試験地域として，上海，および広東省の広州，深セン，珠海，東莞の5都市を選定したうえで，2009年7月に，「クロスボーダー貿易人民元決済試行管理弁法」を公布し，一部の地域・企業に限定されたものであったが，貿易におけるクロスボーダー人民元決済をスタートさせた。

その後，表12-1に示すように，国内の試行地域，国内の対象企業，貿易の対象国・地域，そして対象取引について，その適用範囲を拡大してきている。最終的には，2012年3月には，中国の全ての地域の輸出入経営資格を有する企業が，全世界と行った経常取引について人民元での決済が可能となっている。

こうした緩和措置に伴って，商品貿易やサービス貿易などの経常取引におけるクロスボーダー人民元決済は，表12-2に示すように急速な拡大を見せている。2009年7月の開始から2010年までで，わずか5,083億元，2011年で2兆800億元であったものが，2013年には4兆6,300億元にのぼっている。そのうち，商品貿易が開始からわずか4年で中国の貿易額の11.7％に達したことは驚異的とさえいえる。

その中身を見ると，商品貿易が約70％，サービス貿易などその他の経常取引が約30％であること，貿易相手国・地域は約90％が香港であること，近年は均衡化しつつあるが，これまでは圧倒的に中国にとっての輸入取引が多かったことといった特徴が指摘される。これまで，輸入中心に人民元建て化が進展

表 12-1　経常取引におけるクロスボーダー人民元決済の規制緩和の経緯

時期	国内試行地域	対象国・地域	対象企業	対象取引
2009年7月	5都市（上海・広州・深セン・東莞・珠海）	香港・マカオ・ASEAN	365社	対外貨物貿易
2010年6月	18省市追加（北京市・天津市・内モンゴル自治区・遼寧省・吉林省・黒龍江省・江蘇省・浙江省・福建省・山東省・湖北省・広西チワン族自治区・海南省・重慶市・四川省・雲南省・チベット自治区・新疆ウイグル自治区）	すべての取引相手国	365社	対外貨物貿易・クロスボーダーサービス貿易・その他経常収支項目決済
2010年12月	20省市	すべての取引相手国	67,359社	対外貨物貿易・クロスボーダーサービス貿易・その他経常収支項目決済
2011年8月	すべての地域	すべての取引相手国	67,359社	対外貨物貿易・クロスボーダーサービス貿易・その他経常収支項目決済
2012年3月	すべての地域	すべての取引相手国	輸出入経営資格を保有する企業	対外貨物貿易・クロスボーダーサービス貿易・その他経常収支項目決済

（出所）中国人民銀行のデータより筆者作成。

してきたのは，対外貿易における中国のバーゲニング・パワーが必ずしも強くない中で，人民元の上昇予想が強かったため，海外の輸出業者の人民元建て選好が強かったのに対して，海外の輸入業者のそれは弱かったためと推察される。こうした輸出入のアンバランスによって，後述のように主に香港に人民元が流出し，オフショア人民元となってきたことがうかがわれる。

1-3　人民元建て通貨スワップ協定

2008年12月に，中国人民銀行は韓国との間で1,800億元の人民元建て通貨

表 12-2　最近の経常取引におけるクロスボーダー人民元決済額

(単位：億元)

	経常取引におけるクロスボーダー人民元決済			対外直接投資	対内直接投資
		商品貿易	その他の経常取引		
2012.1	1,284	951	333	17	135
2012.2	1,907	1,336	571	4	116
2012.3	2,613	1,879	734	8	219
2012.4	1,962	1,355	607	93	124
2012.5	2,160	1,476	684	30	160
2012.6	2,593	1,689	904	35	164
2012.7	2,441	1,683	758	12	142
2012.8	2,710	1,900	810	12	200
2012.9	2,830	1,931	886	10	285
2012.10	2,333	1,665	668	11	176
2012.11	3,038	2,244	794	21	232
2012.12	3,529	2,491	1,023	39	557
2012年合計	29,400	20,600	8,772	292	2,510
2013.1	3,140	2,257	883	11	281
2013.2	2,655	1,871	784	8	155
2013.3	4,205	2,864	1,380	61	338
2013.4	3,270	2,232	1,038	27	202
2013.5	3,643	2,285	1,358	35	215
2013.6	3,587	2,091	1,395	78	424
2013.7	3,570	2,319	1,251	22	279
2013.8	3,521	2,242	1,279	213	277
2013.9	4,009	2,539	1,532	67	632
2013.10	3,853	2,600	1,253	32	371
2013.11	5,064	3,414	1,650	108	323
2013.12	5,783	3,486	2,297	194	984
2013年合計	46,300	30,200	16,100	865	4,481

(出所) 中国人民銀行データ。

スワップ協定を締結した。これを皮切りに，図 12-1 に示されているように，最近までにアジアの国々を中心にして 24 ヵ国・地域と協定を締結し，その総額は 2.6 兆元に及んでいる。この通貨スワップ協定は，中国が ASEAN＋3 におけるチェンマイ・イニシアティブ (CMI) の一環として，他の 12 カ国と締結したものとは目的が異なる。CMI での通貨スワップ協定は，相手国通貨と外貨 (ドル) のスワップ協定であり，通貨危機に直面した国に対して，危機を乗

り切るために外貨を供与し合うものである。しかし，一連の人民建て通貨スワップ協定は，中国が相手国通貨とのスワップで人民元を供与するものであり，その目的は公的ルートを通じて人民元を海外に供給し，それによって経常取引などにおけるクロスボーダー人民元決済を促進し，人民元の国際化を促すことにあるといえる。

現に，2013年6月22日に，中国人民銀行はイギリスの中央銀行・イングランド銀行との間で，2,000億人民元（200億ポンド）の通貨スワップ協定を結んだが，その際に「今回の協定によって，ロンドンの人民元市場の流動性はさらに高まり，海外での人民元の利用を後押しすることになる」[2]というコメントを出したことからもうかがうことができる。

図12-1　各国と通貨スワップ締結を拡大する中国

◆ 人民元国際化を後押しすべく，中国中銀（PBOC）は各国との通貨スワップ協定を拡大。2013年末時点で計24ヵ国の中銀（含むECB）と，累計的2.6兆円元超（44兆円超）のスワップ協定を締結済。

EMEA	
国名	金額（億元）
ECB	3,500
イギリス	2,000
UAE	350
ベラルーシ	200
ウクライナ	150
トルコ	100
ハンガリー	100
パキスタン	100
カザフスタン	70
アイスランド	35
アルバニア	20
ウズベキスタン	7
累計 6,632億元	

アメリカ	
国名	金額（億元）
ブラジル	1,900
アルゼンチン	700
累計 2,600億元	

アジア-オセアニア			
国名	金額（億元）	国名	金額（億元）
香港	4,000	インドネシア	1,000
韓国	3,600	タイ	700
シンガポール	3,000	ニュージーランド	250
オーストラリア	2,000	モンゴル	100
マレーシア	1,800	日本	180
		累計 16,630億元	

（出所）みずほ銀行中国営業推進室資料。

---

2) 中国人民銀行ホームページから引用。

なぜ，中国がこのような人民元建て通貨スワップ協定の締結によって，人民元の国際化を推進しようとしているのかは容易に理解される。通貨を国際化するためには，居住者だけでなく非居住者が国際取引にその通貨を使用できるように十分な供給がなされなければならない。しかし，中国では経常取引におけるクロスボーダー人民元決済以外，ごく一部の資本取引しか人民元の使用が解禁されていない。一般の国際通貨の場合は，非居住者はその通貨での運用はもとより，必要に応じて，適宜その通貨を金融市場で調達して国際取引に使用することができるが，人民元には中国本土の金融市場を通じたそのルートがほとんど開かれていない。極端な言い方をすれば，貿易を中心としたクロスボーダー人民元決済で中国の輸入が輸出を上回ることで，オフショア人民元が供給されているといっても過言ではない。したがって，中国人民銀行が他国と人民元建て通貨スワップ協定を締結しているのは，官制ルートによってそれを代替，補完するためと理解することができる。実際に，オフショア人民元市場として最大の香港においても，一時的なオフショア人民元の不足が生じた場合に，このスワップ協定の実行によって，市場に人民元を供給したことがあるという。

1-4 資本取引における人民元の国際化

現段階での中国の人民元の国際化は，経常取引におけるクロスボーダー人民元決済が主体である。しかし，資本取引においても，極めて限定的ながら人民元の国際化が開始されているので，簡単に概要を見ておきたい。

1-4-1 QFII制度とRQFII制度などの対内証券投資

2002年11月に，外国人投資家による中国本土の証券市場への投資を一定の枠内で認めるという適格海外機関投資家（QFII）制度が制定された。すなわち，証券監督管理委員会から許可を受けた資本金など一定の基準を満たす海外の投資家（運用会社，保険会社，証券会社，商業銀行，年金基金など）に対して，国家外貨管理局が認めた運用額内で，中国本土の人民元建て債券やA株に対しての投資を認める制度である。2003年に，12社，34.75億ドルであった運用

割当額は，2014年8月時点では，254社，597億ドルにまで拡大している。さらに，海外送金の回数と金額に関する規制，投資可能な金融商品の拡大などの規制緩和がなされてきているが，今後は一層の緩和が期待される。

この制度によって，非居住者は人民元建て金融資産に投資し，保有する道が開けたことになる。もちろん，これは人民元を使用した国際資本取引ではないが，非居住者による人民元建て金融資産の保有という意味で，人民元の国際化の事例ということになる。

さらに，2014年4月に中国と香港の証券監督当局は，同年秋から上海と香港の証券取引所の間で，株式の売買を相互に取り継げるようにすると発表した。この中国本土と香港の相互株式投資制度によって，総額制限などはあるものの，香港や海外の投資家が香港の証券会社を通じて，中国本土の株式（A株）を購入する道が開かれることになる。特に，香港の証券会社に口座があれば，海外の個人投資家も中国本土の株式を比較的自由に保有できるようになることは，人民元の国際化にとっても注目に値する。

中国への対内証券投資における人民元の活用という意味での国際化としては，2010年8月に，中国政府は海外中央銀行，香港などのクリアリング銀行，クロスボーダー人民元決済への海外参加銀行を対象に，オフショア人民元で中国本土の銀行間債券市場に参加することを認めた。

さらに2011年12月には，人民元適格海外機関投資家（RQFII）制度が新設された。これは，100％中国資本の証券会社・資産運用会社の香港現地法人を対象に，保有する人民元による中国本土への証券投資を許可する制度である。まさしく，対内証券投資に人民元が使用されるということに他ならない。その後，対象金融機関の拡大，株式への投資枠の撤廃などの規制緩和が進んできているが，2014年8月時点で，81社に2,786億元が割り当てられているにとどまっているという[3]。

---

[3] 萩原陽子（2013，2014）参照。人民元の国際化の現状については，同文献に簡潔に整理されている。最新のデータも萩原女史より提供を受けた。

1-4-2　人民元建て対内・対外直接投資の解禁

中国では，厳しい資本取引規制がなされてきた中で，もっとも投機性が薄く，安定性が強いこと，「外資導入による輸出主導型経済成長戦略」に不可欠であることから，対内直接投資の自由化は1978年の改革・開放開始以来積極的に進められてきた。さらに，累増した外貨準備の有効活用，中国企業の経営の国際化を目指して，2000年代前半から「走出去」政策が推進され，対外直接投資も自由化されつつある。それを受けて，2011年には対内直接投資と対外直接投資に関して，人民元の使用が解禁されることになった。2013年現在，表12-2に見られるように人民元建て対内直接投資は4,481億元にのぼり，全対内直接投資の61.7%にも達した。一方，人民元建て対外直接投資は865億元で，全対外直接投資の15.4%を占めている。

特に，人民元建て対内直接投資は2つの意味で注目に値する。1つは，主に経常取引におけるクロスボーダー人民元決済によって海外に流出した人民元，すなわちオフショア人民元を中国本土に還流させる手段ということである。オフショア人民元の活用の場がなければ，非居住者が人民元建てで中国に輸出をする意欲が殺がれかねないが，それを緩和する1つになっているといえる。もう1つは，過剰な外貨準備累増による問題が表面化しつつある中国にとって，その主要な一因になっていた対内直接投資による外貨の流入を緩和させるということである。もう少し正確にいうならば，同じ効果を期待した経常取引におけるクロスボーダー人民元決済は中国の輸入の方が輸出より多かったことから，むしろマイナス効果となってきたが，それによって流出した人民元を活用することによって，そのマイナス分を一定程度相殺しているといえる。

その他の資本取引においては，ほとんど人民元の国際化の進展はないに等しい。敢えていうならば，公的部門における準備資産，すなわち一部の国の外貨準備として人民元が保有されていることが指摘されている程度であろう[4]。

---

4) 巴曙松（2012）によれば，韓国，ベラルーシ，マレーシア，タイ，カンボジア，ロシア，フィリピンがあげられている。

1-4-3　円・人民元直接取引

2012年6月1日から，東京と上海の外国為替市場の銀行間取引において，円と人民元の直接取引が開始された。これは，2011年12月25日の日中首脳会議で合意した「日中両国の金融市場の発展に向けた相互協力の強化」に基づく措置である。

従来，銀行間市場で円と人民元を取引する場合には，ドルを為替媒介通貨としてなされていた。これを直接取引にすることによって，取引コストを軽減することと，いわゆる決済に伴うヘルシュタットリスクを削減することを目指した措置である。ひいては，それによって対顧客市場でも有利な為替レートが提示され，日中間の貿易で人民元建てや円建て取引が選好されると期待されている。

これまで東京では，銀行間市場での人民元の取引は事実上なされてこなかったが，これがスタートすることとなった。つまり，中国本土以外での人民元取引は主に香港でなされていて，日本の銀行はそこで取引する以外になかったが，東京外国為替市場でもオフショア人民元の取引が始まったことを意味する。

実際に，円・人民元直接取引は増加しており，上海外貨交易センターでの1日当りの取引額は，当初の300億円前後から最近は500億〜1,000億円に増えている。また，東京外国為替市場では100億円から150億円に増え，両市場の合計は当初に比べ2倍前後に膨らんだ模様である。さらに，中国の大手商業銀行の円・人民元の対顧客売買スプレッドも縮小しているとの情報もあり，日中貿易において円や人民元の使用拡大につながる可能性が増しているといえる。

露口洋介（2012a，2013）によると，公式統計は存在しないが，現在の日中貿易における契約・決済通貨は円が3〜4割であるが，人民元は1％未満に過ぎず，大部分はドル建てであるという。このような過剰なドル依存を軽減するための1つとして，人民元または円の使用を推進しようという試みであるが，今のところ日中貿易はドル建てから人民元建てよりも，むしろ円建てになる可能性が高いことを示唆している。しかし，日本経済新聞のアンケート調査によれ

ば，日本企業でも貿易決済に人民元を使用したり，使用を検討している企業が増加しているという[5]。こうした動きが本格化するならば，その人民元の為替売買は東京外国為替市場でなされることになり，上記の東京での円・人民元直接取引はもっと増加することになる。すなわち，東京でのオフショア人民元取引が活発化するということである。

1-5 香港オフショア市場の現状

中国の人民元の国際化を考える場合，香港オフショア市場を抜きにして語ることはできない。なぜならば，香港は中国の一部でありながら，1国2制度の下で運営されており，人民元とは異なる香港ドルが流通し，為替管理上，香港は非居住者扱いとなっているからである。ということは，中国本土と香港間の取引で使用される人民元，香港に流出した人民元はオフショア人民元であり，人民元の国際化に深く関わってくる。しかも，中国はこの香港オフショア市場を人民元の国際化の実験場として重視しており，香港でのオフショア人民元の現状を把握することは極めて重要になってくるからである。

1-5-1 香港での人民元預金の急増

前述のように，中国の経常取引におけるクロスボーダー人民元決済の相手国としては香港が圧倒的に多く，かつ中国本土側の輸入が多かったことによって，香港に人民元が流入してきた。商品貿易が主体であるが，中国本土の旅行者による持ち込み，中国本土からの送金といったその他の経常取引に伴うもの，さらには中国本土からの人民元建て対外直接投資もそのルートになっている。先ほどの人民元建て通貨スワップ協定の実行によって，一時的な供給もあるようである。しかし，ユーロ・ドル市場のような自由に発達した市場では銀

[5) 円・人民元直接取引については，露口洋介（2013）が詳しい。また，同（2012a）も含め，中国の通貨戦略の主眼は，過度のドル依存からの脱却と利用通貨の多様化にあることが強調されている。日本経済新聞のアンケート調査については，同紙2013年8月23日参照。

行による信用創造が加わるが，村瀬哲司（2011）では香港オフショア市場では高い預金準備率が課せられ，融資活動が低調なため多くを期待できないという[6]。

　資本取引の規制が厳しいため，このように限定的なオフショア人民元の供給ルートではあるが，香港の銀行では 2004 年に個人預金中心の小売業務から人民元業務が開始された。その後，2010 年に中国人民銀行と香港金融管理局（HKMA）の間で，香港での人民元業務の拡大に関する合意がなされるとともに，クロスボーダー人民元決済の拡大と歩調を合わせて，香港の人民元預金残高は図 12-2 に見られるような急増を示している。ただ，近年やや頭打ち状態をきたしたのは，一方的な人民元の先高観が薄れ，他の通貨建て金融資産への転換がなされたり，人民元建て金融資産の充実によって運用が多様化したこと，さらには人民元建て対内直接投資や中国からの人民元建て輸出といった形で，オフショア人民元の中国本土への還流が進んできたからかもしれない。し

図 12-2　香港の人民元預金残高の推移

（出所）みずほ銀行中国営業推進室資料。

---

[6]　村瀬哲司（2011）参照。

かし，その後再び拡大傾向にあり，2014年1月末には8,934億元に達している。

　なお，周知のように国際金融論では，発行国から流出して海外の銀行に預金された通貨をユーロ・カレンシー，例えばドルであればユーロ・ドル，その市場をユーロ市場と呼ぶ。したがって，中国本土から流出した人民元もユーロ人民元，香港なども香港ユーロ市場などと呼ぶべきと思われるが，他の関連の文献に合わせて，本章でもオフショア人民元，香港オフショア市場との呼称を使用することにした。

1-5-2　人民元建て債券の発行

　人民元が国際化されるためには，単に香港に流出した人民元が預金されるだけでは不十分である。オフショア人民元にとっては，融資がなされたり，魅力的な人民元建て金融商品が整えられて運用されなければならない。前述のように，中国本土の金融商品への投資が極めて限定されている中で，香港オフショア市場での整備が進められている。

　まず2007年6月には，中国人民銀行の認可の下で，中国本土の金融機関による香港での人民元建て債券の発行が解禁され，国家開発銀行が第1号となった。その後，2009年6月から発行主体も拡大され，外資系銀行の中国現地法人による香港での人民元建て債券の発行も解禁されている。さらに9月には，中国政府が中国本土以外では初となる人民元建て国債60億元を香港で発行した。2010年には，前述のように中国人民銀行と香港金融管理局（HKMA）の間で，香港での人民元業務の拡大に関する合意がなされ，香港の企業や非居住者にも，香港での人民元建て債券の発行が解禁された。

　その結果，中国本土で発行される人民元建て債券であるパンダ債に対して，主に香港で発行されるそれは「点心債」（Dim Sum Bond）と呼ばれ，その発行額は図12-3に見られるように，急速に拡大している。この点心債の発行は，前述の中国における人民元建て対内直接投資の解禁に伴って，外国企業がそこで調達した人民元を中国での事業に投入できることになり，オフショア人民元の

図 12-3　香港における人民元建て債券発行額

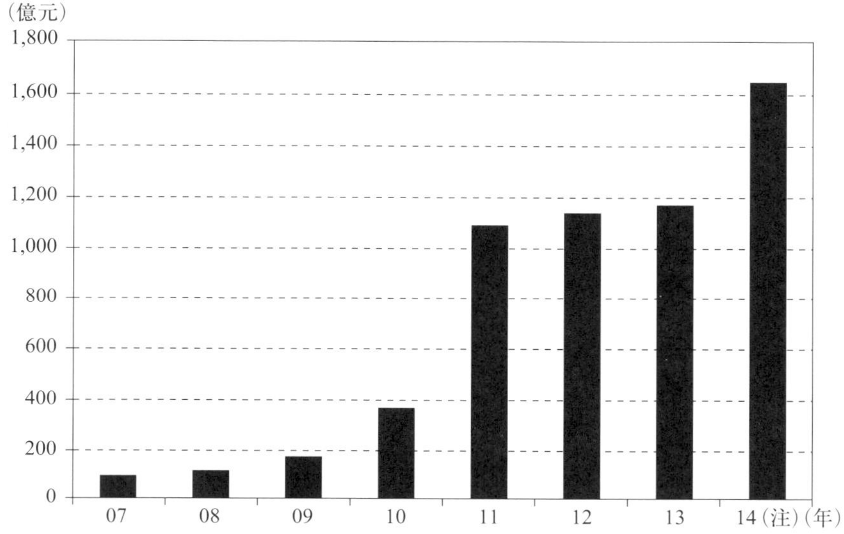

(注) 1〜7月値。
(資料) 香港金融管理局統計より三菱東京 UFJ 銀行経済調査室作成。
(出所) 萩原陽子 (2014)。

中国本土への還流ルートとして意義深いものとなっている。逆に，オフショア人民元を入手したものにとっては，人民元預金のみでなく，有力な運用のための金融資産が登場したことを意味する。

1-5-3　多様化する人民元建て金融商品

香港における人民元建て金融商品の多様化は，点心債のみにとどまらない。人民元の国際化を推進するためには，魅力的な運用先を揃えなければならず，香港オフショア市場で品揃えが進められつつある。

その1つが，人民元建て株式の発行である。2011年4月，中国の不動産投資信託「匯賢房地産信託投資基金」が香港で上場し，2012年10月には合和公路，ホブウェル・ハイウェイ・インフラストラクチャーの子会社が外国企業として初めて，人民元建てと香港ドルの両建てで上場した。人民元建て株式の発行は，人民元建て債券発行より遅れたが，上場企業にとっては資金調達の手段

の広がり，投資家にとっては運用先の拡大につながり，香港オフショア市場の発展には欠かせない部分となりつつある。

その他にも，やはり2010年の香港での人民元業務の拡大に関する合意を受けて，香港の金融機関は人民元建て譲渡性預金，貯蓄保険などを相次いで発売し始めた。その中で，人民元建て譲渡性預金残高は順調な拡大を示している。また，中国本土系証券会社による人民元建て投資信託の販売もなされている。

このように投資家にとって，人民元での運用は多様化しつつあるが，人民元での資金調達は点心債の発行以外はさほど進展していないようである。特に，金融機関では人民元建て為替手形の取扱いや貿易融資などはなされているが，全体的に融資業務は人民元預金の受入れに比べて低調であるという[7]。

1-6 全体的に見た人民元の国際化の進捗度

以上のように人民元の国際化の現状を概観すると，極く一部の非居住者による人民元建て金融資産の保有や越境貿易における人民元キャッシュでの取引などがあったものの，本格的な国際化はアメリカ発の世界金融危機後に政策的な転換がなされてからといえる。中国の研究者も指摘しているように[8]，国際金融環境が人民元へのニーズを高めた中で，国際化に向けた措置が打ち出されたことが相まって，その進展ぶりは上述のように刮目すべきものがあったといってよい。

しかし，全体的に見て，人民元の国際化はどのようなステージにあるといえるのであろうか。それを知るためには，国際通貨の機能ごとに人民元がどれほどの比重を占めているかを分析し，総合的に判断すればよい。一般的には，経常取引（契約・表示通貨，決済通貨），資本取引（資産通貨），外貨準備（公的準備

---

[7] 香港での人民元の融資残高は2011年末にはわずか308億元であった。その後，2013年末には1,097億元に急増しているが，それでも人民元預金残高（2014年1月末）の8,934億元に比べると見劣りがすることは否めない。

[8] 巴曙松（2012），余永定（2012）において，中国の進める一連の人民元の国際化政策が，国際金融不安の中で，海外投資家の人民元へのニーズと合致したことが示唆されている。

通貨）などでどれほど使用されているかということになる。その点，これらの使用度合いを指数化した研究結果が，中国人民大学国際通貨研究所（2013）によって公表されている。ウエートを付けて，一本の指数にすることには疑問がないわけではないが，全体像を数値として大まかには把握し得ているように思われるため，以下に紹介しておきたい。

これによると，人民元の国際化は，2009年に本格的に政策的な舵が切られて以来，2010年の第1四半期に0.02であったものが2012年第4四半期には0.87と，急速に国際化の度合いが高まっていることが確認される。すでに見た実際のクロスボーダー人民元決済や香港オフショア市場での人民元預金などの急拡大と，軌を一にしていることがうかがわれる。しかし，他の国際通貨に比べれば，ドルやユーロはいうに及ばず，円やポンドにもまだ遠く及ばないことも見て取れる。まさしく，同書が指摘しているように，「国際通貨としての機能も取るに足らないものであることを示す数値ではあるが，一方で，人民元の国際化が「無から有への突破」を成し遂げたことを示すものである。」というのが当を得ていると思われる[9]。

表12-3　国際化指数から見た人民元の国際化の進捗状況

	2010年				2011年			
	第1四半期	第2四半期	第3四半期	第4四半期	第1四半期	第2四半期	第3四半期	第4四半期
ドル	52.79	53.03	54.16	53.37	51.81	53.00	53.76	54.16
ユーロ	26.96	26.57	25.19	25.60	27.27	26.27	24.86	24.86
円	3.57	3.80	4.00	4.31	3.86	4.03	4.58	4.56
ポンド	4.64	4.46	4.34	4.24	4.73	4.21	4.34	3.78
人民元	0.02	0.04	0.10	0.23	0.26	0.41	0.44	0.58

（注）1. 2012年の人民元の国際化指数は，第1四半期から順に，0.55，0.70，0.77，0.87となった。
　　　2. この指数は，世界で唯一の国際通貨である場合は100，まったく国際取引に使用されていない場合は0となる。
（出所）中国人民大学国際通貨研究所『人民元　国際化への挑戦』26および30ページ。

---

[9]　中国人民大学国際通貨研究所（2013）26ページ引用。

2. 人民元の国際化における特色

2-1 人民元の国際化を段階的に進めるための防波堤

第1節で，香港も含めた中国における人民元の国際化の概要は把握できたと思う。それを受けて，ここでは実務的面から人民元の国際化を眺め，それを少し理論的に整理してみたい。それによって，独自性を持った中国の人民元の国際化戦略を浮かび上がらせるためである。

第1節の冒頭で提示した「通貨の国際化」の定義からすると，
(1) 人民元（ないしは人民元建て金融資産）が非居住者によって保有されること
(2) 人民元を使用して，経常取引や資本取引といった国際経済取引がなされること

が人民元の国際化を意味し，その現状はおおむね述べた通りである。今のところ，人民元は国際通貨や基軸通貨になるための条件がある程度充足されつつあり，そのニーズが多少とも高まってきているが，そうした中で中国は(1)に1つ，さらに(2)には2つ，合計3つの防波堤を設定して，それを段階的に低めていくというやり方を採用している。日本における円の国際化を参考にしながらも，独自性を持った方式を推進していることに気付く。

いうまでもなく，もっとも前面に設定されている第1防波堤は，図12-4に見られるように「資本取引規制」，とりわけ対内投資に対する規制に他ならない。非居住者は人民元を持たなくとも，中国の外国為替市場で自国通貨を人民元に交換することによって中国国内の金融市場に参入し，人民元建て金融資産を保有することができる。こうして，(1)の人民元の国際化が推進されうる。つまり，資本取引に関する人民元の交換性がある程度確保されていれば，その範囲内で中国の外国為替市場で人民元を購入し，人民元建て金融資産を保有できるからである。いわゆる，人民元が国際通貨としての資産通貨機能を有することに他ならない。

この点では，中国は依然として厳しい資本取引規制を課しており，かなりの高い第1防波堤が築かれているといえる。それを越えることができているの

図 12-4　中国の人民元の国際化に設けられた 3 つの防波堤

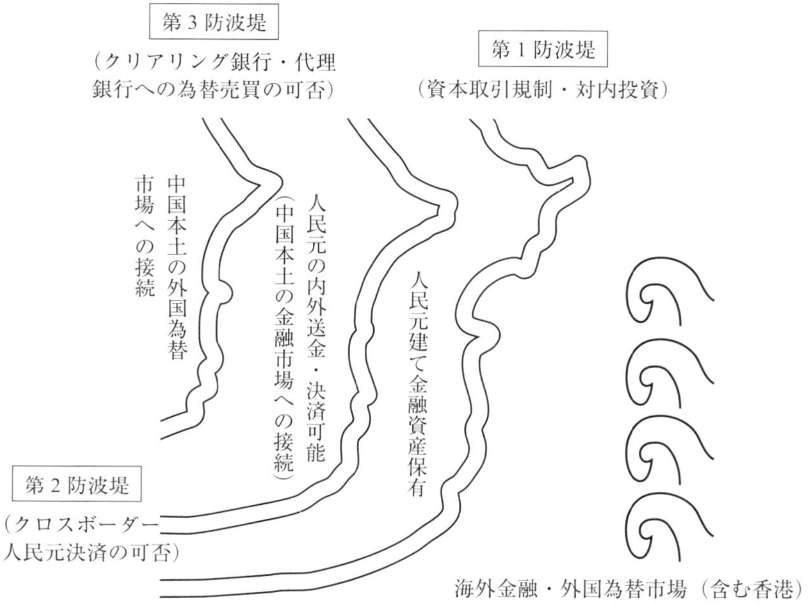

- 第 3 防波堤（クリアリング銀行・代理銀行への為替売買の可否）
- 第 1 防波堤（資本取引規制・対内投資）
- 中国本土の外国為替市場への接続
- 人民元の内外送金・決済可能（中国本土の金融市場への接続）
- 人民元建て金融資産保有
- 第 2 防波堤（クロスボーダー人民元決済の可否）
- 海外金融・外国為替市場（含む香港）

（出所）筆者作成。

は，QFII 制度，外国政府の外貨準備としての人民元保有など，限られた流れでしかない。このことからも，基本的には中国における人民元の国際化は資本取引の自由化が前提であり，それがベースとなるといえよう。

　もちろん，人民元の国際化にとってより重要なのは，(2) の経常取引や資本取引において人民元が使用されることである。すなわち，人民元が国際通貨として，民間部門で契約・表示通貨，決済通貨などの機能を担うことである。具体的には，貿易取引を皮切りに始まったクロスボーダー人民元決済のことであるが，それが従来とはどのような違いを持つかを理解しなければならない。

　この点に関しては，露口洋介（2010）と同（2012a, b）の論述によって，極めて明確に理解することができる[10]。まず，クロスボーダー人民元決済開始前，

---

[10] 露口洋介（2010, 2012a, b）を参照。特に，同（2012a, b）によって，中国の場合はクロスボーダー人民元決済といっても，人民元の送金・決済と為替売買に違いがあることが明確にされており，参考になる。

すなわち経常取引と一部の資本取引に関しては人民元の交換性が回復されていたが，人民元決済は解禁されていない時点では，外国為替の売買と内外送金は次のような状態にあったという。「経常取引についても，中国政府が認める一定範囲内で行われる資本取引についても，海外との間の資金の移動は原則として外貨でのみ行うことができ，外貨と人民元の交換は中国国内でのみ行われた。」[11]ということであり，海外への人民元送金・決済と海外における人民元の為替売買はともに，海外の銀行が中国の国内銀行に人民元建てコルレス勘定を開設することを禁じることによって，不可能にしていたということであった。

　この経常取引や一部の資本取引において，人民元が交換性を有するだけという状態から，経常取引については全て，資本取引についてはすでに紹介した極めて限定的項目についてのみ，人民元が使用できるようになった場合はどうなるであろうか。人民元が交換性を有するということと，人民元決済ができるということは異なる。双方が満たされている経常取引にはないが，資本取引については，交換性はあっても，人民元決済が可能なものとそうでないものを遮断する2つ目の防波堤が設定されることになった。これをクリアできるのは，具体的には，ほぼ表12-2で示したクロスボーダー人民元決済として把握されている金額ということになる。この分だけ，中国本土の人民元金融市場と海外のオフショア人民元金融市場が結合することを意味する。しかし，それは極めて細いパイプであり，かついずれも代表的な実需取引を背景にした人民元の内外移動であり，中国本土の市場に与える影響が軽微であることは容易に想像がつくであろう。

　さらに入念にも，中国ではこの第2防波堤の後ろに，3つ目の防波堤を設定している。それは人民元を使用できる，すなわちクロスボーダー人民元決済が可能といっても，さらにそれを内外送金・決済を認めることと，その人民元の為替売買を中国本土でもできるということの2つに分解したうえで，設けられ

---

11) 露口洋介（2010）36〜37ページより引用。

たものである。すなわち，内外送金・決済は人民元でできるが，その為替売買は海外のみしか認めないという壁である。

具体的には，クロスボーダー人民元決済が可能になった取引のうち，「外国為替売買後3ヵ月以内に送金決済する商品貿易取引，および商品貿易代金受領後3ヵ月以内に外国為替売買する取引」以外は，内外送金・決済のみしか認められていない。つまり，図12-4の中の第3防波堤によって，人民元を取引に使用できるといっても，そのほとんどは人民元の内外送金・決済ができるという意味であり，最終的な人民元の為替売買を中国の外国為替市場では行えないという縛りがかかっているということである。

結局，クロスボーダー人民元決済が可能な取引といっても，中国本土の外国為替市場，すなわち上海外貨交易センターに外国為替の売買がつながってくるのは，上記の極めて限定的な商品貿易取引に伴うものに限られる。他のものは，香港を中心としたオフショア人民元外国為替市場などにおいて売買が完結されることになる。つまり，上海外貨交換センターとオフショア人民元外国為替市場には針孔のようなルートでしかつながっておらず，ほとんど分断状態にあるということに他ならない。

2-2 中国独自の管理された人民元の国際化

ここで，第3防波堤までクリアしている取引と第2防波堤のみをクリアしている取引の実務を概観し，基本的にどのような仕組みでそれが可能になっているかを図12-5に基づいて考えてみたい。それによって，他の先進国通貨の国際化との基本的相違を浮かび上がらせるためである[12]。

---

12) 具体的事例およびその詳しい実務的手順は，露口洋介（2012b）を借用した。そこでは，取引ごとの関係機関のバランスシートが詳細に示されているが，ここでは人民元の送金・決済と為替の売買がどこでどのようになされるかのみを整理した。

298　第3部　国際金融編

図 12-5　海外における人民元取引

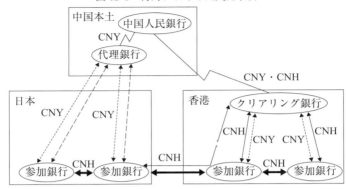

──╲╱── ：中国人民銀行の決済システム（CNAPS）にリンク
◀┄┄┄┄▶ ：為替売買（3ヵ月以内に決済される貿易取引のみ）
◀─ ─ ─▶ ：送金決済（事実上3ヵ月以内に決済される貿易取引に限定）
◀━━━▶ ：為替売買（取引に制約なし）
◀───▶ ：送金決済（すべての経常取引，当局が認めた資本取引）

（注）露口の上図では，日本の参加銀行で香港所在の銀行に人民建てコルレス勘定を持たない銀行の場合は，非貿易取引について人民元を調達することが困難なため，中国の代理銀行との間での送金決済も事実上3ヵ月以内に決済される貿易取引に限定されるとして描かれている。
（出所）露口洋介（2013）。

2-2-1　第3防波堤までクリアしている取引

［香港企業のケース］

　香港企業が人民元建てで中国本土企業から輸入をし，3ヵ月以内に決済するとすれば，まず香港の参加銀行に香港ドルを売って人民元を購入する。そして，その人民元は参加銀行，クリアリング銀行，中国本土銀行を通じて，中国本土の輸出企業に送金される。

　一方，人民元を売った参加銀行はポジションをスクエアにするため，クリアリング銀行に香港ドルを売却し，人民元を購入。その決済は香港金融管理局（HKMA）にある双方の口座によってなされる。さらに，クリアリング銀行はそのポジション調整として，中国本土の銀行間外国為替市場で香港ドル売り・人民元買いを行うため，この取引による人民元の為替売買は上海外貨交易センターにつながれることになる。

［香港以外の企業のケース］

　例えば，日本企業が上記事例と同じように中国本土企業と輸入決済をするとすれば，日本の参加銀行に円を売って人民元を購入する。その人民元は，参加銀行，中国本土の代理銀行などを通じて，中国本土の輸出企業に送金される。

　一方，参加銀行はポジションをスクエアにするため，中国本土の代理銀行に円を売り，人民元を購入。さらに，その代理銀行はポジションの調整として，中国本土の銀行間外国為替市場で円売り・人民元買いを行うため，この取引による人民元の為替売買は上海外貨交易センターにつながれることになる。

2-2-2　第2防波堤のみしかクリアしていない取引
［香港企業のケース］

　香港企業がクロスボーダー人民元決済の可能な中国への人民元建て対内直接投資として，人民元を調達して送金するとすれば，香港の参加銀行に香港ドルを売って，人民元を購入する。その人民元は，参加銀行，クリアリング銀行，中国本土銀行を通じて，中国の子会社に送金される。

　しかし，参加銀行はクリアリング銀行に香港ドル売り・人民元買いを行って，ポジションを調整することができない。そのため，それは香港のオフショア人民元外国為替市場で，逆の売買ニーズがある他の参加銀行との間で取引され，この取引による人民元の為替売買が上海外貨交易センターにつながれることはない。

　香港企業が香港ドルを人民元に変えて，人民元預金を保有するようなクロスボーダー人民元決済とは関係ない取引をする場合は，もちろん人民元の為替売買が香港で完結するだけでなく，中国本土への人民元の送金もない。

［香港以外の企業のケース］

　例えば，日本の企業がクロスボーダー人民元決済の可能な中国への人民元建て対内直接投資として，人民元を調達して送金するとすれば，日本の参加銀行に円を売って，人民元を購入する。その人民元は，参加銀行，中国本土の代理銀行などを通じて，中国の子会社に送金される。

しかし，参加銀行は中国本土の代理銀行に円売り・人民元買いを行って，ポジションを調整できない。それは，逆のニーズがある香港の参加銀行との間で取引されることが多いようである。したがって，この取引による人民元の為替売買も，上海外貨交易センターにつながれることはない。

2-2-3　内外市場分離と管理された国際化

以上のように，3つの防波堤が設定されている中で，実際にどのように人民元が使用しうるかを整理してみると，中国の人民元の国際化がどのような仕組みでなされているかが分かる。そもそも，資本取引そのものが依然として厳しく制限されている。その中で，経常取引と一部の資本取引でクロスボーダー人民元決済が解禁され，急増しているといっても，それによって形成されつつあるオフショア人民元の金融市場の規模は中国本土の金融市場から見れば微々たるもので，その結合パイプは細いといえる。

そのうえ，外国為替市場に至っては，一段とパイプが絞られており，両市場がほとんど分断されているといってよい。海外における人民元の為替売買ができるようになったとはいえ，それが中国本土の上海外貨交易センターにつながれてくるのは，香港であろうとなかろうと，3ヵ月以内に決済される商品貿易に関わるものだけで，極めて限定的である。したがって，海外に誕生したオフショア人民元の外国為替市場，特に中心をなす香港といえども，中国本土のそれとはほとんど分断されていることが分かる。

2013年のBISの調査によれば，人民元の為替売買額は1日当たり1,200億ドルで，世界の通貨別に見た外国為替取引（全体で200％）の2.2％と，先進国通貨に比べて極めて少ない。しかも，資本取引が規制されているため，上海外貨交易センターを中心とする中国の外国為替市場の1日当たり取引額（ほとんどが人民元・ドル取引）は440億ドルと，世界の市場別に見た外国為替取引（全体で100％）の0.7％を占めるに過ぎない。この上海外貨交易センターは人民元為替レートの弾力化がなされつつあるとはいえ，基本的には中国人民銀行の管理の下で運営されている外国為替市場といってよい。これに対して，香港のオ

フショア人民元外国為替市場は，当初銀行に対して課せられていた持高規制も撤廃され，投機的な外国為替の売買も可能なほぼ自由な市場となっている。このため，上海外貨交易センターと香港オフショア人民元外国為替市場では，同じ人民元でも前者がオンショア人民元（CNY），後者がオフショア人民元（CNH）と呼ばれ，別々に為替レートが形成され，乖離することもありうる。通常は，両者の為替レートが乖離するならば，同時に安いところで買って，高いところで売るというリスクを伴わない裁定取引によって瞬時に資金が動き，そのギャップが埋められることになるが，人民元についてはそれが禁止されているからである。

　実務上，こうした外国為替市場の分断を可能にしているのは，いわゆるコルレス勘定（人民元の場合は，代理勘定という）を使用して人民元の送金・決済が可能な取引を限定していることにある。日本でも，早い段階でこの勘定である非居住者自由円預金が自由化されたように，通常の先進国通貨の国際化においては，実需を伴わない投機や裁定的な資本取引もこの勘定によってなされうる。しかし，人民元は実需取引でさえもかなり限定したもの，すなわちクロスボーダー人民元決済の可能な取引にしか使用できない。しかも，人民元の為替売買が上海外貨交易センターにつながるものはさらに限定されている。通常の先進国通貨では，その通貨建ての国際経済取引の決済はその国のコルレス勘定でなされ，その通貨の為替売買のポジション調整は内外いずれの外国為替市場でもなされうる。さらに，もしそれによって為替レートにギャップが生じれば，瞬時に裁定取引がなされることになる。しかし，人民元はこれがほとんどなされず，上海外貨交易センターとオフショア人民元外国為替市場とが分断され，一体化されていないということに他ならない。

　このように分断されているが故に，香港ではオフショア人民元の外国為替市場について独自の仕組みが構築されている。それは，3ヵ月以内に決済される商品貿易以外の人民元の為替売買について，銀行間市場における参加銀行間の資金決済をスムーズに完結するためのものである。すなわち，中国の通貨当局と香港金融管理局（HKMA）の合意によって，クリアリング銀行として中国銀

行の香港現地法人が指定され，参加銀行はそこにあるオフショア人民元口座の振替えによって決済することを義務づけられている。中国本土の人民元決済システムであるCNAPS（China National Advanced Payment System）に直接接続できる取引が極めて限定的であるため，別途決済システムが構築されているといえる。

さらに，前記の事例から分かるように，香港の場合はオフショア人民元の送金・決済もこのクリアリング銀行を経由してなされており，オフショア人民元の為替売買および送金・決済がここで把握・監視可能であるといってよい。すなわち，中国の通貨当局は中国本土から流出したオフショア人民元についても，自由化はしているものの監視下における体制を構築しているということである。この点は，香港以外のオフショア人民元についても，同じようなシステムを構築したい意向があると，村瀬哲司（2011）では指摘している[13]。

以上のように，中国の人民元の国際化は端緒についたばかりというだけではなく，そのやり方はこれまでの国際通貨にない独自性を有しているといっても過言ではない。経常取引は別にして，資本取引に関しては基本的には中国の金融市場への影響を最小限にとどめるべく，慎重に資本取引自体の自由化を図り，その中でさらに限定的な人民元の使用を許可しているに過ぎない。そのために，国際化によって形成されるオフショア人民元市場と国内金融・外国為替市場を隔てる防波堤を設置し，通貨当局の規制・管理の強い国内市場だけでなく，オフショア人民元市場もある程度の監視下におけるシステムを構築しているといえる。村瀬哲司（2011）は，これをその論文タイトルで「人民元市場の内外分離政策と「管理された」国際化」と表現しているが，まさにその通りで

---

[13] 村瀬哲司（2011）では，香港と違って中国の主権が及ばない他のオフショア人民元市場についても，香港のように特定の決済センターを設けて，そこを通じて資金決済がなされるよう，協力要請や間接的圧力をかけるかもしれないと述べている。
　なお，香港以外にも，すでにシンガポールでは中国工商銀行シンガポール現地法人，台湾では中国銀行台湾現地法人が同様の役割を果たしているが，萩原陽子（2014）によれば，2014年にイギリスで建設銀行（ロンドン），ドイツで中国銀行フランクフルト支店，韓国で交通銀行ソウル支店が指定されたという。

あると思われる。

3. 中国はどのように人民元を国際化するのか

3.1 政策目標と政策組合せの転換

いうまでもなく,以上のような現時点での人民元の国際化における特徴は,脆弱な国内金融市場への悪影響を懸念してのことである。しかし,前述のように人民元の国際化の動機が過剰なドル依存に伴うリスク軽減だけにとどまらず,将来のアジアの中心的な通貨をも目指すということであるならば,すでに紹介した防波堤を低めたり,撤去することによって,内外の金融・外国為替市場の一体化と自由化を図らなければならない。なぜならば,国際通貨,さらには基軸通貨の条件として,人民元が今のところ満たしていない「効率的金融市場が存在し,かつそれが対外的に開放されていること」をいつまでも充足し得ないからである。事実,前記の日本経済新聞社のアンケート調査でも,人民元の使い勝手が悪いことからその使用を躊躇しているという声が寄せられていることからも理解されよう。

では,その国際化戦略はどのようなものであろうか。現時点では,タイム・スケジュールは未定といわれているが,基本的な考え方は推測しうる。結論からいうならば,人民元の国際化は中国の他の経済政策の組合せとの関係で,体系的に実施されるべきである。すなわち,中国は現在大きな政策目標の転換期にあり,それによって経済政策の組合せの変更を迫られている。その中で,人民元の国際化も段階的に推進せざるを得ないと理解すべきである。

1978年の改革・開放以来の中国の経済開発戦略を端的にいうならば,それは「外資導入による輸出主導型経済発展」ということができる。この政策目標を達成するために,中国はいわゆる「国際金融のトリレンマ論」からいうならば,図12-6に示すような組合せを選択してきた。すなわち,巨大化した国内経済を適切に運営するためには有効な金融政策が不可欠であり,その自立性を確保しておかなければならない。そのうえで,安定的な外資の導入や輸出の促進によって,経済発展を目指すという戦略上,人民元の為替政策として,実質

図 12-6　国際金融のトリレンマと中国のポジション

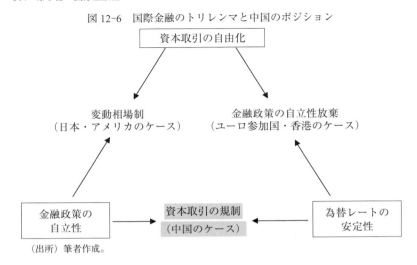

（出所）筆者作成。

ドル・ペッグ政策によって為替レートの安定性を選択してきた。結局，中国は標榜する政策目標のために，金融政策の自立性と為替レートの安定性の組合せを採用し，資本取引の自由化を断念して，その規制をしてきたということに他ならない。

しかし，国際環境の変化や中国の経済発展によって，この戦略に綻びや問題が顕在化し，転換を迫られている。まず第1は，実質ドル・ペッグ政策の下での輸出や対内直接投資の拡大における成功は，為替介入による外貨準備の累増をもたらし，過剰な外貨準備に伴う弊害が顕在化しつつある。すなわち，巨額な外貨準備の低運用収益から来る機会利益の喪失，ドル下落による外貨準備の目減りへの懸念，為替介入に伴う過剰流動性によるインフレやバブルへの懸念が生じてきた。これに対して，窓口指導，法定預金準備率などによる「貸出総量規制」，すなわち貨幣供給量を直接コントロールする金融政策を実施してきたが，その効果に限界をきたしつつある。

第2は，資本取引の規制に対して，中国の経済発展とともに，海外から緩和を求める声が強まっていること，さらには規制を掻い潜って資本が移動するようになり，規制の効果が薄れてきていることである[14]。実際に，資本取引を

規制することが難しくなり，ホットマネーを中心として資本が流出入するようになるとともに，やはり直接量的側面からコントロールする金融政策では対応が難しくなってきている。つまり，金融政策の自立性が損なわれつつあるということに他ならない。

第3は，実質ドル・ペッグ政策によって為替レートの安定化を図り，輸出を拡大するという従来型の経済発展に限界が生じつつあることである。人民元の過小評価に対し，海外からの批判が高まったことは周知の通りである。最近は，そうした外圧よりも，国内的要因から為替政策の弾力化の必要性が高まっている。例えば，もはや中国は低賃金や人民元の過小評価による価格競争力を武器に輸出を伸ばすことが難しくなり，貿易・産業構造の高度化が不可欠となっている。さらに，従来の貿易・産業構造の下での経済発展は，過剰な大型投資，過剰生産，環境問題，資源問題などをもたらし，成長制約要因になりつつある。このため，貿易・産業構造の高度化を推進すべく，むしろ為替政策の転換が求められるようになっている。

以上のような諸問題に直面している中国は，2011年の全国人民代表大会において，その政策目標を輸出主導型から内需主導型経済発展へと転換することを表明している。特に，内需といっても，過剰な固定資本形成ではなく，消費の拡大を中心に据えた発展を標榜しつつある。そして，その政策目標を達成すべく，次のような経済政策の組合せへと変革しようとしている。

(1) 金融政策の自立性の維持

やはり，中国経済の運営にとって，金融政策の自立性の維持は欠かすことができない。したがって，過剰流動性やホットマネーの流出入への対応によって損なわれかけている金融政策の有効性を回復し，その自立性を維持するために，金融政策自体においても，これまでの「貸出総量規制」のような直接的な貨幣供給量の調整ではなく，金利や為替レートの市場化によって，価格効果を

---

14) 中国人民銀行調査統計司課題組 (2012) によれば，輸出入の金額や取引時などの不正申告，経常取引への資本取引の混入，その他の資本取引の自由化を通じた掻い潜りによって，規制逃れが生じているという。

重視した金融政策手段へとシフトしようとしている。

(2) 人民元の為替政策の弾力化と資本取引の自由化を並行的に推進

　金融政策の自立性の維持が不可欠な中で，徐々に資本取引の自由化を進めると同時に，為替レートの安定性を放棄するという組合せへと移行し始めている。資本取引の規制に上記のような問題が生じているだけではなく，資本取引の自由化によって，むしろ外国資本を積極的に中国の経済発展に活用したり，中国企業の経営の国際化を図るといった前向きの考え方が強まったからである。事実，中国人民銀行調査統計司課題組 (2012) でも，資本の自由な流出入と合理的な配分によって，資本効率が高まり，かつリスク分散ができること，中国企業の再編を促進しうることなどが強調されている[15]。

　となれば，当然のことながら為替レートを固定化しておくことはできない。高い金利を求めて大量の外国資本が流入し，その維持が不可能になるからである。こうした問題や外圧だけでなく，為替政策の弾力化，それによる緩やかな人民元為替レートの上昇は技術集約的，高付加価値的商品へと貿易・産業構造を高度化するインセンティブをもたらすという意味でも望ましい。さらには，そうした構造変化が国民の生活水準の向上意欲を刺激し，内需主導型の経済発展への転換にも寄与すると期待される。

3-2　他の政策との体系的関連性を持った人民元の国際化

　以上のように，中国は政策目標を転換し，それを達成するために，金融政策の自立性を維持しながら，為替レートの安定性を放棄して為替政策を弾力化するとともに，資本取引の自由化を図るという政策の組合せへと転換しつつある。このことと人民元の国際化は，どのような関連性を持つのであろうか。

　長期的には，人民元を国際化してアジアの中心的通貨，すなわちアジア化を

---

15) 中国人民銀行調査統計司課題組 (2012) 参照。これに対して，Financial Times (2014年4月9日) は，価格体系に歪みがあり，モラルハザードが欠如している中国の巨額な資本が自由化されることは，世界にとっても中国にとってもリスクが大きいとし，それらの改革をしたうえで自由化をすべきとしている。

目指すとすれば，中国の金融市場を効率的で開放的なものとしなければならない。現在のような脆弱で非効率的な中国の金融市場，さらには厳しい資本取引規制の下では，人民元が国際的に信認され，選好されることは難しいからである。換言するならば，人民元の国際化にとって，金融市場の改革と資本取引の自由化は不可欠の条件といえる。これらは，相互に関連性を持ったものであるが，敢えてより強いと思われる因果関係からいえば，人民元の国際化は資本取引自体の自由化の中で推進されるものであるし，資本取引の自由化のためには，それに耐えうるように金融市場を改革することが前提になるという側面が強い。

3-2-1　前提となる金融市場の改革

確かに，日本では資本取引の自由化が金利規制や業際規制に関する金融の自由化には先んじたかもしれない[16]。しかし，対外開放が推進される中で，絶えず国内の金融市場への悪影響が懸念され，それに備えた対応・強化が図られてきたことも事実である。やはり，中国でも次のような点で，脆弱で非効率な金融市場の改革を着実に推進しなければならない。

(1) 金融の自由化

まずは，金利の自由化，さらには業際の自由化などによって，金融市場を競争的で効率的なものにしなければならない。金利の自由化については，2つの観点から当面の大きな課題となっている。第1は，すでに述べたように，「貸出総量規制」のような直接的な貨幣供給量の調整が限界を迎えている中で，新たな金融政策手段として，金利の変動という市場原理を活用した調整が必要となっていることである。第2は，シャドーバンキング問題の背後には，規制金利の下での資金配分の歪みがあり，それを是正するためにも，金利の市場化による適正な資金配分が必要になってきたことである。実際に，2013年7月に貸出金利の下限規制を撤廃しており，残る預金金利の上限（中国人民銀行が定め

---

[16]　荒巻健二（2004）参照。

る基準金利の1.1倍）を1，2年以内に撤廃する可能性が報じられている[17]。

　その後は，さらに業際規制を緩和することによって，一定の新規参入による競争を促進し，既得権益に守られた固定的な金融システムをより効率的な金融市場へと転換して行かなければならない。先進各国の経験を参考にし，銀行業，証券業，保険業などの相互参入が検討されることになろう。

(2) 金融監督体制の整備と規範化

　当然のことながら，金融の自由化は金融市場の混乱やリスクの増大を伴う。これに対して，マクロ・プルーデンスの見地から金融監督体制を整備し，新たな規範を整えることも必要である。このことは，一見金融の自由化と矛盾するように思われるかもしれないが，決してそうではない。自由な金融市場といっても，それは場外での乱闘ができるということではなく，相当の広さを持った一定のリンクの中で自由に競争をする場であるべきである。さらには，万が一の場合に備えた危機管理システムが用意されたものでなければならない[18]。

　具体的には，例えば預金金利の自由化に伴って，銀行経営が破綻した場合に備えて，リスクの拡散や深刻化を食い止めるべく，預金保険制度の確立が不可欠であるし，速やかで公正な破綻処理による退出ルールを確立しなければならない。その他にも，参入規制の緩和に対応した新たな金融業態にふさわしい監督体制を構築すること，無秩序な拡大をするシャドーバンキング業務では，同一の性格を持つ監督体制，監督基準の一本化を図ること，情報開示を義務化したり，会計制度を確立することなどが指摘されている。

(3) 金融機関のリスク管理機能の強化

　マクロ的な観点からのリスク管理にとどまらず，個々の金融機関におけるリスク管理能力の向上も重要な課題である。とりわけ，国有商業銀行は1990年代末から不良債権処理，過小資本の是正に取り組み，経営の健全化を図ってき

---

17) 周小川人民銀行行長の記者会見。北京ロイター，2014年3月11日。
18) 雷薇（2014）参照。そこでは，金融における規制緩和は金融監督の緩和を意味するものではなく，むしろ規制緩和はそれと並行して，新たな金融業態にふさわしい監督体制の改善や監督指標の改正が必要であることが強調されている。

た。さらに，経営のガバナンスを確立し，金融の自由化の中で，審査能力の向上，リスク管理機能の強化を図っていく必要性が高まっている。

　国有商業銀行に限らず，金融機関は自己責任でリスクへの挑戦とその管理をせざるを得なくなる。その際には，欧米先進国の金融技術を導入・習得して，それを活用することも必要となる。例えば，膨れ上がった銀行部門の資産をオフバランス化するための証券化技術の活用とその市場の育成，デリバティブによるリスク・ヘッジの推進などが望まれる。

(4) 中小企業金融および資本市場の育成

　中国の金融市場の構造には，先進国のそれと大きな相違が存在する。なんといっても，銀行貸付という間接金融が圧倒的なウエートを占めている。その中でも，国有商業銀行の占める割合が極めて大きく，それ故に大手の国有企業への融資に比べ，中小企業への金融が手薄な状態にあるといえる[19]。このことが，成長性の高い中小企業や新規事業において，資金の調達先をシャドーバンキングに求めざるを得なくしているとの指摘もある。

　さらに，直接金融の場である株式市場と債券市場の育成・強化も重要な課題である。ちなみに，第12次5ヵ年計画でもそれが重視されており，2015年末までに，直接金融比率を15％に高めることを目指している。株式市場に関しては，ある程度の市場規模を備えているし，中国特有の「非流通株」問題を抱えていたが，すでに上場企業のほとんどでこの改革が完了している。これらを受けて，今後はどのように段階を踏んで，徐々に海外へと市場を開放して行くかが検討されつつある。

　一方，債券市場は未発達のままである。この市場を整備・育成することは，金利自由化の中で，債券市場での公開市場操作を重要な金融政策手段にして行くためにも不可欠である。さらに，中国企業に対して，効率的で多様な資金調達の選択肢をもたらすことが期待される。

---

19) 唐成（2005）では，中国の金融構造が「間接金融の優位」と「4大国有銀行の優位」にある中で，郵便貯金を活用した政策金融も1つの改革案であることを提言している。

3-2-2 段階的な資本取引自由化の中での人民元の国際化

　もちろん，資本取引が自由化されることによって，上記のような中国の金融改革が推進されるという逆の側面もありうる。しかし，中国の金融市場が効率化され，強化されるならば，その市場を海外に向けて開放するという資本取引の自由化が容易になることは間違いない。中国では，改革・開放路線への転換によって，外資導入が重要なキーワードとなったため，当初の資本取引自由化は対内直接投資が中心であった。しかし，その後の資本取引の自由化は，大まかにいえば，劉仁伍・劉華（2009）がいうように，対内投資から対外投資へ，長期取引から短期取引へ，直接投資から証券投資へ，機関投資家から個人投資家へという方向性を持って進んできたし，これからも進んで行くと考えられる[20]。例えば，外貨準備の累増が問題視されるに至り，2000年代前半に，外貨の有効活用を目指した「走出去」政策が打ち出され，対外直接投資が重視されつつある。また，証券投資についても，条件を満たした機関投資家を対象としたQFIIやQDII制度に次いで，前述のように中国本土と香港の間で相互株式投資制度が発足し，個人投資家へも道が開かれることになった。

　しかし，現時点では中国の資本取引は，十分に自由化が進んでいるとはいい難い。中国人民銀行調査統計司課題組（2012）は，2011年時点で，中国の資本取引は，基本的に兌換可能な取引が14項目（35%），部分的に兌換できる項目が22項目（55%），兌換できない項目が4項目（10%）であるとし，やはり全体的に資本取引規制が比較的強いことを認めている。確かに，完全に規制されている項目は多くないが，量的な規制や許可を要するなど，何らかの規制がかかっている取引が多いと見られるからである。

　人民元の為替政策に関して，中国の通貨当局は「主体性，管理可能性，漸進性」に基づいて改革を推進することを明言している。前述のように，その弾力化に向けての改革と対をなすのが資本取引の自由化であるため，それも同じ方針で進められるものと推察される。具体的には，例えば同上（2012）は，表

---

[20]　劉仁伍・劉華（2009）参照。

表 12-4　中国の資本取引の自由化スケジュール

期間	資本項目
短期（1～3 年）	直接投資の規制を緩和し，企業の海外投資戦略（走出去）を奨励
中期（3～5 年）	貿易などの実体経済の裏付けのある商業貸付を緩和
長期（5～10 年）	金融市場を整備し，慎重に不動産取引，株式取引，債券取引の開放

（出所）中国人民銀行調査統計司課題組（2012）。

12-4 のような今後の自由化スケジュールを提示している[21]。まさしく，中国は時間をかけて，段階的に資本取引の自由化を推進して行く方針であることがうかがわれる。

　次に，このことと人民元の国際化，とりわけ資本取引における人民元の国際化が，どのように関わっているのかを考えてみたい。この点に関して，中国人民大学国際通貨研究所（2013）では，両者は相互補完関係にあり，同時進行させるべきものと述べられている[22]。確かに，双方に補完的関係があることは事実であるが，基本的には資本取引の自由化の方がより大きい概念であり，実際においてもそちらが先行すると見るべきであろう。

　資本取引の自由化は内外の資本が自由に移動できるようにすることであり，それは人民元を使ってなされるものだけではない。例えば，当初の対内直接投資，QFII 制度などは，外貨であるドルなどを中国本土で人民元に交換してなされていたし，対外直接投資，QDII 制度などは，中国本土で人民元を外貨であるドルなどに交換してなされ，人民元は使用されていない。すでに述べたように，それは内外の資金の移動は原則として外貨でのみ行うことができ，外貨

21）　中国人民銀行調査統計司課題組（2012）参照。
22）　中国人民大学国際通貨研究所（2013）参照。なお，村瀬哲司（2013）では，中国は人民元を使用する資本取引を優先的，かつ段階的に自由化する意向であるとしている。しかし，資本取引の自由化に人民元を使用する資本取引が優先されているとは考えにくい。

と人民元の交換は中国国内でのみ行われ，海外では禁止されていたからである。しかし，その後の人民元建て対内・対外直接投資の解禁，RQFII制度の導入などは，海外での外貨と人民元の交換が可能になったことにより，人民元を使用したそれらの取引もできるようになったということである。明らかに，資本取引の自由化＞資本取引における人民元の国際化であることは理解できよう。

ただし，資本取引に関して何らかの人民元の国際化措置がとられたとすれば，それは同時に資本取引の自由化措置でもあることはいうまでもない。つまり，資本取引の自由化というより大きな範疇の中に，資本取引における人民元の国際化が内包されているということである。さらに，現実にそれが施行される順序として，いきなり人民元の国際化がなされたという事例は，オフショア人民元の自由化を別にすれば見当たらない。こうして見ると，人民元の国際化は資本取引の自由化の中で，あるいは一環として，段階的に推進されることになるといえる。

結局のところ，人民元の国際化はそれ自体が独自になされるのではなく，中国の新たな経済政策目標の下で，他の経済政策手段の組合せと関連性を持ちながら，体系的に遂行されるべきである。すなわち，中国は金融政策の自立性を再構築するためにも，金利や為替レートの市場化が必要となっている。しかし，そのためには金融市場の効率化や強化が不可欠であり，それによって資本取引の自由化が推進しやすくなる。こうして，金融政策の自立性を確保し，かつ為替政策の弾力化と資本取引の自由化とを歩調を合わせながら遂行することができる。そうした組合せの中で，とりわけ資本取引の自由化の中で，あるいは一環として，為替変動リスクの軽減，さらには人民元のアジア化を目指して資本取引における人民元の国際化を図っていくというのが，中国の取るべき戦略ということになろう。

おわりに

本章では，中国における人民元の国際化の現状，その特色，さらには戦略に

ついて，分析を試みた．その結果，以下のことが明らかになった．まず1つは，それ以前にも国際化はなされていたが，本格化したのは2009年7月以降であること，その直接的動機は過剰なドル依存に伴うリスク軽減にあったこと，近年，急速に人民元の国際化が進展しているが，ようやく「無から有への突破」を成し遂げたばかりという状態にあることである．

次に，端緒に着いたばかりの人民元の国際化は，今のところ他の先進国通貨の国際化にない特徴的な方式で推進されているといえる．すなわち，まず中国への資本流入に関する第1の防波堤があり，第2の防波堤として，人民元での送金・決済が可能な取引（クロスボーダー人民元決済）を制限し，さらに第3の防波堤として，人民元の為替売買を中国本土にまでつなげる取引をさらに限定していることである．これによって，人民元を国際化しながらも，人民元に関する内外の金融・外国為替市場を分離し，かつ管理可能な形で推進しつつあるということができる．

最後に，人民元の国際化戦略は，中国全体の経済政策目標の中で，他の経済政策手段と連携し，体系的に推進されるべきであるといえる．中国経済は，従来の「外資導入による輸出主導型経済成長戦略」に矛盾や問題が表面化しつつあり，内需主導型へと転換を迫られている．そうした中で，「国際金融のトリレンマ論」から考察するならば，改めて金融政策の自立性を維持すべく，金融の市場化によって政策効果を高めるとともに，資本取引の自由化と為替政策の弾力化を並行的に推進するという政策的組合せを選択しようとしている．その資本取引の自由化のためには，金融市場を改革し，その強化と効率化を図ることが不可欠である．人民元の国際化も，こうした経済政策との関連で，体系的に遂行せざるを得ず，それ故に上記のような特色ある方式が採られ，今後も段階的に推進されるものと推察される．

人民元の国際化戦略については，さらに次のようなことを明らかにしていく必要がある．今後一段と，その国際化を推進するとすれば，国際通貨体制，とりわけアジアの通貨システムにおいて，中国は人民元をどのような通貨にしようとしているのかという点である．さらに，もしアジア化といわれるように，

アジアの中心的通貨を目指しているとすれば，それはアジア各国にとって，いかなる意味を持つのかということも検討しなければならない。これらは，次の研究課題として取り組むことにしたい。

参考文献

Financial Times, 9 April 2014.

International Monetary Institute, Renmin University of China (2014), *The Internationalization of the Renminbi*, China Renmin University Press.（中国人民大学国際通貨研究所（2013）著，石橋春男・樋口宏行監修，岩谷貴久子・古川智子翻訳，『人民元　国際化への挑戦』科学出版社東京）

Minikan, R. and Kelvin Lau (2013), *The offshore Renminbi—The rise of the Chinese currency and its global future*, John Wily & Sons Singapore Pte. Ltd.

Zhou Xiaochuan (2009), "Reform the International Monetary System" 中国人民銀行ホームページ, 23 March 2009.

荒巻健二（2004）「資本取引自由化の sequencing——日本の経験と中国への示唆」『開発金融研究所報』，第 21 号。

奥田宏司（2012）「香港での人民元取引と対外的な人民元決済の限界」『立命館国際地域研究』，第 36 号。

佐藤真（2012）「香港におけるオフショア人民元市場——現地視察レポート」『Newsletter』，No.32。

余永定（2012）「人民元の国際化か資本自由化か」『季刊中国資本市場研究』，2012 Spring。

関根栄一（2013）「2015 年までの中国の金融分野の改革プログラムの公表」『季刊中国資本市場研究』，2013　Winter。

谷口満・増井彰久（2007）「加速する中国金融改革の分析」『開発金融研究所報』，第 34 号。

露口洋介（2010）「中国人民元の国際化，その現状と展望」『東亜』，No.519。

─── （2012a）「中国人民元の国際化と中国の対外通貨戦略」『国際金融』，1234 号。

─── （2012b）「クロスボーダー人民元決済と中国の金融政策への影響」『国際金融』，1237 号。

─── （2013）「人民元の国際化と円・人民元直接交換取引」『中国経済』，2013.8。

唐成（2005）『中国の貯蓄と金融——家計・企業・政府の実証分析』慶応義塾大学出版会。

野村資本市場研究所（2009）『中国の人民元国際化に向けた動きに関する調査』，2009 年 12 月。

萩原陽子（2013）「人民元国際化の進展と金融改革が広げる可能性」『経済レビュー』，No.2013-10。

―――― (2014)「習近平改革下で加速する人民元の国際的プレゼンス向上」『経済レビュー』, No.2014-7。
巴曙松 (2012)「人民元の国際化：プロセス，朝鮮と道のり」『季刊中国資本市場研究』, 2012 Summer。
―――― (2012)「香港人民元オフショア市場の発展の現状と挑戦」『季刊中国資本市場研究』, 2012 Autumn。
村瀬哲司 (2011)「人民元市場の内外分離政策と「管理された」国際化――国際金融秩序への挑戦」『国際経済金融論考』, 2011 年第 2 号。
―――― (2013)「人民元国際化の鍵となる資本自由化と金融改革」『国際経済金融考』, 2013 年第 1 号。
雷薇 (2014)「マクロ・プルーデンスから見た金融改革の推進にかかる政策提言」『季刊中国資本市場研究』, 2014 Winter。
李暁 (2011)「中国人民元の国際化について――その背景，経緯と課題」『Business & Economic Review』, 2011.4。
中国人民銀行調査統計司課題組 (2012)「我国加快资本账户开放条件基本成熟」(植田賢司・五味祐子「中国人民銀行による人民元資本取引自由化に関する報告者」『Newsletter』, No.15, 2012)。
劉仁伍・劉華 (2009)『人民币国际化：风险评估与控制』社会科学文献出版社。

＊本論文は，中央大学の「2012 年度特定課題研究費助成」による研究成果である。

執筆者紹介（執筆順）

栗林　　世（くりばやし　せい）　客員研究員（中央大学経済学部元教授）
土屋　六郎（つちや　ろくろう）　客員研究員（中央大学名誉教授）
大矢野　栄次（おおやの　えいじ）　客員研究員（久留米大学経済学部教授）
田部井　信芳（たべい　のぶよし）　客員研究員（宇都宮共和大学シティライフ学部教授）
益村　眞知子（ますむら　まちこ）　客員研究員（九州産業大学経済学部教授）
矢野　生子（やの　いくこ）　客員研究員（長崎県立大学経済学部教授）
小森谷　徳純（こもりや　よしまさ）　研究員（中央大学経済学部准教授）
岸　真清（きし　ますみ）　客員研究員（中央大学名誉教授）
坂本　正弘（さかもと　まさひろ）　客員研究員（日本国際フォーラム上席研究員）
田中　素香（たなか　そこう）　研究員（中央大学経済学部教授）
金　俊昊（きむ　じゅんほ）　客員研究員（東京国際大学国際関係学部教授）
中條　誠一（なかじょう　せいいち）　研究員（中央大学経済学部教授）

金融危機後の世界経済の課題
中央大学経済研究所研究叢書　60

2015 年 1 月 23 日　発行

編 著 者　　中 條 誠 一
　　　　　　小 森 谷 徳 純
発 行 者　　中央大学出版部
　　代表者　神 﨑 茂 治

東京都八王子市東中野 742-1
発行所　中 央 大 学 出 版 部
電話 042(674)2351　FAX 042(674)2354

Ⓒ 2015　　　　　　　　　　　藤原印刷

ISBN978-4-8057-2254-1

中央大学経済研究所研究叢書

6. 歴史研究と国際的契機　　中央大学経済研究所編　A5判　1400円
7. 戦後の日本経済——高度成長とその評価——　中央大学経済研究所編　A5判　3000円
8. 中小企業の段階構造　　　中央大学経済研究所編　A5判　3200円
　　——日立製作所下請企業構造の実態分析——
9. 農業の構造変化と労働市場　中央大学経済研究所編　A5判　3200円
10. 歴史研究と階級的契機　　中央大学経済研究所編　A5判　2000円
11. 構造変動下の日本経済　　中央大学経済研究所編　A5判　2400円
　　——産業構造の実態と政策——
12. 兼業農家の労働と生活・社会保障　中央大学経済研究所編　A5判　4500円〈品切〉
　　——伊那地域の農業と電子機器工業実態分析——
13. アジアの経済成長と構造変動　中央大学経済研究所編　A5判　3000円
14. 日本経済と福祉の計量的分析　中央大学経済研究所編　A5判　2600円
15. 社会主義経済の現状分析　中央大学研究所編　A5判　3000円
16. 低成長・構造変動下の日本経済　中央大学経済研究所編　A5判　3000円
17. ME技術革新下の下請工業と農村変貌　中央大学経済研究所編　A5判　3500円
18. 日本資本主義の歴史と現状　中央大学経済研究所編　A5判　2800円
19. 歴史における文化と社会　中央大学経済研究所編　A5判　2000円
20. 地方中核都市の産業活性化——八戸　中央大学経済研究所編　A5判　3000円

中央大学経済研究所研究叢書

21.	自動車産業の国際化と生産システム	中央大学経済研究所編 A5判	2500円
22.	ケインズ経済学の再検討	中央大学経済研究所編 A5判	2600円
23.	AGING of THE JAPANESE ECONOMY	中央大学経済研究所編 菊判	2800円
24.	日本の国際経済政策	中央大学経済研究所編 A5判	2500円
25.	体制転換——市場経済への道——	中央大学経済研究所編 A5判	2500円
26.	「地域労働市場」の変容と農家生活保障 ——伊那農家10年の軌跡から——	中央大学経済研究所編 A5判	3600円
27.	構造転換下のフランス自動車産業 ——管理方式の「ジャパナイゼーション」——	中央大学経済研究所編 A5判	2900円
28.	環境の変化と会計情報 ——ミクロ会計とマクロ会計の連環——	中央大学経済研究所編 A5判	2800円
29.	アジアの台頭と日本の役割	中央大学経済研究所編 A5判	2700円
30.	社会保障と生活最低限 ——国際動向を踏まえて——	中央大学経済研究所編 A5判	2900円 〈品切〉
31.	市場経済移行政策と経済発展 ——現状と課題——	中央大学経済研究所編 A5判	2800円 〈品切〉
32.	戦後日本資本主義 ——展開過程と現況——	中央大学経済研究所編 A5判	4500円
33.	現代財政危機と公信用	中央大学経済研究所編 A5判	3500円
34.	現代資本主義と労働価値論	中央大学経済研究所編 A5判	2600円
35.	APEC地域主義と世界経済	今川・坂本・長谷川編著 A5判	3100円

中央大学経済研究所研究叢書

36. ミクロ環境会計とマクロ環境会計　A5判　小口好昭編著　3200円
37. 現代経営戦略の潮流と課題　A5判　林・高橋編著　3500円
38. 環境激変に立ち向かう日本自動車産業　A5判　池田・中川編著　3200円
　　――グローバリゼーションさなかのカスタマー・サプライヤー関係――
39. フランス――経済・社会・文化の位相　A5判　佐藤　清著　3500円
40. アジア経済のゆくえ　A5判　井村・深町・田村編　3400円
　　――成長・環境・公正――
41. 現代経済システムと公共政策　A5判　中野　守編　4500円
42. 現代日本資本主義　A5判　一井・鳥居編著　4000円
43. 功利主義と社会改革の諸思想　A5判　音無通宏編著　6500円
44. 分権化財政の新展開　A5判　片岡・御船・横山編著　3900円
45. 非典型型労働と社会保障　A5判　古郡鞆子編著　2600円
46. 制度改革と経済政策　A5判　飯島・谷口・中野編著　4500円
47. 会計領域の拡大と会計概念フレームワーク　A5判　河野・小口編著　3400円
48. グローバル化財政の新展開　A5判　片桐・御船・横山編著　4700円
49. グローバル資本主義の構造分析　A5判　一井　昭編　3600円
50. フランス――経済・社会・文化の諸相　A5判　佐藤　清編著　3800円
51. 功利主義と政策思想の展開　A5判　音無通宏編著　6900円
52. 東アジアの地域協力と経済・通貨統合　A5判　塩見・中條・田中編著　3800円

中央大学経済研究所研究叢書

53. 現代経営戦略の展開　A5判　高橋・林編著　3700円
54. ＡＰＥＣの市場統合　A5判　長谷川聰哲編著　2600円
55. 人口減少下の制度改革と地域政策　A5判　塩見・山﨑編著　4200円
56. 世界経済の新潮流　A5判　田中・林編著　4300円
　　──グローバリゼーション，地域経済統合，経済格差に注目して──
57. グローバリゼーションと日本資本主義　A5判　鳥居・佐藤編著　3800円
58. 高齢社会の労働市場分析　A5判　松浦　司編著　3500円
59. 現代リスク社会と3・11複合災害の経済分析　A5判　塩見・谷口編著　3900円

＊価格は本体価格です．別途消費税が必要です．